土地为王

金正大
在希望的田野上

蓝狮子——著　陈宏坤——主编

中信出版集团 · 北京

图书在版编目（CIP）数据

土地为王：金正大在希望的田野上 / 蓝狮子著；
陈宏坤主编. -- 北京：中信出版社，2018.9
ISBN 978-7-5086-9074-2

I. ①土… II. ①蓝… ②陈… III. ①化肥工业－工业企业管理－临沭县 IV. ①F426.76

中国版本图书馆CIP数据核字（2018）第124216号

土地为王 ——金正大在希望的田野上

著　者：蓝狮子
主　编：陈宏坤
出版发行：中信出版集团股份有限公司
（北京市朝阳区惠新东街甲4号富盛大厦2座　邮编　100029）
承 印 者：北京通州皇家印刷厂

开　本：880mm×1230mm　1/32　　印　张：12.75　　字　数：215千字
版　次：2018年9月第1版　　印　次：2018年9月第1次印刷
广告经营许可证：京朝工商广字第8087号
书　号：ISBN 978-7-5086-9074-2
定　价：68.00元

目录

第四章　营销进化论

第一节　跑马圈地

第二节　营销即服务

第三节　营销大变局

第五章　群星闪耀时

第一节　汇聚顶尖人才

第二节　平凡与伟大

第三节　推开幸福的门

推荐序一

服务三农　永无止境

中国工程院院士、杂交水稻之父　袁隆平

世界一半以上的人口以稻米为主食，而中国以稻米为主食的人口更是超过60%。因此，提高水稻产量，对确保我国粮食安全意义重大。杂交水稻的创造发明与推广应用，对解决我国温饱和保障粮食安全问题发挥了重要作用。作物要高产，必须良种、良法、良肥、良态“四良”配套。我们攻关的超级杂交水稻从亩产700千克跃升到1 149千克，连续创造了世界百亩片高产新纪录，肥料的科学施用发挥了重要作用。过去为了解决温饱问题，水稻品种选育以提高产量为核心，随着人们生活水平的提高，我们不仅要高产也要优质、高效和安全。为此，我们与以缓控释肥[①]为基础的金正大公司开展了多年的科研合作，并取得了良好的成绩。湖南、湖北、海南、广东等基地的试验与示范结果表明：应用缓控释肥在等氮量条件下，增产幅度

---

① 在中国，缓释肥、控释肥、缓控释肥是有所区别的；在美国和欧洲国家的官方机构和文件中，统称为缓控释肥。为行文方便，本书统称缓控释肥。

达12%~15%，在减少30%氮用量条件下不减产甚至略有增产。这展示了缓控释肥减轻因养分流失所造成的环境污染，实现水稻高产高效安全的良好前景。近些年，我欣喜地看到金正大通过科技创新快速发展，成为行业的领军企业。

目前，随着“乡村振兴”战略的实施，对发展绿色、优质、高效农业需求更高。金正大以行业领军企业社会担当为己任，提出并创新“亲土种植”的新理念、新模式，以作物优质高产和耕地质量提升为双目标，通过“改土养地、减量增效、品质提升、综合服务”等一系列原则和方法，提升耕地土壤质量，减少化肥农药等的使用，开展现代农业服务，提升作物的品质与产量，保障农业的可持续发展。这对推动我国农业发展转型具有重要的实践意义。

以金正大公司20年发展为主线的《土地为王：金正大在希望的田野上》这本书，展示了以万连步为首的一批金正大人的艰苦创业历程，他们在产品开发、推广服务、全国布局，以及国际化发展等方面都进行了积极探索，并取得了较好的成绩。这本书既是对金正大创业发展的总结回顾，也是众多涉农企业服务三农的一个缩影，值得学习和研究。

中国农业有一批不畏艰难、敢于拼搏、勇于创新的科学家，是中华振兴之幸。而一批具有技术实力、社会担当和历史使命的企业和企业带头人，他们着力社会重大需求、献身“三农”服务。只要有他们在，中国农业实现绿色、优质、高效、协调发展就大有希望。

推荐序二

这是一本有故事的好书

中国石油和化学工业联合会会长　李寿生

不久前，金正大集团公司副总裁陈宏坤来到我的办公室，兴致勃勃地告诉我，他们正动手写一本有关金正大发展历程的书，书名就叫《土地为王：金正大在希望的田野上》。我听着这富有诗意的书名，看着他满脸的兴奋，毫不犹豫地支持他："抓紧推进吧！这肯定是一本有故事的好书。"

说这是一本有故事的好书，主要有三点考虑。

一是化肥行业是一个有故事的行业。

金正大是一个化肥企业，而且是1998年才成立的化肥企业，是化肥行业的后起之秀。我国是一个农业大国，新中国一成立，党中央、国务院就高度重视发展化肥工业。"庄稼一枝花，全靠肥当家"，在农业急需、化肥短缺的时代，大办化肥厂就成为当务之急。在工业基础极其落后的情况下，小化肥厂就成为化肥工业发展的主力军，偌大的中国，小化肥厂遍地开花，几乎县县都有化肥厂。随着改革开放的进程，一批从国外引进的技术先进的设备的兴建，到我国化肥技术的引进消化吸收再创新，我国化肥工业有了一个飞跃。到20世纪90年代，我国的化肥工业已经从“跟跑”“并跑”走到了“领跑”的先进行列。用了50多年的时间，我国化肥行业走出了一条从无到有，从小到大，从没有技术、引进技术到消化吸收，再到创新技术，成为世界化肥产量和消费的第一大国的道路。在这个翻天覆地的巨变中，我国化肥行业发扬了艰苦奋斗、自力更生、埋头苦干、勇于创新的伟大精神，攻克了一系列化肥生产技术的难关，涌现出了一大批献身于中国农业和化肥工业的发展典型企业和先进个人。在中国化肥行业翻天覆地的巨大变化中，在市场经济激烈残酷的竞争中，化肥行业涌现出了一大批可歌可泣、感人至深、曲折生动的故事。金正大也是这个行业故事河流中一朵耀眼的浪花。

二是金正大是一个有故事的企业。

金正大诞生在我国化肥工业技术走向成熟、产能走向过剩的时代。在化肥企业众多、市场竞争激烈的大浪淘沙的环境中，金正大一出场就展示出了不同的发展战略。不同的市场定位、不同的服务模式、不同的竞争策略，这么多的“不同”，汇集在一起造就了一个化肥行业的“后起之秀”。

横空出世的金正大，冷静地分析了中国化肥工业的全局，深度剖析了化肥工业过剩的结构，发现了单质化肥过剩、复合肥料短缺的机遇，确定了从复合肥切入，聚焦缓控释肥等技术，开创专用特色肥料优势的市场定位。

在精准的市场定位前提下，金正大始终坚持创新发展、差异化发展的战略，每年用于科技研发的投入一直保持在销售收入的3%以上，建立了一支500多人的研发团队，创建了7个国家级创新平台，获得国家发明专利203个，两次荣获国家科技进步二等奖。它生产的专用复合肥农民有口皆碑：葡萄专用肥，成熟期提前7天；草莓专用肥，保鲜期长、颜色更艳、口感更好；苹果专用肥，大一号、甜两度、红三分。它还大胆探索了新形势下农业规模经营的新模式，为乡村振兴战略又添加了一份活力。

优势企业必定是放眼世界的企业。2010年以后，金正大把发展的目光投向了世界。2016年，金正大全面进军国际市场，收购了欧洲、以色列等多家知名化肥和农业企业，在美国、以色列、德国和日本成立了国际研发中心，吸引了一大批国外技术、研发、管理的人才。在雄心勃勃的国际业务目标指引下，它们在国外的业务正在迅速拓展。

金正大企业的故事还有很多很多，我不可能将这些故事一一列举，但我可以肯定地告诉您，金正大是一个有故事的企业。

三是万连步是一个有故事的企业家。

任何一家企业的发展，都会带着企业一把手的特色烙印。万连步是金正大的决策者和领路人，金正大的发展必然与万连步紧密相连。万连步是20世纪60年代出生的务实低调的企业家。他对农业和化肥有着一种执着的热爱，对新型肥料的研究、琢磨，甚至达到了走火入魔的地步。他先后主持了“十一五”国家科技支撑计划课题、国家火炬计划等省部级课题20余项，荣获授权发明专利76项、国家科技进步二等奖1项，山东省科技进步一等奖1项，先后获得“山东省劳动模范”“山东省有突出贡献的中青年专家”“山东省优秀企业家”“中国石油和化工优秀民营企业家”“国家有突出贡献中青年专家”等荣誉称号。他还是第十二届、十三届全国人民代表大会代表，享受国务院特殊津贴。在这一连串荣誉的背后，我们可以搜集到万连步无数独具魅力的故事。万连步的故事汇集在金正大企业和化肥行业的故事之中，这些故事就一定会曲折生动、厚重感人。

成功光环的正面，一定是光彩照人的；而成功光环的背后，一定会有鲜为人知的艰苦付出。在二十多年的发展历程中，一串串扑面而来的重大挑战，一次次刻骨铭心的挫折磨难，一个个如履薄冰的艰难抉择，一场场激动人心的辉煌胜利，一个完整的金正大成长历史正是我们这个时代企业创新发展的典型缩影。

我们相信，走在希望的田野上的金正大，一定会讲好今天的故事，做实明天的故事，还会插翅开创未来更加美好的故事！

推荐序三

技术创新驱动农业改革

财经作家　吴晓波

1978年开始的改革开放重新定义了中国社会。但我们也要看到，改革开放的起点是一个人口多、底子薄的农业大国，数十年来，这个国度的经济奇迹有赖工业化和城市化的双轮驱动，然而，也不可避免地导致了某种非均衡的缺憾。与此而言，农业领域在一定程度上是被边缘化的，未能呈现出所谓的增长“奇迹”。

纵观历时40年的中国改革史，我们发现，所有重大变革主要是由两个因素促成。

其一是制度创新的决心与勇气，比如20世纪70年代末的农村改革、90年代末的外向型经济和城市化运动，以及数十年间一直处于徘徊探索中的国有企业改革和金融改革，都展现出中国式制度创新的独特光谱。

制度改革肇始于农村。1978年11月24日，小岗村18户农民按下的18个手印开启了中国农村改革的序幕。一个月后，党的第十一届三中全会在北京人民大会堂召开，“经济建设”成为中国未来发展战略的最大公约数，开启了一个崭新的时代。可以说，正是20世纪80年代家庭联产承包责任制度的改革，为农村经济带来了深刻的变化，而且有力地支持了整个国民经济社会的历史性变革。

其二是技术变革带来的破壁效应，它绕过了既有的政策和管制壁垒，从而在一个貌似固化的产业里别开生面，比如微博、微信对公共舆论和思想市场的促进，电子商务对制造业、流通业和金融业的再造，以及袁隆平杂交水稻技术带来的农耕技术革命。

在20世纪60年代初，袁隆平还是湖南一个农业技校的青年教师，他把两种水稻的品种杂交，培育出了杂交水稻。当时的中国水稻，如果管理得好，每亩地大概能够生产600斤稻米，而杂交水稻可以做到生产2 000斤。1978年，袁隆平出席首届全国科学大会并获奖，袁氏杂交水稻在全国大面积普及试种。1999年，“超级杂交水稻”创下亩产1 137.5公斤的世界高产纪录，推广面积达到3 000万亩（200万公顷）。二十余年间，因他的努力，中国粮食增收3 000亿公斤，贡献之巨，当世无两。

在农业改革40年的历史中，我们看到的是制度创新乏力和技术变革不足。40年后的今天，主导传统农业耕种方式的仍然是以家庭联产承包为主的各项制度。2015年底，经营耕地10亩以下的农户数量多达2.1亿户，占全部农户的79.6%。历史的惯性依旧，欧美国家现代化的农业管理方式尚且遥不可及。

从宏观到微观，我们不妨更积极乐观一些。这一次，蓝狮子将研究触角放在了一个农业化肥企业上。这个来自山东的企业名叫金正大，是一家典型的隐形冠军企业，它以技术创新的方式打开了农业领域更多的想象空间。这本《土地为王：金正大在希望的田野上》就是蓝狮子团队历时两年多，辗转山东临沭、菏泽，安徽长丰，河南邯郸，贵州瓮安、北京、上海，以及德国、以色列等地走访调研的阶段性成果。

在金正大的研究中，我们看到了技术创新这个珍贵的特质。

从复合肥的生产和销售开始，金正大在快速完成原始积累后，积极进行缓控释肥的研发。据测算，缓控释肥可以提高化肥利用率30%~50%。按照中国的粮食产量和化肥施用量，施用缓控释肥后每年可节约磷矿321.8万吨，节约标准煤1 583.6万吨。

然而，缓控释肥技术被欧美等发达国家垄断，由于技术复杂和成本瓶颈制约等因素，缓控释肥的价格是普通肥料的3~8倍，因此在欧美、日本，它主要被用于园艺、苗圃、高尔夫球场等经济附加值较高的非农领域，被称为“贵族肥料”。金正大和国内顶级科研人员合作搞自主创新，让“贵族肥料”变成平民肥料，广泛应用于大田作物，是其价值充分实现的关键。

短短20年间，金正大依托持续的技术创新，不仅完成了从一家复合肥小企业到举足轻重的世界级化肥巨头的飞跃，而且研发出了全球领先的缓控释肥系列产品，站到了世界化肥产业价值链的制高点上。

进入21世纪，中国已然成为全世界化肥施用量最大的国家，但化肥平均利用率仅30%~35%，远低于欧美发达国家60%~70%的水平。而且由于农民施肥方式落后，肥料利用率低下、施用过量，每年造成的直接经济损失超过1 000亿元，并对环境和农产品带来了负面影响。

金正大提出“亲土种植”，主张以“亲和、友好”的方式对待土壤，开展种植作业，倡导减量增效促进品质提升，这是促进人与自然和谐共生的理念，具有普世价值。这个理念由一家农化企业提出，殊为不易。

展望未来，农业领域在制度创新滞缓之时，通过技术创新驱动发展是一条必由之路。农业价值链、产业链的升级，必须在传统的农业供给体系当中加上新理念、引入新元素，必须将现代科技生产方式和经营模式引入农业，为农业赋能。

事实上，“科学技术是第一生产力”这句话从未过时。

19世纪30年代，美国人麦考密克发明了马拉收割机，半个世纪后，贝斯特将其改造成蒸汽驱动的自走式联合收割机，彻底改变了美国人的农业耕种方式。在联合收割机发明之前，美国一个农民只能养活4个城里人，之后，一个农民可以养活78个城里人，生产力被大大解放，城市化进程也汹涌加速。联合收割机的使用让美国在短短3年时间里，农民比例从75%变为3%，美国也由此完成了从农业国到工业国的转型。

2012年，袁隆平来到山东东营的一块盐碱地，历时5年，经过1 162次试验，成功筛选出优质耐盐碱水稻。他决心用余生改造亿亩千年荒滩，他说，未来十年他要让1亿人能吃到盐碱地里种出来的水稻。

2018年，金正大提出并开始践行“亲土种植”，用技术创新去改良土壤、减肥增效，这不仅仅是一个人、一个区域、一个企业的事业，更是一个国家、一个民族的事业，值得用认真的文字记录它。

前　言

威廉·配第说过“劳动是财富之父，土地是财富之母”，两相结合造就了最初的财富，推动了社会的发展。对于世界第一人口大国——中国而言，农业现代化可谓一道永恒的命题。

中国自古以农业立国，农业的发展长期领先于世界。早在春秋时期，《管子·治国》就写道：“富国多粟生于农，故先王贵之。凡为国之急者，必先禁末作文巧，末作文巧禁，则民无所游食，民无所游食则必农。民事农则田垦，田垦则粟多，粟多则国富。”可见，管子眼中一国农事的兴衰直接关系到国家实力的强弱，社会秩序是否安定，只有以农为本，民众才能安居乐业，国家才能得以长治久安。

然而，农耕文明所形成的相对稳定的社会等级结构，也导致了长时间的社会发展内卷化趋势，中国农业的发展步伐一度沉重而蹒跚。

20世纪中叶以来，中国人开启了赶超世界的新时代。古老的东方大陆再度成为一片“希望的田野”，万物复苏的生机开始闪现。特别是改革开放以来，作为中国经济结构中最具活力的组成部分，民营企业异军突起，为农业现代化注入了新的动力。中国农业的前景随之豁然开朗，“希望的田野”一派生机盎然，农民的富裕梦想也重新被点燃。

农业发展正在以先进国家为目标奋起直追，与此同时，面对我国人多地少的问题，如何构建人与土地的和谐共生关系，为中国乃至世界农业的可持续发展提供解决方案已然成为一种迫切愿望。

“不积跬步，无以至千里”，宏大梦想的实现，终须脚踏实地、持之以恒。我们把视线转移到中国山东，把坐标定位在小城临沭，在一家不显山不露水的农业企业身上发现了这种诚恳务实且奋勇精进的特质，它就是金正大集团（以下简称“金正大”），中国化肥领域的龙头企业，它深深植根于中国大地这片“希望的田野”，受益于她的滋养而发展壮大，又不忘初心，反哺三农，与中国农民一道致力于开创更亮丽的风景线。

1998年，在万连步的带领下，金正大的前身——临沂市金大地复合肥有限公司应运而生，当时还只是一家名不见经传的复合肥小企业。而今天，金正大已经成为员工超过1万人、年生产能力720万吨、年销售收入达到198亿元（2017年数据）的化肥行业领军企业，是全球最大的缓控释肥生产基地，在科技创新、人才资源、产业实力和辐射国内外市场等方面，具有明显的比较优势和竞争优势。

金正大这20年的辉煌历程，引起我们兴趣的是这样几个问题。

第一，它何以在并不洋气的化肥行业深耕20年，锐意创新潮头勇立，成功掌握核心技术，主导制定化肥产业的多项国际标准？

第二，作为中国化肥领域的“隐形冠军”，它又为何能并购德国“隐形冠军”康朴公司在内的诸多世界知名化肥公司，整合全球资源为中国农业服务？

第三，当其他企业忙于广告式营销、塑造品牌形象时，金正大缘何独树一帜主张“服务即营销”的理念，率先建立农化服务中心、首创现代农业服务平台金丰公社，为中国农民提供一站式农化服务？

第四，面对行业内的激烈竞争格局，为什么又是金正大第一个提出“亲土种植”的理念和技术方案，从公共利益出发，站在国家和行业全局视角打造农业领域的“生态工程”，成了中国绿色农业的历史变革中一支令人瞩目的中坚力量？

如此种种，与金正大一贯的低调内敛形成鲜明反差，令这家企业呈现出某种神秘的光泽，也促使我们决定进一步去探究金正大、向社会展示金正大的风貌。

一

技术创新已然成为这个时代最富魅力的主题之一，于此，略带“乡土气息”的化肥行业更需要创新精神的洗礼，而谈到金正大在化肥行业的推陈出新，就不能绕开缓控释肥。缓控释肥可以提高化肥利用率30%~50%，过去，国外的化肥企业倚仗先发优势对此保持技术封锁，而这也激发了万连步突破技术壁垒，做“最有前途的化肥”的决心。

倘若把普通肥料比作“灰姑娘”，缓控释肥可以称得上是“贵族肥料”。这是一种被誉为“施肥技术革命”的绿色环保型肥料，它通过物理、化学以及生物技术手段来调控肥料养分的释放速度和释放量,达成肥料中养分元素的供应与作物对养分的需求基本同步的动态平衡。

缓控释肥事关未来中国农业的健康发展，对于中国这个全球最大的化肥生产国和消费国意义非同小可。目前，我国的化肥施用仍然比较粗放，耕地被长期高强度、超负荷利用，质量逐年下降。

“杂交水稻之父”袁隆平曾表示:“缓控释肥的推广应用改变了传统的施肥方式，能做到根据作物的需要释放养分，作物需要什么养分它就释放什么养分，这是肥料科技的一个重要进步。”

21世纪初，我国缓控释肥进入全面发展时期，万连步对技术的执着，甚至是孤注一掷的坚持，让金正大完成了缓控释肥的自主开发，并经过快速迭代升级，金正大迅速成为这一行业的领军者。

围绕金正大科研团队所掌握的一系列关键技术，中国的缓控释肥的技术体系和应用体系得以形成。虽然我国缓控释肥行业发展时间较短，但部分技术、工艺已经达到世界领先水平，生产成本比国外同类产品大幅降低。现在，我国缓控释肥年生产能力已达到300万吨以上，位居世界第一。

金正大的缓控释肥也是中国的种植业发展的“推进剂”，促进了化肥供给侧结构性改革，完成了中国化肥企业从“追赶者”向“领跑者”的转变。作为世界上最大的缓控释肥生产商，金正大对这一技术、产品的研发和推广可谓功莫大焉。

二

在国际竞争中，金正大这家中国“隐形冠军”积极主动的扩张战略可圈可点，被它收购的国内、国外知名化肥企业的名单仍在持续更新。

自中国加入WTO（世贸组织）以来，中国企业面临的国际竞争日趋激烈，而金正大的国际化之路亦由此开始。

对于万连步而言，国际市场是一片红海，注定百舸争流。他频频带领团队走出国门，走访先进国家，学习领先企业的经验，确保金正大的技术迭代，从生产向设计、研发、品牌等高附加值环节扩张，不断拓宽发展边界。

由于对标世界一流企业，金正大做好了充沛的资本和技术积累，而这也为2008年世界金融危机之后的海外并购和资产“抄底”奠定了坚实的基础。此后，金正大以昂扬的姿态大举进军国际市场，通过并购欧洲、以色列的多家知名化肥和农业企业，成功与国际最先进的行业技术、品牌、渠道接轨，进而完成了产业链延伸、产品线丰富、服务转型升级、国际市场开发、国际品牌塑造，在全球范围内构建起自己的产业链和供应链。于是，金正大的每一次海外并购都嵌入了其良性发展的闭环体系之中，为下一次扩张聚合着更庞大的能量。

金正大的愿景是成为“世界领先的植物营养专家和种植业解决方案提供商”，国际化战略的稳步实施，在助推金正大转型升级的同时，无疑大大加速了这一目标实现的进程。

截至目前，金正大已在德国、拉脱维亚、意大利、荷兰、西班牙等国建有10个工厂，在美国、德国、以色列、日本建有4个研发中心，在澳大利亚、挪威、德国、荷兰、西班牙、美国、印度、泰国、越南、新加坡等地设有10余个分支机构。一幅属于中国企业的蔚为壮观的国际版图已浮现在世人面前。

三

服务营销也是金正大区别于其他化肥企业的一大亮点。一般的化肥企业在业务模式上往往没有摆脱传统的营销方法，它们大多仍停留在为营销而营销的初级阶段，至多以企业为主体做服务提供商。金正大却实践着“服务即营销”的理念，早在10年前就开始建设农化服务中心，2017年，中国首家现代农业服务平台——金丰公社即由金正大牵头成立。

作为农业服务平台和农民组织，金丰公社本身并不生产产品，而着眼于塑造一个农业全产业链的平台体系。通过金丰公社，金正大卓有成效地汇聚了种植业产业链的全球资源，并利用该平台的优势，整合优质资源为中国农民提供诸如土壤修复、全程作物营养解决方案、农机具销售租赁、农技培训指导、农产品品牌打造、农业金融等全方位的农业服务。

随着金丰公社的建立和发展，未来金正大有望在全国组建1 000家以上的县级农业服务机构，为中国5 000万农民提供全方位种植服务。此举可谓农业服务领域的一场供给侧改革，将强有力地推动金正大由传统的化肥生产企业向种植业方案提供商转型。

四

上述成绩的取得，归根结底得益于金正大汇聚的行业精英队伍，想要解码金正大的成长基因，我们必须从这家企业所吸纳的大量杰出人才中寻找答案。

从杰出的带头人到忠诚而优秀的创业者，从行业顶级专家到卓越的职业经理人团队，从国际知名的外籍学者到新生代的优秀高才生，大批的优秀人才为何选择加盟地处偏远县城的金正大？这种现象令我们尤为好奇。

如果说早期创业团队的凝聚力和创造力离不开企业家万连步的领导魅力，那么后来在金正大发展过程中陆续加入的精英人才或许更看重的是金正大之事业本身的价值：帮助农民增收，促进农业发展。这并非只是一句口号，而是事业的性质使然，是金正大人每天都在做的事情，金正大一直把它作为自己的宗旨。今天，个体的自由性已被广泛尊重，只有当一家企业的使命与个人奋斗理想充分融合之时，真正的认同感才会产生。

此外，金正大的学习型组织建设、“金正大商学院”、“家”文化以及“健康管理办公室”等惠及全体员工的举措，也是金正大人归属感的重要来源。说到底，一家负责任的公司的发展最终要落实到每个员工个人的发展上，唯有切实解决好员工最关心、最直接、最现实的利益问题才能提高员工的向心力，才能让员工生活得更好、更有尊严、更有幸福感。

五

金正大的事业看似平淡无奇，却暗藏玄机：化肥可以促进农作物生长，过量的化肥却会给土地带来伤害，如何在一个科学、高效和可持续的范围之内使用化肥，这不仅是一个技术和经济成本问题，更是一个社会价值问题。

这就要回归一个颇为重大的命题——人与土地的共生关系。几十年来，中国农业快速发展，然而农业生产与耕地保护的矛盾却日渐突出。尤其近些年，中国的耕地、土壤质量普遍存在严重的失衡，这已经成为制约农业可持续发展的瓶颈。

金正大基于农化领域的丰富实践经验，提出了一种极为宝贵的解决方案——“亲土种植”。“亲土种植”顾名思义就是以“亲和、友好”的方式对待土壤，开展种植作业，以作物优质高产和耕地质量保护提升为双目标，保障农业的可持续发展。

未来的优质种植将从土壤改良开始，利用生物科技等对环境友好的科技手段实现农业生态的改善，帮助农民收益更好增长。“亲土种植”还倡导减量增效促进品质提升，通过产品增效技术、精准施肥等解决方案，减少化肥、农药、地膜等的使用量。

“亲土种植”理念犹如嘹亮的号角声响彻中国的广阔田野，它给土地以尊严，它给田野以希望。

这一理念已经上升到金正大的战略高度，面对全球农业绿色发展新趋势和中国实施乡村振兴战略的历史性机遇，金正大与其所处的农化行业正共同步入一个万象更新的时代。

金正大如同一棵枝繁叶茂的大树，在中国大地这片“希望的田野”上不停地生长，我们无法定格这一幕风景，却不妨经由记忆的纵深，开启一段全新的观察之旅。

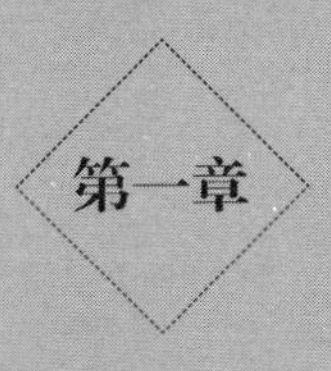

第一章

土地青春

农业的要素也就是构成宇宙的要素：水、土、空气和阳光。

——瓦罗

农，天下之大本。

——《汉书》

20世纪90年代的中国，已经基本解决了全国十几亿人口的温饱问题，很多国人的目光已经远离土地，在眺望光明的未来。

万连步的注意力却从未离开土地、从未离开农业。当时的中国已然成为全世界化肥施用量最大的国家，但化肥平均利用率仅30%~35%，远低于欧美发达国家60%~70%的水平，而且由于肥料利用率低下、施用过量，每年造成的直接经济损失达500亿元，并对环境和农产品带来了负面影响。农民施肥方式落后、农村劳动力缺乏（传统农业劳动力仅2.4亿，其中50岁以上1.3亿）、缺乏先进的农业技术等因素制约着中国农业现代化的进程。

万连步和他带领的金正大人，进入发展严重落后的化肥行业，从战略布局、技术创新、国际视野、营销推广、人才培养等诸多方面突破重重困境，变梦想为现实，还土地以青春。

第一节
胆子大一点

第一桶金

20世纪60年代出生在中国农村的那一代人，都经历过贫穷、饥饿，都有一种强烈的改变命运的愿望或冲动。出生在沂蒙老区农村家庭的万连步也不例外，兄妹5人，他排行老大，从小就有着承担责任的压力。1981年，他在临沂农校毕业以后被分配到了临沭县商业局，这在当时算一个很好的工作。后来，县里抽调人员到农村进行帮扶，万连步作为农业技术员在农村待了几年，而这些经历，似乎促成了后来的转变，成就了他的传奇。

在农村做农业技术服务的工作并不算繁忙，但是条件十分艰苦。其他的年轻人要么不愿意下乡，要么下来几天应付一下赶紧回撤。只有万连步扎根下来，因为他发现了自己专业的价值，看到了自己的技术服务得到农民的认可，他有说不出的成就感。同时，他也发现了巨大的商机：20世纪80年代初期，由于交通不便、信息闭塞，农村极度缺乏技术，万连步到省农科院请教专家、学习技术的时候，发现临沭及周边地区山楂树苗稀缺，而且政府鼓励此产业，市场需求旺盛。因此，在完成农业技术服务之余，他从省农科院买了一批山楂树苗，在农村开始了育苗嫁接，当时一棵苗2~3分钱，嫁接到的山楂树上每棵是3~5分钱，培育1.5~2年的时间每棵可以卖到1.8~2元钱，还需要购买者自己到地里拔苗。每亩可以育苗1万多株，万连步第一次就弄了2亩地。这样，由于信息灵通加一点点的专业技术，无意中“折腾”山楂苗，两年下来就挣了4万多元！要知道80年代中期以前，“万元户”是一个非常了不起的成就，其影响力甚至堪比现在的亿万富翁。而万连步一次性就有了4万元！当他一次性还清了家里因为建房而欠下的多年无力偿还的800元钱时，他的父亲惊呆了！作为小学民办教师的父亲，一辈子也没有见过这么多钱，甚至担心万连步的这笔钱“来路不明”。

这应该算万连步的第一桶金了。有了山楂树苗的实践和基础，他的胆子更大了。此后，他还培育过苹果树苗、银杏树苗，搞过长途运输卖水果，在北京注册文化公司“倒卖”录像带，收集了一麻袋身份证到深圳买股票、倒期货，以及生产酱油、饼干、糖果，收购废旧塑料等等，有亏有赚。

在本书的创作过程中，我们多次和万连步聊起他的创业和发展，不止一次地拿他和吉利集团董事长李书福对比。李书福早期开过照相馆、做过冰箱厂厂长、卖过摩托车，到后来的汽车制造，先后收购沃尔沃和奔驰。他们都曾经因不安于现状而“不务正业”、都被人称为“疯子”或“狂人”、都是从模仿加工到中国制造、都完成了有行业影响力的跨国并购。2006年的时候，中央电视台财经频道《财富故事会》也以“狂人老万”之谓采访过万连步，进行了专题报道。而每一次，万连步都一如既往地低调和谦虚，他总说，李总是大企业家，我们做的是小生意，吉利永远是金正大学习的榜样。

顺势而为

1992年，邓小平第二次视察南方并发表讲话，彼时正值北京两会，“计划多一点还是市场多一点，不是社会主义与资本主义的本质区别”这一提法，顿时产生了巨大的轰动效应，计划经济体制向着市场经济体制逐渐转轨。1992年7月，国务院发布了《全民所有制工业企业转换经营机制条例》，赋予企业

14项经营自主权，国企改革大幕再度拉开。同年10月，党的十四大召开，要求围绕社会主义市场经济体制的建立加快经济改革步伐，国有企业体系开始日渐瓦解。

1993年十四届三中全会提出了国企改革的顶层设计，建立现代企业制度，具体包括：产权关系明晰，自主经营，自负盈亏，政企分开，合理激励。国有经济逐渐从非竞争性领域退出，纺织、化工、食品加工等行业成为最早放开的领域。同年12月20日，第八届全国人大常委会第五次会议通过《公司法》，这是我国第一部公司法。《公司法》的颁布实施，是我国由计划经济向市场经济转变的重要标志，之后成就了许多伟大的公司和著名的企业家。

1993年，万连步还是临沭副食品加工厂的一名经理。当时商业局系统下属企业的改制已经开始，在商业局牵头下，食品加工厂下面成立了食品公司。万连步、张晓义、高义武、杨艳等就在这个时候加入了食品公司。从工厂到公司，虽然仍归属临沭县商业局管理，但相比而言，新成立的食品公司已经有了更多的经营自主权和盈利的压力，这样就给了万连步更多的经营空间。

食品公司主要生产一些饼干、糖果、调味品之类的简单产品。万连步发现同样生产的是醋，镇江的醋价格昂贵，且供不应求，临沭本地的醋刚卖到5角钱一瓶的时候，镇江的醋就卖到了几元钱，并且赫然出现在超市的柜台里。万连步第一次意识到，品牌的力量竟如此强大。

为把本地的醋卖得和镇江的一样好，他想到了联营的方式。吴晓波在《激荡三十年》中关于“联营”是这样描述的：它实际上是一个经济联合体，在20世纪80年代国企改制的过程中曾被广泛采用。国有企业把自己的一些业务以承包或联营的方式转包给乡镇企业，以此形成联盟的格局。这种在80年代早期还属于被禁止的行为突然在90年代初期受到了鼓励，它被认为是一种双赢的策略，通过联营，国有企业得以降低成本，甚至通过品牌的有偿使用直接获得利益。而对乡镇企业来说，则得到了市场的准入，以及人才、品牌、技术等方面的援助。

很快，万连步获得了和镇江香醋的联营机会。醋的工艺其实不算复杂，但借助镇江醋厂的流水线和品牌影响力，食品公司的经营有了起色，万连步作为一名公司经营者的远见也在那时初露端倪。“借力”“合作”这样的理念在金正大后来的经营当中不断地得以运用，并且在后续的经营当中，其价值也得到了充分的体现。

20世纪90年代末期，由于经营机制、职工养老、历史债务等问题，国有企业亏损面积超过40%，当了数十年“主人翁”的工人开始不再与企业“共存亡”，下岗职工首次出现。商业系统的企业纷纷自谋出路，随着这股潮流，万连步带领他的团队另起炉灶，1996年前后，他们设立了农业发展公司，开始是做废旧塑料加工的生意。这是一种初级加工，把废旧塑料袋、旧轮胎洗干净，二次加工，重新拉丝做成编织袋，当时临沂很多个体户都做得很好，万连步的橡胶塑料厂也开始初具规模。在具备了一定的产业基础后，万连步开始筹划起肥料生意。

剧变中入场

在中国，长久以来，化肥、农药等农业物资一直实行专营制度。中华人民共和国成立后，一批中型氮肥厂和大批小型化肥厂建成投产，但化肥资源远不能满足农业生产发展的需求。为平衡资源，稳定市场，国家对化肥的生产、收购、进口、分配、价格均纳入了计划管理，实行统一计划、集中管理的方针，从而催生了分配政策。为配合化肥分配政策，国家也根据低价薄利的原则，对国产化肥的购进价、进口化肥价、化肥调拨价、化肥零售价等一揽子价格出台了相应政策，这标志着价格政策的产生。由于长期实行低价薄利政策，这一时期尽管市场需求远大于供给，但化肥零售价格仍逐步下降。

20世纪80年代初到1988年，在国家价格改革的“双轨制”背景下，化肥也开始推行“双轨制”价格。计划内价格由国家统一制定，计划外价格实行市场调节。1985年初，《国务院批转国家物价局关于价格改革出台情况及稳定物价措施报告的通知》发布，化肥流通市场第一次出现同一产品拥有两个不同价格的现象，这是市场经济模式的首次尝试。

1988年，国务院曾发布过一则《关于化肥、农药、农膜实行专营的决定》（国发〔1988〕68号）的通知，明确要求国家和省统一分配的化肥、农药、农膜由中国农业生产资料公司广州供应站、各级供销合作联社所属农业生产资料公司和基层供销社专营，除基层供销社和农业技术服务站外，任何单位和个人均无权经营。这项制度既与中国实行多年的计划经济体制有关，也与农业物资特殊的商品属性有关。由于农业在国民经济中格外重要和特殊的地位，再加上农业生产劳动极易受到人为和自然条件的影响，农资经营历来受到政府的严格管制，即便在改革开放后期，家电、洗化等日用消费品市场逐步放开，农资经营依然受到了严格的限制。1988年到1998年，为配合化肥专营政策的实施，并整顿化肥价格和流通的混乱状况，抑制价格的不合理上涨，国家物价局先后出台了《国家物价局、商业部关于化肥实行综合平均销售价格的报告》和《国家物价局关于贯彻执行化肥实行综合平均销售价格的通知》，在全国推行化肥综合平均销售价格。这是化肥限价机制的雏形。

价格政策和分配政策使得化肥行业的发展严重滞后，化肥专营制度也因此延续了近10年。在这10年间，各级供销社和农业服务站始终是销售化肥的唯一主体，经营资质被严格管控、跨区经营被明令禁止，化肥供给完全遵循国家计划指令执行。同时，在生产层面，主要以尿素、磷肥等单质肥为主，复合肥刚刚开始，而且大部分依靠进口，国内尚不具备成熟的技术。

另一方面，20世纪90年代的中国农业已经基本解决了全国13亿人口的温饱问题，种植业内部的结构发生了深刻的改变，粮食作物种植减少，经济作物种植增加，1998年与1978年相比，种植业粮经比由77 ： 23调整至64 ： 36，农户对于化肥及其使用效率的需求也变得更加多样化，传统的化肥供给显然已无法满足这一需求。

1996年，广东省发出了一则《关于整顿农业生产资料流通秩序的通知》，规定各级供销社、农资部门是化肥、农药、农膜等农资商品经营的主渠道，县及县以下农业“三站”（即农技推广站、土肥站、植保站）是农资商品经营的辅渠道。虽然其他单位和个人未经批准依然无法获得化肥、农药的经营权，但是他们已经可以通过挂靠到供销社或农业“三站”等机构来获取相应的经营权，农资商品的经营主体实际上已经开始扩大。

至1998年，农资流通领域迎来了一场最为深刻的变革，当年国务院发布了一则《关于深化化肥流通体制改革的通知》（国发〔1998〕39号文件），明确提出了几点：一是国家对化肥流通的管理由直接计划管理为主改为间接管理为主，发挥市场配置化肥资源的基础性作用；二是拓宽化肥流通渠道，扩大企业经营自主权，化肥生产企业可以将自产化肥销售给各级农资公司和农技推广站、土肥站、植保站及以化肥为原料的企业，也可以设点直接销售给农民；三是改进化肥价格管理方式，化肥出厂价格由政府定价改为政府指导价，建立政府指导下市场形成价格的机制。至此，化肥行业从管理、流通到价格，已全面实现了由计划经济体制下的指令性生产和统配收购，转向以市场为基础、宏观调控下的自由流通体制。农资市场由此形成了包括民营个体在内的多元化竞争格局。

大多数农资企业或许没有想到，它们的业务模式将在短短数年内发生急剧的改变，仅仅依靠简单的渠道和服务已经无法赢得市场，未来它们中的一大部分可能由于无法适应新的形势而被淘汰出局；而门外，则站着更多跃跃欲试的新来者，中国的化肥产业将最终形成开放竞争、错综复杂的经营格局。万连步敏锐地察觉到了其中的变化。

“我们从1996年开始筹划，几个人通过贷款和拆借，共筹集了约100万元，用了一年多时间，在一个废弃的砖瓦厂房里，我们的新型肥料厂正式成立。”张晓义（现任董事、党委书记）回忆说，自己修的路，自己填的坑，他至今依然记得当日的情景。1998年的化肥行业已经初现繁荣。在中国，一个产业的勃兴往往带有鲜明的区域性特征，北京的中关村、义乌的小商品、温州的皮鞋，无一不是如此。这其中，既有顶层设计的引导作用，也有早期财富效应的示范作用。实际上，作为山东南部一个不起眼的小县城，临沭不论在原料，还是在产业基础上，都不具有突出的优势，但是各种偶然与必然的原因交织在一起，临沭逐渐发展出了全国最大的复合肥产业集群。

当时国内的化肥主要依赖进口，临沭距离连云港、青岛港、日照港都很近，有天然的口岸优势。加之山东是农业大省用肥大省，肥料产业很快得以在这片土地扎根。当一个区域的产业走入最繁荣的阶段时，也就到了假货最为盛行的阶段，20世纪90年代的临沭便是如此。高义武（现任董事、常务副总裁）说，当年临沭的化肥企业可谓遍地开花，有生产经营许可证的就有100多家，而生产假冒伪劣产品的小作坊更是数不胜数。化肥造假让临沭落下了一个不算太好的名声。和其他行业不同，假化肥的危害极大，轻则导致作物死亡，严重的则会导致人畜中毒、土壤养分结构失调、物理性状变差，甚至多年颗粒无收。县里为了整顿这一现象，甚至成立过专门的肥料办公室。

金正大创业初期原址

先机

在这样的背景下，万连步的山东省农科院新型肥料厂（实为“山东省农科院新型肥料中试基地”，这又是万连步“借力”理念的体现）挂牌成立。建立之初，他们即面临着几个棘手的问题：一是临沭在整个行业中的口碑和影响；二是作为一家初创企业，在尚未拥有自己品牌的情况下，如何令客户信服和接受；三是当时的化肥赊销已成行业惯例，但作为一家新公司，他们实在不具备这样的资金流实力。

早期的复合肥生产非常简单，主要工艺就是掺混，尿素、氮、磷、钾，按照客户要求的比例混在一起，就是最早期的复合肥。金正大在化肥市场不但没有品牌效应，而且工艺、质量等尚不能保证稳定。当时，国产化肥一般只能满足农业施用量的70%左右，不足部分只能依靠进口补充。1990—1995年，国内化肥进口量一直呈上升态势，1995年达到最高峰，为1 907.20万吨（实物量）。化肥工业的快速发展，以及进口化肥的无节制增加，导致1996年下半年起国内化肥市场尤其是氮肥市场出现了供过于求的现象。为此，1997年4月起，我国决定停止进口尿素，化肥进口总量得到了有效控制，但磷酸二铵、复合肥和氯化钾的进口量仍一直呈上升趋势。化肥市场长期被国际巨头垄断，国内大多数化肥企业仍停留在小作坊的生产阶段，在这个市场中显得无足轻重。

另一方面，由于复合肥行业作为一个二次加工行业，其固定资产投资规模较小，固定资产比率在30%左右，行业进入门槛较低；同时，复合肥行业作为弱周期性行业，行业盈利比较稳定，净利率始终在5%上下浮动。低门槛和稳定的盈利带来了整个行业的繁荣，再加上较低的行业集中度，我国具有生产许可证的复合肥企业有数千家，而生产规模较大、产品质量较高的大型企业仅占不到5%。

复合肥企业提高生产效益的最佳途径就是扩大生产规模，

降低单位成本，以提高自身的赢利能力和市场竞争能力。由于复合肥属于肥料的二次加工，每吨肥料所赚取的利润是一定的，且生产成本的下降空间是有限的，如果企业要实现收入和利润的持续增长，就必须要扩大规模、增加产能、扩大销量。企业扩大生产规模，一方面会增加公司的收入和利润，同时随着生产规模的扩大，企业的采购成本也会降低，产能利用率提高，单位成本下降，意味着企业的赢利能力也相应提高。

1998年8月，临沂金大地复合肥有限公司创立大会

还没打出品牌的金正大，最初的销量不足1万吨，做大规模、降低成本成了最紧迫的需求。“后来我们上马了一条10万吨的生产线，从立项到开工、建成，共用了100天时间。”高义武说。1998年9月，金正大在临沭县举办了一场订货会，邀请了全国的化肥经销商，并推出了一系列激励措施。“一个订货会把产品的区域品牌就打出去了，订货量也就大了，从那个时候起公司开始兴旺，至少在临沂站稳脚跟了。”

复合肥企业的固定资产投入虽然不需要太大，但在生产过程中需要大量的流动资金来保证企业的正常经营，而且当时赊销成为行业一种普遍的销售模式。在企业自有资金不足及快速发展的情况下，复合肥企业普遍负债经营，负债率大多高达70%以上。金正大的订货量迅速增加，赊销变得困难。为了减少资金占用，金正大的业务员们通常自己押着货送到客户那里，再提上一袋钱，挤着公交车赶回来，“这样的状况持续了好几年，却从未出现过货、款丢失的情况”，杨艳（曾任副总裁，现任工会主席、监事会主席）说起此事，眼神中依然流露出自豪，诚信是金正大文化中非常重要的一种品格。

从食品加工到废旧塑料加工，万连步尚不能被称作企业家。德鲁克提出：“对企业家而言，创造价值才是真实的，利润不过是结果。”有一个关于造船厂的经典名言：我们要造最好的船，顺便赚点钱。这就是企业家的思维方式。而对于一个商人来说，做鞋还是做裤子并不重要，只要能赚钱就行，把鞋做好是为了赚更多的钱。从这个意义上来说，企业家与商人最大的区别在于目标，企业家以做成某一件事情为目标，利润不过是一个结果；而在一般意义上的商人看来，利润就是他的目标，其他都不过是手段。解决了最基本的生存问题之后，万连步作为一名优秀企业家的魅力也将在未来几年得到充分的体现。

20世纪90年代末期是“中国制造”极为重要的一个阶段，

对万连步和金正大而言，生于这个时代无疑是幸运的。中国用廉价劳动力和初级加工生产出来的商品销往全世界，物美价廉的中国商品涌出国门，涌向各个角落。

第二节
战略 2002

把视野投向海外

2001年对绝大多数中国人而言都是令人亢奋的，这一年，中国加入了WTO，这带来两个最直接的结果：一是中国的制造业第一次正式被推到了国际市场的风口浪尖，很多企业尚未来得及搞清楚WTO的含义，便被迫在新的规则中重新寻找生存的空间；二是中国制造从此将要接受全新的国际标准的检验，一大批处于产业链低端的加工企业将在更为严苛的标准中吃尽苦头。入世与出局的故事此起彼伏，活下来的企业将选择进入附加值更高的领域，从生产向设计、研发、品牌等高附加值环节扩张，并且在日后漫长的话语权争夺战中获得一席之地。

和纳斯达克崩盘带来的西方资本低迷形成鲜明对比的是，中国企业在主观发展意识和客观环境的双重推动下，开始借助海外并购寻求更大的规模空间。2002年，TCL正式吹响了国际化的号角，在一年多的时间里，先后收购欧洲老牌企业施耐德、汤姆逊和阿尔卡特的部分业务，开启了中国企业通过并购进军海外市场之风。在TCL的带动下，一度出现了一个中国企业海外并购的高潮，甚至引发了国际市场对中国企业“狼来了”的呼声。

这一次大规模的海外之旅给包含传统制造业在内的中国企业带来了巨大的冲击，国际资本、管理理念、海外市场、丰厚的利润交织在一起，如果说90年代的中国企业只在低端产品领域内进行着残酷的价格断杀，那么这个阶段的中国企业已不再满足于此。在全球管理学界颇具声望的曾鸣教授曾这样描述：“扁平的世界为中国的先行者提供了外部技术的支持，中国人开始尝试创造性地将新技术与中国市场的需求结合起来。”这是一个令人欣喜的变化。

另一方面，在国际与国内两个市场的角逐中，新兴的民营制造企业逐渐取得优势。以产权变革为主要手段的“国退民进战略”大踏步推进，在“抓大放小、建立现代企业制度”的思想指导下，民营企业在绝大多数竞争领域里替代国有企业成为推动中国经济的主要力量。

曾经有国资背景的中国–阿拉伯化肥有限公司（以下简称“中阿公司”）、山东红日阿康化工股份有限公司（以下简称“红日阿康公司”）是当时全国最大、最有影响力的两家复合肥料厂商。其中中阿公司成立于1985年6月，是由中国、突尼斯、科威特三国合资兴建的大型氮、磷、钾（NPK）复合肥生产企业，仅一期工程建设总投资就达5 800万美元，是当时中国与发展中国家的重要经济合作项目，被誉为“南南合作典范”；红日阿康公司前身是国有企业临沂市化工总厂，始建于1965年，2002年3月经外经贸部批准、由世界最大的三元素复合肥制造商——俄罗斯阿康公司控股的股份有限公司，是国内规模最大、配套最完整的硫基NPK复合肥制造商，其“氯化钾低温转化生产硫基复合肥技术”被广泛应用到全国的复合肥企业。而当时的金正大尚默默无闻。但十年之后，情况发生了逆转。

作为深耕于农业的传统制造企业，金正大的发展过程中并没有多少花哨的故事，早期由于行业繁荣所带来的高额利润让金正大完成了原始积累，建立了最早的产业基础，然而金正大并没有沉溺于劳动力成本的血拼之中，它们在不断变化的市场和需求当中积极谋求创新，重新布局。

2002年7月，占地20万平方米、投资过亿元的金正大工业园一期工程破土动工，2003年10月，临沂金大地复合肥有限公司整体更名为山东金正大生态工程股份有限公司。这标志着金正大公司的规模化生产正式开始，从野蛮生长的小作坊到规模化生产的企业，解决了最基本的生存问题之后，金正大开始正式考虑发展问题。

进入21世纪的中国，已然成为全世界化肥施用量最大的国家，但化肥平均利用率仅30%~35%，远低于欧美发达国家的60%~70%，而且由于肥料利用率低下、施用过量，对环境和农产品带来了负面影响，每年造成的直接经济损失达500亿元。农民施肥方式落后、农村劳动力缺乏（传统农业劳动力仅2.4亿，其中50岁以上1.3亿）等因素严重制约着中国农业现代化的进程。

2002年6月，公司工业园一期工程开工建设

农资经营的放开令化肥市场分外活跃，也让粗放生产的弊端暴露无遗：各工厂几乎在用统一的工艺生产化肥，统一配方、简单掺混的产品大行其道。从工业生产的角度来看，这是最经济的做法，但从土壤作物角度看却是最不科学的，化肥中部分元素的超量施用，不仅造成了浪费，也给土壤带来了严重的危害。我国占全球9%的耕地消耗了占世界总量32%的化肥，单位面积用肥量是世界平均水平的3倍多，随之而来的是土壤肥力下降、环境污染严重等后果。当时我国肥料使用存在浪费现象，我国的化肥当季利用率大概只有30%。

另一方面，在国内，当时复合肥市场仍由国外品牌一统天下，国内企业普遍存在着生产规模小、工艺技术水平低等问题，品牌极为分散。开放初期的兵荒马乱，以及早期残酷的价格竞争反倒让万连步格外清醒，他意识到，要想在日益激烈的竞争中胜出，关键要做到两点：一是要掌握核心的技术，从同质化的竞争中抽身，走一条差异化的发展道路；二是要从解决农业生产与土地的关系角度出发提供产品，也许后者才是这个产业真正的命脉。

2002年对于金正大来说极为关键，甚至在我看来是最为重要的一年。中国企业走出去带来的资本和意识的回流撞击了始终在蒙眼狂奔的国内民营企业，化肥产业本身已经进入发展迭代期，技术创新的需求越来越强烈，三者叠加到一起促使万连步开始以企业家的心态认真思考关于企业的种种命题了。

一个企业从青春期走向成熟的标志就是具备了战略思维，而对于金正大来说，战略主线很清晰：做技术创新型企业。由于化肥行业在国内的混乱，万连步直接把视野投向了海外。可以说，金正大战略起步和国际化是同时发生的。

做最有前途的化肥

2002年，万连步带领技术团队走出了国门。他们频繁地走访了法国、德国、荷兰等肥料行业比较领先的国家。在一次出行当中，万连步在超市里看到了缓控释肥，他被其高经济价值所吸引。然而，国外的化肥公司对此项技术讳莫如深，甚至拒绝他们参观，不愿介绍其生产设备及工艺。万连步有一种预感，他觉得这种化肥有可能成为一种极有前途的肥料。

从20世纪30年代开始，美国、日本等发达国家就着手研究和改进化肥的生产技术，力求从改变化肥本身的特性来提高肥料的利用率，从而达到保护水土资源和生态环境的目的。20世纪60年代起，美国、日本等发达国家着手研制并推出缓释肥和控释肥。缓控释肥，是指通过各种调控机制使其养分最初缓慢释放，延长作物对其有效养分吸收利用的有效期，使其养分按照设定的释放率和释放期缓慢或控制释放的肥料。而包膜肥料又是国外发展迅速的缓控释肥，也是控制肥料养分种类最多的一类缓控释肥，占缓控释肥的一半以上，有些国家达90%以上。据测算，缓控释肥可以提高化肥利用率30%~50%，按照中国的产量和化肥施用量，施用缓控释肥后每年可节约磷矿321.8万吨，节约标准煤1 583.6万吨。

“要做最有前途的化肥产品。”万连步下定了决心。但国外的技术封锁迫使他们把目光转到了自主研发。确定好发展方向后，一回到国内，万连步立即多方寻找缓控释肥专家。

20世纪80年代缓控释肥在研究领域已经有了较大的发展，国内已有多家研究单位具备试制包膜肥料的实验设备。以郑州工业大学磷肥与复合肥研究所为代表，自1983年以来共开发出三类以肥包肥的复合肥料，已在国内推广，并远销美国。用无机物作为包膜材料在一定程度上对肥料养分的释放起到了控制作用，但其包膜量一般都偏大，因此，从20世纪80年代中期开始，一些单位相继开展有机高分子聚合物包膜肥料的研发工作。

2003年，万连步获悉山东农业大学教授张民已经研发出缓控释肥产品，并且进入中试阶段。他找到张民，把从国外买来的产品与张民实验室产品在同一环境施用、检测，又在国内从南方到北方选择了近万亩试验点进行全方位试验。试验数据表明，张民的产品完全达到国际同等水平，有些技术指标甚至高于和好于外国产品。

张民教授

“我一定会把你的技术推向市场。”与其说这是万连步在鼓励张民，不如说这是他的自我激励。做技术驱动型的企业，这是万连步最初就确定的差异化战略。中国制造的困局是什么？是技术。

2004年11月，金正大与张民所在的山东农业大学签署了战略合作协议，引进山东农业大学的5项专利技术，共同进行产业化开发。此后，他们共同研发出了热固性树脂、热塑性树脂、硫和硫加树脂等4套不同的包膜材料和工艺的100多种包膜缓控释肥，按释放时间可分为：3个月、6个月、9个月、12个月不等，这套技术在当今世界仍居于前列。

在中国，大学、研究所与企业始终保持着一种奇特的关系，很多在研发方面有些突破的企业，往往技术源头都稀奇古怪，某个地方某个研究所的某个人，花了若干年研究出一个东西，和市场一结合，就成了非常好的应用。而另一个对于技术向应用的转化起到决定性作用的因素是需求，中国拥有一个需求巨大且高速增长的市场，大量处于金字塔底端的大众消费者构成了这个市场的主力，有限的支付能力使得价格理所当然地成为他们最关注的因素，擅长做高端市场的跨国公司很难习惯这样的氛围，而擅长做成本的中国企业却能游刃有余，从某种程度上说，这构成了中国企业发展的天然港湾。

找到支点

金正大在缓控释肥技术上的创新与成功就是一个典型的案例。在国外，产品价格高一直是缓控释肥的阿喀琉斯之踵，由于技术复杂和成本瓶颈等因素，缓控释肥的价格约为普通肥料的3~8倍，因此在欧美、日本，它主要被用于园艺、苗圃、高尔夫球场等经济附加值较高的非农领域。如何让“贵族肥料”

变成平民肥料，广泛应用于大田作物，是其价值充分实现的关键。

金正大经过大量的研究和试验，从三个方面对其进行了创新：一是进行缓控释肥机理研究，保证技术的先进性，研制与开发的肥料产品必须具备自控功能，使养分释放与作物需求相一致，提高肥料利用率，使肥料产品成为高技术载体；二是从经济的角度考虑，尽可能降低生产成本，使之符合我国农业生产的实际需要。金正大筛选出控释性能好、成本低的包膜材料及其组合配方，并创新了流化床高速喷涂包膜、闭路循环加压—冷凝—负压高效溶剂回收技术及硫和硫加树脂包膜新工艺，包膜速度快、涂膜均匀，溶剂回收率达99%以上，造价低、能耗少；三是缓控释肥与常规肥料的配伍技术，实现速效与长效的结合，满足作物整个生长周期的养分需求。“缓控释肥就是在作物的整个生长期的不同时期都能释放出满足作物生长的养分，使肥料养分的释放与作物的吸收基本达到同步。”万连步给出了这样的解释，“就像是我们一日三餐，适时适量才能营养均衡。”

2006年3月4日，金正大一期年产30万吨缓控释肥工程正式投产，二期工程项目同时破土动工。金正大不仅拥有了独创的技术、工艺，而且产能跃居全亚洲第一，缓控释肥由此走入了寻常百姓家。2007年中央一号文件指出：“要加快发展适合不同土壤、不同作物特点的专用肥、缓控释肥。”2013年中央一号文件再次指出：“启动低毒低残留农药和高效缓控释肥使用补助试点。”金正大与缓控释肥对于整个行业的革命性意义不言而喻。

在金正大的历史资料库里，我们看到了几份万连步作为全国人大代表提过的建议，在其中一份建议里万连步这样写道：“近年来，我国耕地质量问题日益凸显，区域性耕地退化日趋严重，东北黑土区有机质正急剧下降，南方及东部地区土壤酸化加重，华北、东北耕层变浅趋势明显，西北及沿黄灌区次生盐渍化问题更为突出。”在这样的背景下，缓控释肥的推广变得更加任重道远。

金正大在缓控释肥的推广上是不遗余力的，这不仅仅体现在技术创新上，还体现在其着眼于整个肥料产业的战略布局上。在其历史资料中，我们看到了一份2007年金正大的战略计划书，其中这样写道：“目前上海、江苏、北京、山东等部分地区出台的有机肥补贴政策值得我们研究，尽管地区有限，政策内容、补贴额度不一，但从反馈的信息来看，无论是对有机肥的推广、对农民、对企业都有着实际的利益。国外如美国也将缓控释肥正式纳入补贴范围，如果缓控释肥得到国家的补贴，即使每吨只有100元，企业占1/3，按照年产100万吨计算，相当于我们每年的纯利润将直增3 000万元，这是个很可观的数字。建议公司在前期工作的基础上加大政策研究和政府公关的力度，通过加大宣传力度来影响关键部门，引起国家、社会更加广泛和深入的关注，将我们的声音不断地向政策决策层渗透，为缓控释肥争取国家补贴。具体措施：第一，利用我们在行业的龙头地位，加深与全国农技推广服务中心及各省土肥站的合作，通过试验示范、技术推广，举办各种高层论坛、专题调研等，不断展示发展缓控释肥的作用；第二，通过国家科技支撑计划项目的实施，整合全国高校、科研院所和优势企业资源，壮大舆论宣传的力量，向更高决策层表达我们的思想，争取缓控释肥补贴政策的早日出台，为企业发展增强竞争力；第三，加快推动缓控释肥行业标准、国家标准的制定，规范行业市场，抢占行业制高点。”

金正大先后与山东农业大学、中国农业大学、中国农业科学院、国家杂交水稻工程技术研究中心、上海化工研究院、中国科学院南京土壤研究所及各省农科院等50余家科研院校以及美国佛罗里达大学等6所大学和美国农业部3个试验站建立了长期合作关系。同时建有国家缓控释肥工程技术研究中心、博士后科研工作站、山东省院士工作站、山东省企业重点实验室和山东省中美缓控释肥合作研究中心等研发平台，并发起成立了全国缓控释肥产业技术创新战略联盟，这些平台为金正大推广缓控释肥提供了必要的技术支持。在后来的若干年里，金正大不断地研发出可降解、低成本、控释性能好的第二代、第三代包膜材料，进一步丰富了缓控释肥的产品类型，提升了公司的核心竞争力。

与金正大推广缓控释肥同时发生的还有国家层面陆续出台的缓控释肥政策。继2007年中央一号文件提出加快发展适合不同土壤、不同作物特点的专用肥、缓控释肥之后，国家层面的缓控释肥政策陆续出台：国务院颁布的《国家中长期科学和技术发展规划纲要（2006—2020）》明确提出“重点研究开发专用复（混）型缓释、缓控释肥及施肥技术与相关设备”；科技部在“十一五”和“十二五”的国家科技支撑计划、“十三五”国家重点研发计划等都把缓控释肥列为重大研发专项；2010年国务院《石化产业调整和振兴规划》中又一次强调要重点发展高效复合肥、缓控释肥等高端产品；从2011年开始到2014年，农业部将缓控释肥列为主推技术。2013年中央一号文件再次提出，启动低毒低残留农药和高效缓控释肥使用补助试点；2015年工信部《关于推进化肥行业转型发展的指导意见》提出鼓励开发高效、环保新型肥料，重点是缓控释肥、水溶肥等；2015年农业部《到2020年化肥使用量零增长行动方案》提出示范推广缓控释肥等高效新型肥料，推动肥料产业转型升级。

基于缓控释肥应用技术的创新成为金正大发展历程中十分关键的一个时间节点，它让金正大完成了从生存到强大的华丽转身。而另一方面，金正大也将缓控释肥作为一个支点，撬动了整个国家化肥产业政策的巨大杠杆。一个伟大的企业，必定是一个懂得顺势而为的企业。

海外技术不可得，迫不得已，金正大转身回来和国内顶级科研人才合作一起搞创新。这个波折使得金正大在日后的发展中，具有了格外的人才包容心。确定了技术创新的战略路径后，金正大在日后的人才引进、技术创新和国际并购中，都显得异常高效。同时，金正大在技术上的不断突破，也将自己推到了国家级科技创新领导者的地位。可以这么说，日后金正大的不断成长与壮大，正是始于2002年。

第三节
2008，压力测试

危机突来

2008年的金融危机来得猝不及防。这场发端于美国华尔街次贷市场的风波迅速引爆并席卷全球，股市暴跌、信贷收缩，投资者信心几近崩溃，欧美消费市场突然陷入疲软萧条。中国企业的出口受阻，贸易保护主义来势汹汹，发展多年的出口导向经济模式遭遇了前所未有的重创。

从2008年年初开始，数十万的中小企业宣布倒闭，一年前还饱受过热困扰的中国经济陡然间陷入了可怕的大萧条，投资、消费、出口“三驾马车”几乎全数停歇。德鲁克认为，“唯有经历两次危机的企业，才算成熟的企业”。此时，刚刚站稳脚跟的金正大即将面临一场前所未有的危机：一方面，国际市场需求缩减，出口大幅下滑；另一方面，复合肥的原材料从上半年的大涨转为下半年的暴跌，那一年，金正大经历了有史以来第一次滞销。过去从来都是愁收了人家的钱，货生产不出来，2008年却成为一个明显的转折点。

然而，这并不是全部，中国制造业所面临的考验早就在各行各业悄然发生。2004年，在经济较为发达、工厂密集的东南沿海地区，罕见地出现了农民工短缺现象。改革开放以来，数量巨大、成本低廉的劳动力曾一度被视为中国经济尤其是出口产业最为突出的比较优势，人口红利也一度成为中国经济之谜的谜底。但从2004年开始，“民工荒”一词几乎在一夜之间占据了各大媒体的头条，农民工的工资第一次得到了实质性的提高，工厂主们也是第一次为招不到工人而焦虑不已。

另一个突发性事件也引起了广泛的关注，2007年中国江苏的太湖爆发了严重的蓝藻污染事件，造成无锡全城自来水供应接近瘫痪，生活用水和饮用水严重短缺，超市、商店里的桶装水被抢购一空。逐渐苏醒的环保意识唤起了政府的治理行动，江苏省委、省政府当即决定，要以最严格的环境保护制度整治太湖污染，哪怕GDP（国内生产总值）下降15%，为此无锡市政府决定2008年年底前关闭772家小化工企业，确保化工企业整治行动三年任务两年完成。此次事件成为中国多年以来经济发展过程中环保欠账的一个缩影，高速发展所积累的矛盾在短短数年内集中爆发，在中国大地上，生态环境问题第一次被提高到生死攸关的位置。2008年3月15日，十一届全国人大一次会议批准组建环境保护部。政府的治理决心已不可撼动，环境成本正成为企业管理成本中不容忽视的部分。2015年，被称为“史上最严”的环保法实施，2017年，国家又启动了环保督查，化肥企业面临的压力越来越大，又一大批中小型化肥企业关闭，甚至最大化肥产地之一的湖北宜化，也因为环保问题受到国家严厉惩罚，股价大幅度缩水，这是后话。

海外市场、人力成本、生态环境这些各自独立的问题几乎在同一时期交织在一起，构成了国内制造型企业所面临的生存图谱：更加昂贵的人工和环境成本，更加残酷的海外市场。中国的制造企业在内外交困中寻求突围，转型升级成为亟待破解的难题。尼采说过，“那些没有消灭你的东西，将使你更强大”。这场危机对于国内企业而言就是一场全方位的压力测试，测试过后，一些企业被淘汰，而那些活下来的企业则选择向着更高端突破，金正大的腾飞之路也从这里开始。

标准制定者

伴随着环保意识的提升，环境治理政策在各个行业推进，农业，作为国民经济的重中之重，对于这一问题更加无法回避，在缓控释肥的成本创新上已有所突破的金正大很好地顺应了这一趋势。由于以缓控释肥为代表的新型肥料，能够实现在用肥量减少15%~30%的基础上，作物平均增产5%~10%，最高可达30%，刚好可以弥补化肥利用率低、农业面源污染大的缺憾，对改善生态环境的贡献不言而喻，这项技术在投产之后逐渐得到了国家层面的重视。

2007年中央一号文件就曾指出“加快发展适合不同土壤、不同作物特点的专用肥、缓控释肥”；从2008年开始，全国农技中心协同金正大等缓控释肥企业，在多个省份共进行数十项缓控释肥试验示范，涉及水稻、玉米、花生等多种作物，直接示范面积数千亩。金正大抓住这一契机，利用自身在缓控释肥技术上的优势，开始筹建国家缓控释肥工程技术研究中心、养分资源高效开发与综合利用国家重点实验室、博士后科研工作站、山东省院士工作站等研发平台，并发起成立了全国缓控释肥产业技术创新战略联盟。

此外，金正大先后承担了《缓控释肥料》行业标准与国家标准的起草工作、主持了“十一五”国家科技支撑计划以及国家星火计划、国家重点新产品计划项目等20余项国家、省级课题，并荣获山东省科技进步一等奖3项、国家科技进步二等奖2项，缓控释肥产品还被纳入“国家重点新产品”。

2008年5月23日，金正大与国家杂交水稻工程技术研究中心在湖南长沙签署科技合作协议。双方将在超级水稻示范推广过程中配套使用杂交水稻新型专用缓控释肥，以实现超级杂交水稻与最先进的缓控释肥的完美结合，并通过良种良肥的配套，助推“种三产四”丰产工程的早日实现，为农民增产增收和国家粮食安全做出贡献。自2008年5月起，袁隆平院士领衔的专家团队联合长江大学、湖南省水稻所等单位，在浏阳、赫山、临澧、汉寿、醴陵、隆回等地，广泛开展了金正大缓控释肥的系统试验、示范研究，通过专家、企业与基地三方的协同攻关，取得了较好的成果，奠定了金正大缓控释肥在杂交水稻生产上应用的技术基础。

2009年2月，金正大与国家杂交水稻工程技术研究中心召开缓控释肥在超级杂交水稻上的应用与示范交流会

前文中曾经提到，中国的市场由广大处于金字塔底端的消费者所构成，这也决定了中国企业的创新必定是从成本出发的。金正大创造性地将新技术与中国市场的需求结合起来，在力所能及的领域里尝试提供新产品，就是一个极为典型的案例。产学研一体化的发展道路为金正大的不断创新提供了充足的动力，也为其在缓控释肥领域赢得了至关重要的话语权。

话语权是金正大在谋求创新过程中的另一个原动力。进入21世纪，中国日益成为全球制造中心，加入WTO之后，制造业已全面开放，这让中国企业的创造力得以充分释放，也让它们对于国际市场的游戏规则有了全新的认识。一流企业做标准，这是近40年的对外开放教给我们的硬道理。2008年的金融危机加剧了海外市场的疲软，也令贸易保护主义风潮再现，话语权的缺失再度成为中国企业突出重围的软肋。和所有的中国企业一样，金正大清醒地认识到，在国际市场的厮杀当中，话语权至关重要。

2007年4月，金正大和国家化肥质量监督检验中心（上海）、山东农业大学等单位共同起草的《缓控释肥料》行业标准颁布，并于10月1日实施。我国首部《缓控释肥料》行业标准正式颁布实施。这不仅填补了国内空白，也标志着我国缓控释肥产业将进入规范发展的新阶段。对于金正大而言，参与行业标准的制定，意味着其在赢得话语权上已向前迈进了一大步。

任何一个标准的制定，都是各方资源和智慧的结合，也是不同主体之间争论和妥协的过程。在国际上，缓控释肥、缓释肥、控释肥基本上是同一个含义，但在国内，可能是汉语含义丰富的原因，有不少专家认为它们有不同含义，应该分别制定不同标准。为此还有过多次的争论。万连步敏锐地认识到，这些名称即将面临不规范的风险，产品名称和包装等一系列现有资源将不能继续使用。为规避市场风险，获得更多的主动权，万连步决定公司继续主动承担《缓释肥料》国家标准和《控释肥料》行业标准的制定。他认为这将使得金正大产品名正言顺，同时将进一步巩固公司在行业中的龙头地位，更有利于市场推广。

2009年9月1日，由金正大集团和国家化肥质量监督检验中心（上海）、山东农业大学等共同起草的我国首部《缓释肥料》国家标准正式实施，三家共同完成的《控释肥料》行业标准又于2012年7月1日颁布实施。此后，金正大主导起草的《控释肥料》国际标准于2016年4月颁布实施、《脲醛缓释肥料》国际标准于2017年5月颁布实施。这不仅填补了国家标准空白，也进一步巩固了金正大在缓控释肥领域绝对的龙头地位。

2010年9月8日，金正大在A股市场首次公开发行股票，募集资金达15亿元。一路突围的金正大此时已脱胎换骨。

2010年9月8日，万连步在深交所敲响公司上市钟声

第四节
2016，跨越国境线

风向变了

2016年4月，在A股上市6年的金正大发布了一则上市公司公告，公告称，2016年3月28日，金正大生态工程集团有限公司与卢森堡康朴公司签署了《关于Compo Consumer Business（康朴园艺业务）的股份收购协议》，协议约定，金正大将通过全资孙公司Kingta Investo GmbH（德国金正大公司），以出资不超过1.16亿欧元的价格收购Compo AcquiCo S.à.r.l.旗下包括COMPO GmbH（德国康朴公司）、COMPO France SAS（法国康朴公司）、COMPO Italia S.r.l.（意大利康朴公司）在内的24家从事家用园艺业务公司的股份。这成为迄今为止化肥行业的最大的一宗海外并购案。

金融危机之后，全球经济复苏乏力导致全球范围内企业生产经营活动困难，破产企业增多。中国海外政经研究中心、中国社会科学院地区安全研究中心的一项研究发现，欧美等发达经济体相当多的中小企业难以为继，急需外国资金注入。不少国家的国有企业开始私有化和资产重组进程，绝大多数发达国家和发展中国家急需外资流入以降低失业率和支持经济发展，“相对较为宽松的并购政策，为中国企业海外并购提供了机会”。研究显示，当前各国传统产业在新一轮工业革命的冲击下亟待转型，这为中国企业海外并购和资产“抄底”创造了机会。中国企业通过海外并购在全球范围内构建自己的产业链和供应链，将为中国企业自身迎接第四次工业革命奠定基础。

以2014年为例，按照商务部统计口径，中国企业海外并购项目达到595个，海外并购金额达到569亿美元，其中直接投资并购金额达到324.8亿美元，占当年海外投资流量的26.4%，境外融资244.2亿美元，占并购总额的42.92%。当年直接投资并购的项目平均规模达到5 458.2亿美元，超过了当年全球跨境并购项目平均投资规模4 114.06亿美元。按照《世界投资报告》统计口径，2014年中国企业海外并购项目数为331个，并购金额达到395.80亿美元，项目平均投资规模达到1.2亿美元。

实际上，从走出国门到海外并购，金正大的国际化之路已经走了整整十年。

2005年11月，万连步对美国进行了为期两周的考察访问。美国是第一农业大国，化肥市场巨大。众所周知，开发美国市场并非易事，美国人非常重视产品质量、工艺及效果。为此，他们重点访问了著名研究院校康奈尔大学、佛罗里达大学、加州大学、明尼苏达大学、阿肯色大学、得克萨斯农工大学，以及美国农业部系统试验站等机构，并与之达成合作协议，双方共同致力于缓控释肥新产品的研发和推广应用，陆续在美国12种作物上布置了32个金正大缓控释肥试验点，为开发美国市场提供科学依据。2006年9月26日，万连步第三次来到美国时，时任美国农业部部长Mike Johanns（迈克 · 约翰斯）在其办公室接见万连步，美国农业部部长认为金正大缓控释肥在美国有良好的市场前景，并愿意将金正大缓控释肥纳入美国农业部的试验推广计划。后来，金正大集团的缓控释肥产品已陆续出口到德国、美国、澳大利亚、韩国、马来西亚等国家，这些产品的品质不低于国外最好的产品，但是价格远低于国外同类产品，因此深受用户欢迎。

国际朋友圈

在产品走出国门的同时，金正大集团也在积极谋划着资本运作的国际化。2007年2月，德国复兴信贷银行的全资子公司——DEG（德国投资与开发有限公司）和具有美国、新加坡资本集团背景的CRF化肥投资有限公司在金正大集团投入2 000万美元的资金，联袂打造世界缓控释肥生产基地，标志着金正大集团资本运营国际化的开始。

这次合作，DEG公司和CRF公司除了注入资金2 000万美元，还将欧洲著名企业的先进公司治理与管理经验带到金正大；同时，在人力资源管理方面，为金正大的高级管理层、业务骨干及普通员工提供领导力培训项目、高级专业经营人才培训项目、专题讲座及为金正大自己的培训班提供师资支持；在环境保护方面，专门聘请德国环评机构和专家对金正大的环保工作进行指导和评估；在国际贸易方面，为金正大开拓国际市场提供了积极的支持和帮助。

2014年6月，金正大集团与以色列利夫纳特集团在以色列佩雷斯和平中心举行战略合作签约仪式，这是金正大与以色列农业技术合作的起点。此后，金正大集团率先扛起了中以现代农业合作的旗帜，积极追踪国际先进农业技术、推动与以色列领先农业新技术引进、吸收、应用的一系列国际合作。按照协议，双方将联合打造“五个一工程”，即在全国建设10个中以现代农业示范园、100个农业化肥服务中心、培训1 000名农艺师、建设10 000块农业试验田、培养带动10万名农业示范户。同时，金正大将积极推动资本、技术、产品等多层面的输出，促进我国农业产业抢占国际市场，提升国际市场的竞争力。和以色列的合作是金正大对一带一路沿线的国家布局。2015年，金正大北美办事处在美国洛杉矶落成。金正大还与德国、挪威等国知名科研机构建立了长期战略合作关系。

2016年6月30日，金正大与西班牙A. Navarro, S. A.（以下简称“Navasa公司”）签署了《股权买卖协议》，金正大以5 565 000欧元价格收购对方持有Navasa公司70%的股权。通过收购西班牙Navasa公司的股权，金正大快速进入了西班牙这一欧洲最大的特种肥市场，获取当地生产、销售渠道和客户资源，双方在技术和产品方面协同效应明显，可以带动公司主打产品在欧洲市场的销售，有利于加快在欧洲市场的生产、销售布局；同时公司将自有研发技术与欧洲先进技术融合，可以进一步提高公司在植物营养和植保产品领域的国际竞争力。

同年，通过收购荷兰Ekompany资产，金正大快速获得了欧洲的缓控释肥生产基地，同时利用当地销售渠道和客户资源，进一步打开公司核心产品在欧洲市场的销售，完成了在欧洲市场的生产布局；同时公司将自我研发技术与欧洲先进技术融合，进一步提高公司在缓控释肥领域的国际竞争力。此次收购，标志着金正大和国际最先进的行业技术、品牌、渠道接轨，对金正大在产业链延伸、产品线丰富、服务转型升级、国际市场开发、国际品牌塑造方面，都具有重要意义，也为金正大实现“世界领先的植物营养专家和种植业解决方案提供商”的愿景迈出了坚实的一步。

2015年4月，西班牙马德里，《控释肥料》国际标准工作组会议专家合影

2016年，还有另一件事情在金正大的发展历程中将被载入史册，这年4月，国际标准化组织（ISO）正式颁布了中国主导制定的《控释肥料》国际标准，这一标准由中国的金正大集团、国家化肥质量监督检验中心（上海）、山东农业大学等单位联合制定。这项由中国企业制定的缓控释肥国际标准，在行业内引起了不小的轰动，不少媒体争相报道，它们亲切地称呼它为“金标准”，它填补了这项技术的国际空白，而更重要的是，它昭示着中国企业从此在国际市场拥有了关键性的话语权。

第五节
金正大裂变

应对焦虑

2013年公司成立15周年之际，万连步督促制定了《金正大五年发展规划（2014—2018）》，对愿景、战略目标、商业模式等进行了总结梳理和修订。其核心的内容，包括公司愿景由原来的“世界级高端肥料供应商和受人尊敬的农业服务商”改为“世界领先的植物营养专家和种植业解决方案提供商”、确定公司核心价值观为“创新为魂，和谐为本”、公司使命为“引领行业技术进步”，以及提出了由商业模式制造向“制造+服务”转型等等，金正大的“三型一化”（创新型、服务型、平台型和国际化）发展战略更为聚焦、更为清晰。

2016年12月3日，万连步在集团内部做了题为《在转型中，凝聚前行的力量》的讲话。讲话内容涉及了公司整体战略的转型，涉及了流程再造，涉及了组织转型，涉及了知识型员工的塑造。之所以会谈及这些，是因为万连步意识到了此时的金正大面临的问题绝非此前任何一次困难能比。这一次，金正大和全世界的企业一样，面临着千年一遇的时代巨变，简单地从管理“技术”或者“工具”的角度解决问题已经不可能。唯有从思维处着手，颠覆自己，从时代处着眼，颠覆企业，方能从这次巨变中完成蜕变。

可以说这次讲话拉开了金正大自创业以来最大一次转型的序幕。

时代在巨变。何解？

2007年，苹果发布第一代iPhone（苹果手机）以来，移动互联网技术迅猛发展，人类社会从桌面互联网时代步入了移动互联网时代。但是，随着移动芯片的技术发展和大数据的应用，物联网技术逐步成熟，作为整体概念的“互联网”正在逐渐被“物联网”取代。在所有这些变化中，最大的变化就是用户与企业之间的关系。

从技术引发的社会变革来看，人类走过了三个时代：大工业时代—互联网时代—物联网时代。工业时代带来了分工和流水线，并由此产生了“科学管理”的理念。我们现在熟识并正在积极运用的商业理论都产生于这个时代。比如钱德勒提出的“规模与范围”。企业要做大，范围要做广。同时，组织要追随战略的改变而改变。规模经济的核心就是假设用户的需求，然后用规模化手段将产品卖给这些用户。可以说，这是一个单向度的销售过程。品牌是这个时代最重要的企业资产。

互联网时代随着电商的崛起而到来，工业时代的线性逻辑被平台的多方逻辑打破。过去的单方市场阻碍市场效率，进入市场门槛太高，而现在的多方市场进入门槛非常低，随便做一个产品都可以到电商上卖。这在工业时代品牌为王的语境下是无法想象的。

如果大工业时代里品牌为王，互联网时代里平台为王，在物联网时代则是“用户”为王。这里的用户不是只和企业做一次性交易的顾客，而是基于大数据可以和企业进行实时交互的“终身用户”。“终身用户”不会被局限在哪一个品牌或者平台之下，他们会根据自己的兴趣和需求选择“社群”。如果说以往的产销关系是1对N的话，现在则是N对1，作为大N的平台上有无数作为社群的小N。

产消关系的彻底改变，势必要求企业在战略和组织结构上也要发生根本性动摇。大工业时代的“大”是一家独大，是对产业链的全盘控制，现在“大”则是平台之大，包罗生态万象。生态竞争力取代核心竞争力，这是大势所趋。

在这个背景下，近两年弥漫在中国商界中最大的情绪就是“焦虑”。传统产业的公司眼看着自己正在成为几大互联网平台上的附庸。本来属于自己的用户瞬间被平台黑洞吞噬，本来属于自己的供应链体系被小米这类互联网制造公司拆得七零八落。“转型”自然成为这个时代里头等重要的大事。商业模式要转型，战略要转型，组织要转型，更重要的是思维要转型。这种转型还不是从左到右，从上到下这般180度转弯，而是将固有的彻底击碎，重构认知。

线性思维被网状思维取代，对于转型中的企业而言，就是要把战略地图上的每一个节点进行再组织。就像万连步在讲话中说的："公司各类新型肥料技术和文化、战略优势资源就犹如一粒粒珍贵的珍珠，但是我们没有找到有效的方法将这些宝贝穿起来，把它们变成收益更高的珍珠项链，实现'珍珠'的价值最大化，持续的产品创新没有带来持续的业绩提升。"

万连步眼里的"珍珠"就是金正大本已具备的传统组织优势，企业文化、人才、技术、优势资源等等。但如果还是依照产供销的老方法行事显然会出现边际效应递减的情况，用万连步的话来说就是"动作僵硬"。"我们必须清醒地看到，上市6年来公司的营销突破没有实质性的进展。用户的需求变了但我们的服务步伐没有跟上，时代变了、行业环境变了但我们的思维方式没有改变。"

以"营销"转型破题，万连步抓住了制造业转型的命门。因为制造业在进行流程再造的时候，底层逻辑就是要用市场引导产能。"营销"不再局限于传统的4P理论（产品、价格、渠道、促销），而是突出围绕用户使用场景的"服务"功能。"面对行业发展困境，同行企业纷纷寻求转型、突破。一时间山雨欲来风满楼，整个行业处于恶性竞争的混乱状态中。在这样一个关键时刻，我们金正大应该怎么应对？我们必须保持战略定力，坚持战略自信，从'技术领先'迈向'服务领先'，最终靠服务领先赢取新一轮竞争优势，实现持续的战略领先。"

因此，金正大的发展战略规划，明确提出了"要通过建设创新型、服务型、平台型、国际化金正大，实现‘世界领先的植物营养专家和种植业解决方案提供商’新愿景”。

两个“金正大”

在过去20年的发展历程中，金正大创新和国际化两翼齐飞。但随着化肥行业的整体利润走低，行业天花板凸显的时候，“服务”和“平台”自然成为金正大寻求再出发的全新支点。

至此，一个金正大裂变成了两个金正大。这并不是说在公司形式上产生了两个主体，而是金正大的全新战略包含了四大要素：创新、服务、平台和国际化。其中“创新”和“国际化”可以看作“技术领先”要素，“服务”和“平台”可以看作“服务领先”要素。前者代表依然要在具有优势的制造领域保持领先，后者代表全新的市场导向思维。新与旧是无法完全割裂的，因为新方向的尝试必然来自现在已有的历史积淀。就像黑格尔的历史哲学中说的那样，建立新的事物不是要将旧的彻底打碎，而是努力从现有的事物中寻找合理的部分。

又该如何理解“世界领先的植物营养专家和种植业解决方案提供商”这一新愿景呢？

“世界领先”是指金正大的技术在全球范围内处于领先水平，是新型肥料及植物营养核心技术的创新者、应用者、推广者、引领者；产品质量达到世界一流水平，能够接受市场检验；成为行业标准、国家标准和国际标准的制定者，打造有全球影响力的企业品牌。

“植物营养专家”是以肥料为核心业务，开发适合不同地区、不同作物的新型肥料产品；持续关注作物产量提高、品质改善、土壤改良等，通过长期、持续、超常规的研发投入，研究植物对营养物质的吸收、运输、转化和利用规律，开展集优质产品、先进工艺与先进植物营养技术于一体的研发、引进、整合、应用与推广，实现由单纯的肥料向更为广阔的植物营养领域拓展。

“种植业解决方案”是立足不同区域、不同类型客户的种植需求，在提供肥料和配套的施肥技术基础上，通过联合、协作等方式向农药、种子（种苗）、农机设施设备等种植业相关领域进行适度延伸，为种植户提供涵盖种植业产前、产中、产后全过程且更为集成、经济、高效、便捷的种植业整体解决方案。

我将这个新愿景解读为金正大要转型成为“市场导向的创新型土地生态公司”。完成这个愿景的第一步就是搭建一个市场导向的生态框架。

2017年7月18日，由金正大集团发起并控股，世界银行国际金融公司（IFC）、亚洲开发银行、华夏银行共同参与成立的中国首家现代农业服务平台——金丰公社宣布成立。金丰公社将汇聚种植业产业链全球资源，通过平台打造和整合，让这些优质资源为中国农民提供诸如土壤修复、全程作物营养解决方案、农机具销售租赁、农技培训指导、农产品品牌打造、农业金融等全方位的农业服务。

金正大副总裁、金丰公社董事长李计国说，金丰公社作为农业服务平台和农民组织，其自身并不生产产品或提供服务，而致力于打造一个农业全产业链的闭环——汇聚全球种植产业链战略优质资源，为行业合作伙伴搭建平台，计划建立1 000家县级农业服务机构，为中国5 000万农民提供全方位的种植服务。

金丰公社背后的逻辑很简单，加快金正大从制造业向服务业转型。在金正大以往的营销服务中，还是以提供施肥技术服务为主，其实就是以企业为主体做服务提供商。其业务模式并没有脱离传统的营销套路。但从化肥行业整体利润的走势来看，2011年至今，每年都有少量下滑的迹象。这个症结在于臃肿的流通环节占据了大量运营成本。李计国说："当流通环节跟不上制造环节的扩张速度的时候，加之农业效率低，散户没有了种粮热情，即使把传统销售手段用到极致，也无法突破天花板。"

在这里需要理解我们农村特有的土地托管政策。人们经常用"你外出挣钱，我替你种田"来描述土地托管模式。数据统计显示，目前山东58%以上的农村劳动力外出打工，不仅山东省这样，全国都存在着长年村里只有留守老人和留守儿童的局面，"谁来种地"成了困扰农业发展的大问题。土地托管生产模式应运而生，为农民提供"保姆式"全程托管和"菜单式"半托管服务，同时，提供农资供应、技术指导、农机服务等方面的服务，有效整合土地，利用资源。

土地托管适应了部分农村地区人多地少的农情，也尊重了部分农民的土地情结，是现代农业发展的一种成功尝试。但是，这种方式所面临的问题与困难还有很多，想对土地托管起到更好的助推，还需要在农业补贴、农业保险、人员培训等方面，获得社会资本和政府的支持。

在土地托管模式的背景下，金丰公社要做的就是凭借长年跟农村市场打交道积累下来的口碑，帮助社会化金融资本进入当地农村市场，为终端用户提供稳定的供应链服务。目前加盟金丰公社平台的服务机构已覆盖从种到收再到销的农业全产业链。在上游，既有IFC、华夏银行、蚂蚁金服等金融机构，也有金正大、巴斯夫、拜耳、汉和航空等业界领先的肥料、农药、飞防、农机公司；在下游，正大集团、阿里乡村大农业、百果园、京东农业将为金丰公社搭建产销对接的高效通道。

从转型的意义来说，金丰公社作为全新的服务体系会逐步替代传统流通体系。原有的二级经销商可以选择退出，新进入的服务人员被更多赋能，比如自行购置农机，金丰公社再通过服务产生的效益将成本补贴回去。李计国说，这样做的最大好处是提升了服务效率。

金正大在积极向种植业解决方案提供商方向转型之时，需要金丰公社这样的服务平台来提供肥料产品之外的服务与平台价值，从而产生良好的共赢局面。

金正大在肥料产品积累方面有着非常丰富的经验，持续创新的全系列产品能够让提供的服务性价比更高，另外，金正大有着广泛而深入的国际组织和跨国企业合作关系，有着遍布全国的渠道网络覆盖，有着强大的农业科技研发实力及研发合作网络，也有着多年行业经验和对中国农业发展的前瞻性洞察等，一系列的优势为金丰公社的成立奠定了良好的基础。

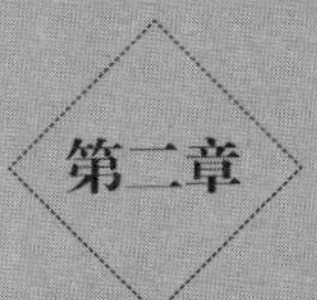

攀上技术之巅

人类没有什么力量比科学更强大，更所向无敌。

——高尔基

科学技术是生产力，而且是第一生产力。

——邓小平

曾经在相当长的一段时期里，“金正大”和“缓控释肥”在化肥界是相互的代名词，这一口碑和影响力能够建立，既是受到国外先进化肥产品的刺激，又是基于对研发自主技术的死磕，更是得益于造福农民、农业的口碑。2016年4月，ISO颁布了一项由中国企业领衔制定的《控释肥料》国际标准，这是世界农业化肥领域第一项由中国企业制定的标准，金正大正是这项标准的制定者。

20年时间，金正大成为缓控释肥技术的领军者，并在新型肥料的技术创新上不断迭代精进。劈开混沌创造天地的技术利剑正是企业家的眼光和精神。

第一节
从贵族到平民

穿衣的洋肥

讲金正大的缓控释肥，必须要讲讲山东农业大学的教授张民。他和万连步的相遇，正是金正大发展过程中的一个重要转折点。

1994年12月，完成博士论文答辩的张民来到美国佛罗里达大学，继续攻读博士后。他说，那个时候，学农的人到美国留学，一般会选择两个地方，一是加利福尼亚，二是佛罗里达，时至今日，美国的这两个农业大州依然是全世界农业研究者的朝圣之地。

蔚蓝的海洋，绵延的海岸线，洒满金色阳光的海滩，构成了大多数国人心中对于佛罗里达的最初印象。“Florida”这个词原本来自拉丁语，是“鲜花盛开之地”的意思。它地处美国的最南端，在地图上就像美国一条小小的尾巴。佛罗里达州地形狭长，在南端星罗棋布着大小不一的岛屿。作为美国南部的半岛，它的最高处只高出海平面345英尺（105米），大部分地方只高出海平面几米而已。

水是佛罗里达最寻常的东西。这里三面靠海，海岸线长达9 000英里（14 484千米）。亚热带湿润的气候为这里带来了充裕的阳光和丰富的降雨，陆地上湖泊众多，地下水资源极为丰富，夏季时有狂风骤雨，水通过泉眼从地底下、森林中喷涌而出，独特的气候和地质条件让这里成为全世界最优质的柑橘产地。佛罗里达州的柑橘产量占到了全美的70%，并且远销欧洲、日本等地，它也因此获得了一个别称，叫作“柑橘之州”。张民说，20世纪90年代，一个佛罗里达的柑橘，在日本就卖到了一美元，价格昂贵却依然供不应求，足见人们对它的喜爱。在佛罗里达，柑橘的种植成本一直居高不下，优质的化肥则构成了它昂贵成本中最主要的部分。

海边土地有一个共同的特点，它的土壤成分主要来自海洋沉积物，佛罗里达的土壤中，95%是沙子，黏土含量极少。沙土地有一个特点，就是吸附力极弱，施下去的化肥很难保得住，一下雨很容易随着雨水渗入地下，流入地下水中。再加上佛罗里达两头是海，饮用水主要是降雨产生的地下水，一旦化肥渗入，很容易出现硝酸盐超标等问题。

在佛罗里达的两年，张民清楚地记得这样一个细节：美国人一般习惯喝直饮水，一按开关水就往上蹿，嘴凑上去直接就能喝。某一天，水龙头旁边突然贴出一张告示，说今天的水不能喝，请喝桶装水，告示的旁边就放着桶装水和纸杯。原因是那一个阶段农民的化肥使用量过大，导致地下水被污染。

农业领域，有一个非常有意思的现象——先天的劣势往往催生出后天的优势，这种优势多半来源于技术创新。以色列的滴灌技术是如此，佛罗里达的缓控释肥技术也是如此。我们想，这多半是因为在先天条件有欠缺的情况下，人们才愿意在作物、土壤和养分的共生关系中倾注更多的心血和智慧，更重要的是，在提升产量和保护土壤环境之间，会产生一种强大的自我约束力，比如美国提出的化肥用量零增长的号召。

查阅美国的《肥料法》，我们发现，这部法律对于化肥的使用做了详尽的约束，主要致力于解决两方面的问题：一是政府对肥料行业的管理，主要通过立法、执法来规范、实施。二是对用肥行为的管理，也称养分管理。政府、大学、技术推广机构通过向农民推荐科学施肥技术和有关标准，促进养分的合理应用，达到优化资源配置，保护水土资源和生态环境的目的。

比如在“肥料施用管理”条款中明确指出，美国农业食品控制委员会（AAPFCO）可以提出指导性意见，各州则根据指导性意见和本州实际情况形成自己的标准。标准不是强制性的，只是向农民推荐施肥方案，农民可根据自己的意愿选择是否采用。但是，如果农民因不当施肥造成水源污染，则要接受相应的处罚。同时，美国的农民在施用化肥以前，需领取肥料登记证，登记人的姓名、地址都会被标注于所有标识、售货发票和肥料贮存设备上，肥料的使用将会被追踪。而且，各州会针对不同的作物、轮作模式和耕作模式开展大量、长期的肥效田间试验，据此观测土壤养分变化和利用情况，为建立合理的施肥指标体系提供依据。他们竭尽所能地追求着产量提升与土壤滋养之间的平衡，也孜孜不倦地探索着对环境、土壤最有利的施肥方案，缓控释肥就是其中最重要的一种。

早在20世纪60年代，欧美等发达国家就着手研制并推出缓控释肥，缓控释肥是指以各种调控机制延缓肥料养分的释放期，延长植物对其有效养分吸收利用的有效期，使其养分按照设定的释放率和释放期缓慢或控制释放的肥料。国际肥料工业协会（IFA）按照制作过程将缓控释肥分成两大类。一类是尿素和醛类缩合物，这类被称为缓效或缓释肥料；另一类是包膜肥料，被称为控释肥料。但在美国和欧洲国家的官方机构和文件中，这两类肥料统称为缓控释肥。

在这一章节中，我们将较多地涉及与化肥相关的专业知识，我们尽可能用最直观、明了的语言来表述，即便如此，读起来或许仍有些生涩和枯燥，但这是本书最为重要和核心的内容，原因就在于，只有对化肥施用方法以及由此对土壤带来的深远影响有了充分的了解之后，才有可能试着去理解农业生产与土地之间的互利共生关系。

简单来说，缓控释肥就是通过给肥料“穿衣”（包膜）、添加稳定剂，使其根据作物不同生长阶段对营养的需求而缓慢释放。大量的研究表明，传统肥料养分释放速度快，难以被作物完全吸收，肥料中的大部分养分容易被淋溶、挥发、固定，利用率低，并给环境带来污染。而和传统肥料相比，缓控释肥具有以下优点：（1）缓控释肥可以根据作物的养分吸收规律基本同步释放养分，肥料利用率显著提高；（2）减少了施肥的数量和次数，节约劳动力和成本；（3）养分有效控制，缓慢释放，不会因局部肥料浓度过高对作物根系造成伤害，使用安全；（4）缓控释肥一次施用无须追肥，可避免因为气候等不可抗拒的因素造成无法追肥的状况，提高了保障力；（5）缓控释肥养分释放符合作物的吸收规律，作物生长更加健壮，抗逆性提高，农产品品质得到明显改善；（6）缓控释肥可提高肥料利用率50%以上，有效避免氮的挥发、磷和钾的流失和固定，减少了对环境的污染。

在金正大的展厅里，到访的客人可看到这样一幕，一个透明的鱼缸里养着几尾鲜红的金鱼，水有些浑浊，鱼却依然活跃，鱼缸底部有一些颗粒状的沉淀物。展厅的工作人员告诉我们，这些就是包膜的缓控释肥，它释放的速度非常均衡和缓慢，以至于几乎不会对金鱼的生命造成影响。这就是金正大引以为傲的缓控释肥技术，也是张民与金正大结缘的开始。

“买不起”

1995年的春天，在佛罗里达中部的柑橘研究所，张民和他的同事们正兴致勃勃地研究着各种化肥施用技术，当时主要是三种：一是普通的复合肥，一年喷洒三次，春、夏、秋各一次；二是灌溉施肥，即水溶肥，主要采取喷灌和滴灌设备施肥，每半个月一次，一年大约施20次；第三种就是缓控释肥，只需在每年春天施一次，等待其在以后的时间里缓慢释放。两年的试验下来，他们发现，采用缓控释肥和水溶肥培养出来的柑橘，皮薄瓤厚，橘子中的糖酸比和维生素含量都比较高，产量和品质均远远高于普通肥料培育出来的品种。而在缓控释肥和水溶肥当中，张民更加倾向于缓控释肥。他说，液体肥料存在两个问题：一是成本高，二是施肥次数过多，田地作业非常麻烦；而缓控释肥既节省工夫，又提高了产量，优势十分明显。

缓控释肥技术最早是在1961年由美国田纳西流域管理局TVA（Tennessee Valley Authority，Alabama）国家化肥中心首次开发，当时主要是硫包衣尿素（Sulfur-Coated Urea，SCU），并于1967年正式投入商业生产，这是最早和商业化最成功的控释包膜肥料。后来发展为树脂包衣缓控释肥、硫包衣缓控释肥、合成型微溶态脲醛类缓控释肥和添加生化抑制剂的稳定性肥料等。美国、日本、以色列、波兰及西欧国家均在大力推广和应用，至2000年，世界缓控释肥年消费量约为100万吨，美国的用量几乎超过一半。

然而，由于包膜技术对原材料和工艺要求极高，缓控释肥价格一直居高不下，在行业内被称为“贵族肥料”，主要用于草坪、景观园艺和大型农场的现代化耕作系统，而在农业大田作物上应用极少。

在佛罗里达的几年，张民的心里一直盘旋着一个想法，他想把缓控释肥带回中国。20世纪90年代的中国，化肥产业仍被传统的单一肥料一统天下，单质氮肥、磷肥和低浓度肥料的生产和使用比例很大，复合肥才刚刚开始。引进缓控释肥，张民的面前摆着两个极为现实的难题：引进专利的费用不菲，钱从哪里来？缓控释肥在美国尚且被称为“贵族肥料”，国内市场的需求在哪里？

1994年8月，为尽快缩小我国农业科技水平与世界先进水平的差距，经时任国务委员、国家科委主任宋健同志提议，国务院批准，从“九五”计划开始实施“引进948项国际先进农业科学技术计划”（简称“948计划”）。该计划由农业部、水利部、国家林业局、财政部共同组织实施。该项目的实施，有力地促进了我国农业科技水平的提升，对推动农业结构调整，保障农产品有效供给，促进粮食增产、农民增收和农业增效发挥了重要的作用。1996年6月20日，农业部下发了一个关于“引进国外先进技术”的“948项目”通知，这已经是第二批次的948项目了。6月30日，山东农大就把张民的项目申请送到了农业部。申报、答辩、评审，缓控释肥项目得到了包括中国农业大学校长毛达如在内的专家们的一致认可，张民和山东农业大学获得了该项目的经费。然而事情的进展似乎并没有看起来那么顺利，张民说，“948项目”给出的经费只有10万美元，在当时折合人民币不过80万元，要引进一项国外技术，这实在是杯水车薪。

“买不起，能不能自己做”，农业部几位专家给出了这样的意见，而当张民漫步在佛罗里达阳光海岸的时候，他的心里也曾冒出过同样的想法。凭借着对于技术的一股钻劲儿，张民立下了军令状：三年之内一定拿出小试产品。1996年的12月，缓控释肥项目正式立项，先从实验室包膜材料的基础研究做起。

张民和他的同人们并非化工材料科学出身，他们当即联系了几家化工所，包括济南的一家高分子材料军工研究所，进行包膜材料的合作研发。拿着从国外带回来的缓控释肥，他们进行了各种尝试，热塑树脂、橡胶、水溶、纯溶、有机溶，有二三十种，并从美国进口了医用糖衣包膜的流化床。300克、500克、1 000克……那段时间，张民每天在实验室一待就是十几个小时。包膜工艺的复杂之处不仅在于对材料的要求极为挑剔，还在于不同的温度、压力会带来完全不同的效果。材料的选择、工艺的摸索，经过不断调整、记录，他们做出了上千个样品，再对比每个样品的释放率，最终选出了最优的配方。2000年，该产品获得了农业部的跨越计划项目基金，并且在下半年就进行了300千克的中试。

自然科学技术的每一项进步都是令人兴奋的，原因在于它一旦转化为生产力，可能带来的利润增长将是爆发式的。然而，在此之前，实验室的研究却是一个极为辛苦、枯燥而又漫长的过程，若没有对于技术本身发自内心的热爱，断难忍受。除此之外，还需要合适的契机，有合适的企业愿意将沉睡在实验室里的科技成果转化成有市场价值的商品，否则，对于技术和它的研发者而言，都是巨大的遗憾。

即使取得了初步的成功，张民的心里仍然压着一块大石头。在美国，一瓶400克容量的缓控释肥在超市卖5~8美元。如此昂贵的价格，如何实现更广泛的应用，仍是一道难题。

结缘金正大

2002年，一场新型肥料会议在深圳召开，张民和万连步有了一次简单的会面。万连步对于张民和山东农大正在进行的缓控释肥项目一直保持着密切的关注，一见面，万连步就问，你那个技术怎么样了？张民说，正在做中试。他又问，现在的产能是多少？张民说，还比较弱，一天2~3吨。万连步非常感兴趣，说:“我去你那看看。”

刚离开深圳，万连步就去了山东农大的实验室。说是实验室，其实只是黄庄火柴厂的一个车间。车间里的设备极为简陋，到处堆满了图纸、废料。但是，从1996年到2002年，这个项目已经持续了整整6年，张民的心里多少有了几分底气。他告诉万连步，他们已经尝试把中试产品卖到了澳大利亚、欧洲、东南亚和美国，反响还不错。万连步说："能不能去我们那里，我们一起把它做大。"

技术产业化，是每个研发人员梦寐以求的事情，张民也不例外。他说："万总和别人不同，他一看就是干事的人。"这样简单的一句评价促成了当年那个重要的决定：把缓控释肥的核心技术专利权转让给金正大。由于国家和山东农大在项目前期投入了几百万资金，学校方面也提出，希望金正大以专利转让费的形式，让他们把前期投入的资金收回来。2004年年初，双方开始洽谈合同、看场地、看技术，来来回回几十次，至2004年11月，双方正式签约，金正大分五年支付专利转让费900万元，获得热塑性树脂、热固性树脂、硫包膜、硫加树脂包膜等多项技术的专利权，当时这些技术在养分释放控制、肥效等方面与日本的水平相当，也不亚于美国的公司。

在互联网时代，人们往往热衷于探讨一项新技术的应用场景，原因就在于，没有合适的应用场景，这项技术就像是悬崖边的玫瑰，格外芬芳却极其危险，多数人无缘获得。缓控释肥专利技术改变了金正大后来的发展路径，也奠定了它在化肥行业中难以撼动的地位。时至今日，每每提及，人们依然愿意这样描述它——金正大是全球最大的缓控释肥生产商，亚洲最大的硝基肥和水溶肥生产商，以及中国最大的新型肥料企业。然而，花下这笔重金的万连步，在当年面临的却是一个完全未知的市场，包括大多数业内专家尚且不清楚这项技术真正的应用场景在哪里，更无法预见到在14年后，它的价值将会得到完全的呈现。

1995年，世界缓控释肥消费总量为54万吨，其中美国35.7万吨，西欧8.7万吨，日本9.5万吨，中国这一数字为0；2005年，世界缓控释肥消费总量为138万吨，其中美国56.9万吨，西欧12万吨，日本9.7万吨，中国跃升至60万吨；到了2014年，世界缓控释肥消费总量为600万~700万吨，中国则占据了300万吨。20年之间，缓控释肥的市场需求被极大地激发，金正大在其中扮演了不容忽视的角色。

中国化肥这笔账

我们知道，从技术形成到熟化为实际产业应用，要经历三个阶段：以技术成果为标志的科研阶段、以产品为标志的开发阶段和以业务为标志的产业化阶段。这里的业务是指具备商业化应用的条件、经过早期运营检验，并正逐步完善的产品或服务。与开发阶段不同，业务目标阶段的产品必须和相应的市场需求相结合，需求、竞争力的成熟是不可缺少的条件，从这两个角度出发，进一步创新、优化产品设计，完善、提高技术，并最终实现可批产、能赢利。从技术目标到业务模式目标，这是惊险的一跃，能否顺利完成这一跃，对当时的金正大而言，生死攸关。

获得缓控释肥技术的专利权，对于万连步而言只是一个开始，如何实现产业化，找到市场需求的痛点才是一切的关键。当时就有专家提出，缓控释肥在美国发展了几十年，产能不过四五万吨，由于成本太高，多数被用在草坪、花卉等园艺工程方面。而全中国的草坪加起来，两三万吨足矣，实在不知道市场的需求在哪里。

2004年的金正大，盈利只有2 500万元，承载这样一个项目，多少让人觉得有些力不从心。破旧的厂房、漏雨的顶棚、泥泞的道路，这是那一年的金正大留在张民心中的印象。签完协议即是年关，他就这样深一脚浅一脚地走进了金正大的生产车间。900万的合同已经签了，万连步的心里也有了一本账。

在中国，按耕地面积计算，化肥使用量达40吨/平方千米，远超发达国家设置的单位面积施用量安全上限。而由于传统化肥利用率低与施肥方法不科学等原因，化肥浪费现象十分严重。我国每年生产和消费的化肥总量（纯养分）已超过5 000万吨，居世界第一，但每年流失的化肥达1 100万吨，仅氮肥流失的直接损失就达到了300亿元。大量的氮、磷、钾等元素残留于土壤，进入地下水、地表水或释放到空气中，不仅导致农田土壤污染，还通过农田径流造成了对水体的有机污染、富营养化污染甚至地下水污染和空气污染。

涸泽而渔的耕作方式很快给人们带来了惨痛的教训。无锡太湖水污染曾引起的恐慌至今仍令人记忆犹新。入夏以后，天气持续高温，太湖水富营养化较重，从而引发太湖蓝藻的提前暴发，大批市民家中水质突变，无法饮用。中国科学院南京土壤研究所对太湖流域农业面源污染进行了研究，结果显示：在太湖的外部污染总量中，工业污染仅占一小部分，为

10%~16%，农业面源污染所占比例却在持续上升，至2008年已达59%。

保护土壤需要更优质的肥料，万连步深知这一点。他把目光锁定在了缓控释肥，缓控释肥养分利用率比普通肥料提高50%甚至100%以上，在减少用量1/3至1/2的情况下，仍可增产增效。万连步想要尽快将缓控释肥推广到小麦、玉米、水稻、棉花等最基础的大田作物中，他相信，只要做到这一点，缓控释肥将成为“最有前途的化肥产品”。当然，眼下的当务之急，是把成本降下来。

再便宜一点

“签完合同，我们马上开始安装、调试设备、改进工艺。万总的要求是，赶在春节之前把第一批中试产品做出来。”张民说，“当时做的是硫黄包膜，因为硫黄是矿物质，加热到150摄氏度就变成了液体，这个液体通过喷头喷在尿素上，形成一层膜，但是硫黄很容易掉，在国外，采取的做法是在外面涂上一层蜡，但是蜡在运输的过程中也很容易脱落，所以我们尝试了热塑性树脂和热固性树脂。”热塑性树脂和热固性树脂属于两种不同的技术，每一种树脂按成分分类：热塑性树脂是烯烃类，包括聚乙烯、聚苯乙烯；热固性树脂主要是绝缘纸、聚酯、醇酸树脂、环氧树脂。这些材料在常温下是液体，往肥料上喷涂的过程中被加热，固化为一层膜，这个过程只需要十几分钟。树脂很薄，1吨只需要涂3千克，3/1 000就够了，而当时日本最好的包膜技术用料比例是8/1 000，金正大材料成本已显著降低。之后，金正大继续围绕缓控释肥研制与应用的关键技术，筛选出控释性能好、成本低的包膜材料及其组合配方，并经过反复示范、试验，总结出将一部分缓控释肥掺混一部分传统复合肥，做成控释掺混（BB）肥的方法。突破高成本瓶颈，成为金正大发展缓控释肥最主要的创新点。

除此之外，从实验室到车间，产品工艺也有了很大的改进。张民说，车间的自动化程度更高，喷涂更加均匀，这是实验室里无法实现的。比如喷硫黄用的喷嘴，有单流体和双流体两种，双流体喷嘴效率更高，但有一个问题，从压缩机里出来的气流是常温的，硫黄超过114摄氏度就会熔化，为了控制高压气流的温度，他们设计了一个高压气流稳定器，将气流温度恒定在150摄氏度，这样喷出来的硫黄非常薄，也非常均匀。经过不断摸索和改进，他们筛选出了控释性能好、成本低的包膜材料及组合配方，并创新了流化床高速喷涂包膜、闭路循环加压—冷凝—负压高效溶剂回收技术及硫和硫加树脂包膜新工艺，包膜速度快、涂膜均匀，溶剂回收率达99%以上，且造价低、能耗少。这些技术在当时乃至当下，都是世界领先的。

2006年3月4日，金正大第一条年产30万吨的缓控释肥生产线建成投产，成为亚洲最大的缓控释肥生产基地，至此，金正大拥有了自己的核心技术、工艺，其工业化生产达到甚至超过国际先进水平，万连步和金正大所期待的那个转折时刻如期而至。

2006年3月，金正大第一条缓控释肥生产线建成投产

此后，金正大在技术和工艺改进的道路上并未止步，又陆续研发出小麦、玉米、水稻、蔬菜、果树等大田和经济作物专用配方肥100余种，创建了8套先进的产业化工艺装置……旧时王谢堂前燕，飞入寻常百姓家。虽然我们无法事无巨细地还原每一个过程，但从这些代表性的事件和数据中，我们依然可以窥见金正大这十年来的筚路蓝缕。

近期出版的《习近平关于科技创新论述摘编》中，有这样一句话，只有把核心技术掌握在自己手中，才能真正掌握竞争和发展的主动权。以万连步为代表的大多数实业企业家，想必对此深有体会。引进缓控释肥技术的2004年，金正大的销售收入是6.7亿元，2010年9月，金正大在深交所上市；2012年，金正大实现销售收入102亿元；2015年，金正大缓控释肥年产能达到180万吨；2017年金正大实现销售收入198亿元，产销量连续10年居行业第一位。2017年在美国《财富》杂志中国上市公司500强中，金正大位列第327位，这是金正大连续7年入围上市公司500强，同时在中国上市公司最具创新力企业中排名第6位。

第二节
制胜时刻

披荆斩棘

在2016年8月26日的《控释肥料》国际标准颁布实施媒体发布会上，我们见到了上海化工研究院检测中心主任刘刚，他也是这项国际标准制定的亲历者。

“2012年中国便向国际标准化组织提出了申请，其间国际组织向22个成员国征求过意见，2013年2月该标准才正式立项，其间经过五个阶段的反复讨论，多次修改，最终在2015年底达成共识，投票通过。”刘刚主任对标准制定过程进行了介绍。据悉此前中国已经在缓控释肥领域做了很多工作，比如2009年《缓释肥料》国家标准、2012年《控释肥料》行业标准等都是上海化工研究院、金正大集团、山东农业大学等联合制定的。

谈到标准，我们很自然地想到了另一个概念——贸易壁垒。30多年的改革开放之后，中国成为当之无愧的出口大国。

如果每个国家都需要一个完全本土化的东西，不同地区之间的齿轮就很难互相咬合，于是，人们想到了标准。在国际贸易中，企业拿到了标准的制定权，就相当于拿到了国际市场的通行证。

作为国际标准化组织成立近70年来的首位中国籍主席，张晓刚与记者们见面时说到，他的当选完全得益于如今中国地位在世界的提升，以及近些年国家对“标准”工作的重视，更是由于中国发展到今天，世界需要中国的声音。张晓刚表示，自2015年1月上任后自觉责任重大，因为早前中国对参与国际“标准”制定工作的重视度不够，参与度也远远不足，他说：“国际标准化组织涉及两万多个大标准，依据不同类别，细分多个委员会进行‘标准’的制定，每年会议多达600~700场。然而，在这两万多个大标准的制定中，有中国参与的不足1%，这跟中国现在在世界的地位，经济上做到了世界第二大经济体的情况非常不相称，所以我们觉得挑战还是很大的。”

如张晓刚所言，挑战的确很大。金正大为了完成这个挑战，用了整整10年。

话说万连步当年遇到了张民，据说是“狂人”遇到了“疯子”。万连步的“狂”自不必讲，敢想敢干，眼光独到。张民的“疯”在于醉心于实验。自己带着20个学生，每天泡在实验室。他的实验室离家不到200米，但是，他在实验室一待就是一个星期，有时甚至一个月。而就是这个实验室，一个叫范龄超的年轻人当时也钻进去待了很久。

先说万连步。虽说他“狂”，但他也是理性的。用当时年盈利2 000多万的公司去搏一个千亿级的市场，战略上可以藐视，战术上绝不能掉以轻心。如果说缓控释肥是万连步撬动未来的杠杆的话，他需要找到一个支点。而这个支点，就是农民观念的改变。

在金正大内部有一个流传很久的故事，那就是化肥到底“化”不“化”。在中国农民的传统观念中，检验化肥质量的方法就是把化肥放入水中，化得越快就越好，所以他们看到缓控释肥在水中久不能化时，首先就认为这是假化肥。

此时，他心中悄悄和农民的传统观念较上了劲。既然农民说他的化肥是假的，他偏要让农民来买他“不化”的化肥。

万连步说:“老百姓既然怀疑，我们就让他试用，免费使用，看效果好了，反过头来，找我们买肥料。一年拿出200万元，用于这个产品的实验和推广，当时张教授这个中试产品已经小批量地生产了，我们就是把张教授的产品批量购买过来，公司通过不同的渠道进行布点实验，要让我们的客户和农民直接看到这种产品的优势。”

这种小范围试验是从2005年开始的，产品来自中试车间。中试车间是化工企业生产或开发工艺非成熟的产品的车间。其设备多为通用型的设备，为连续化生产做准备。中试车间主要考察反应规模放大后反应的规律、产品的产率，以及反应器是否能正常运行同时得到运行参数。

金正大缓控释肥车间

中试车间也是项目在进行正式立项并进入实际建设前的一次“试生产”。从中能够看到放大后的工业生产中存在的一些问题。有助于实际工业调试期效率的提高，缩短调试周期，降低成本。

观念即市场。如果农民的观念不改变，市场就永远停留在假想状态。追逐理论上的市场，并非万连步的风格。

做企业是艺术，也是科学。艺术的一面是企业家要具备战略和对行业前景大开大合的洞察力，这一部分依赖的是直觉。就像乔布斯、盛田昭夫，他们通过一种基于强烈的人文科学素养之上的敏感来指导产品开发。这类企业家对应的产品或者市场是开拓性的、实验性的。随身听并非必备品，苹果手机也并非必备品，因此这样的产品空间是被创造出来的。科学的一面是企业家要有可执行的战术动作，把想象中的东西在现实中逐步检验和修正。这就是胡适倡导的“实验主义”精神：大胆假设，小心求证。战略不是计划，而是一条可不断被证伪的路径。这是所有企业家都要具备的本领。这种方法适用于必需品市场，比如化肥之于农民。这类市场寻求的不是创造性，而是对现有产品品类的可替代性。它是对用户使用已有产品习惯的改造，其市场规模在前期是可以被精准预测的。

对万连步而言，将缓控释肥打入现有化肥市场，改变产品格局就属于“实验主义”的环节。他预感到这是有着巨大潜力的市场，但是让现有市场接受，是要首先解决的问题。因此金正大利用当时现有的几十个销售网络推广，必须要让农民积极接受这种遇水不化的新品种。

万连步说：“在两年的时间，我们赠送出去的肥料每年都超过千吨，每年有2万户以上的农民使用这个产品。”由于缓控释肥科学的设计，大幅减轻了农民的劳动强度，过去，一个季节，农民要施肥三到四次，现在，只要一次就解决问题，并且效果也比普通的化肥好。渐渐地，很多农民对这种化肥产生了依赖，开始主动找上门来。

2004年年底，金正大公司的所有股东和高管，再一次坐到了一起，上马缓控释肥项目的提案顺利通过，但是，就在万连步要下笔签字时，手却不由自主地抖了起来。万连步说：“犹豫了再犹豫，应该说自己的手在颤抖，这个词非常准确，公司的命运就取决于这个决定，一旦签下这个字，做得好可能我们就会成为中国肥料的先导者，如果做得不好，金正大可能就从此消亡了。”

开完董事会的当天，万连步在办公室里独自一人待了整整一个晚上。现在是箭在弦上，不得不发了。但是，到现在，他却还像雾里看花一样，有一种前途未卜的感觉。没想到，更难的事情还在后面。

为了上新生产线，金正大跟一些大的化工设计研究院谈合作，希望它们能提供一些技术上的支持。结果在国内找了几家化工设计研究院，它们都不愿意承担这项任务，因为在中国缓控施肥的生产并没有先例，没有可以借鉴的直接经验。

终于有一家设计院愿意接下这个活，但有一个条件，那就是把金正大用巨额资金买下的缓控释肥生产专利数据，全套提供给它，并且要两年时间，不保证能最终做出来。万连步坚决不同意。

自古华山一条路。现在只能自己干了。

难熬的一年

年轻人范龄超登场了。

万连步一想上马新生产线，就想到了用“特种部队”的方法，即从各个部门和车间抽调精兵强将组成新车间专门负责这个具有重大历史使命的项目。万连步对当时的核心人选有几个硬要求：“要懂生产、工艺、研发的。另外就是人品必须要好。”兰州大学化学专业毕业的范龄超是当时金正大里为数不多的大学生之一，他在很多岗位工作过，从生产到行政管理都有所涉及。2005年8月，他被从行政后勤部门抽调到了生产部，负责新项目的生产管理。

范龄超说:“在实验室里能做通的东西、能得到的东西，在工业化转化的过程中成功性还是蛮大的。但是从实验室到产业化有各种各样的问题，毕竟科研导向跟企业导向是不一样的，出发点不一样，所以考虑问题的角度也不一样。在产业化过程当中肯定要出问题的，这是肯定的。”

范龄超带着这个不到10个人的小团队进入了山东农大的实验室，一边跟张民教授学习技术，一边对中试装置进行调整。中试装置一次产量只有几十千克，而且无法连续运转。在将其进行连续运转实验的时候，故障率非常高。一旦某一个设备出了问题，车间的人就要拿设备到泰安去维修。金正大建造的中试车间就是仿照大学实验室中的中试设备做起来的，目的是为后边建造更大的车间而进行持续产业化的验证。

当时正是8月，夏天里最热的一段时间。范龄超和一帮年轻人在实验室里工作了一个月。“我们那段时间主要研究的是怎么样完善工艺流程，怎么样提高产品的合格率，怎么样降低产品的生产成本。可能最主要的问题还是设备的一些问题。我们对他们实验室的这些设备做了很大的改动才最终定型。”

在实验室学习完之后，开始进入产业车间的搭建阶段。当时，金正大的市场推广取得了一些效果，有些农民愿意尝试新型肥料，订单开始产生了，其中还有出口订单。“有些出口的订单在生产的过程中发现这种设备和物流匹配性也不是很好。

像国外要的硝酸钾颗粒，在设备里容易碎。此外还有控释器各方面的问题，在产业化过程当中不断出现。”范龄超说的这些问题就是科研机构和企业之间的诉求差异。企业在意的是生产连续性、经济性和稳定性，科研机构则对这些因素并不敏感。比如企业要求设备在进入车间之后，都要采用计算机的DCS控制系统（分布式控制系统），以提高自动化控制的操作水平。

如此，从中试车间到产业化车间的进化用了半年的时间。但是范龄超说，改进根本没有一个尽头，除了持续改进的精益生产精神之外，在中试车间也的确总是冒出这样那样的问题。其中，就包括我们在前文提到的包硫黄技术。

包膜的缓控释肥有两种生产工艺，一种是包硫黄，一种是包有机物。这两种工艺在实际生产过程中遭遇了很大的问题。

首先，硫黄很脆，在运输包装的过程中容易碎，想达到理想的控制效果很难。碎硫黄受热温度升高就变成了液体，温度低了凝结成硫黄块、硫黄粉。在生产时工业设计考虑到硫黄会在管道运输中从液体转化成固体，于是加了一些蒸汽用来保持温度。但是有时生产不正常，一停下来，硫黄从液体变成固体就会把管道堵住，再熔化会很困难。有时候实在熔不了，就要把这些管道全部拆掉。

硫黄在生产过程中有一定的危险性，粉尘到达一定浓度会爆炸。在实验室做的量小，粉尘的浓度到不了爆炸的程度。但在实际的连续性生产中，浓度很容易达到极限。

还有物料。包膜的物料硫黄与肥料的结合是一个物理结合的过程，从原来一个不连续的装置到连续的装置，在过程中两者结合达不到控释的性能，因此需要调整两者接触的设备。这就是前文所述的把硫黄喷到肥料表面，如何调整喷头的位置、调整喷的时间及各种变量就很重要。

其次，对于有机物料的包膜而言，最容易出什么问题呢？肥料颗粒跟大米颗粒大小接近，2~4毫米的颗粒。一吨肥料颗粒非常多，生产设备容易产生死角，比如一吨尿素包完了以后，有一个地方有死角，这一小把尿素颗粒没有运动，在流动的包膜过程中可能就没有被包均匀。结果是产品的颜色有差异。哪怕是一个颗粒的颜色和其他颗粒有差异，这样的产品在市场都有可能会被退回。

范龄超就是在不断地解决这些问题，进行了成百上千次实验和改造。他感到了压力巨大。

在被抽调到新车间之前，范龄超每天晚上睡觉时都会关手机。但在新车间项目上，他养成了24小时开机的习惯。“思想的压力也是蛮大的，尤其半夜里两三点的时候容易来电话。这里出什么问题了，那里出什么问题了。在电话里有时几句话能说清楚，有时说不清楚，就要赶紧穿上衣服赶到车间里去。”

范龄超承受着微观生产的压力，与此同时，万连步也在承担整个公司的压力，因为1 800个员工的未来，都押在这个项目上。“现在想起来都有点后怕，如果不成功，企业的未来和我们班子成员的未来都是不可想象的，这个损失可不是我们几个人的损失。”万连步回忆说，“这个时候也有很多怀疑的眼光，你们买这个值不值得，把公司未来的发展押在这么一个产品上，值不值啊，行不行啊，我早说过了不行，你们还要弄，弄出来老不稳定。”

身处巨大压力之下的万连步，不能向企业里的人倾诉，只能找到专家说。专家给万连步宽了心：“老万只要你有决心，我们就一定全力以赴地去做。”

除了技术问题，万连步当时也面临成本的考验。因为实验失败而产生的废料，高达3 000多吨，折合人民币800多万元。时间一天一天地过去，万连步的压力也越来越大。但是他不能表现出焦虑，还要安慰技术人员“慢慢试”。

2006年农历正月初八，这是一个让万连步终生难忘的日子。这搏命一赌，终于掀开了底牌。

“我看到这个全线连动试车成功的时候，从投料到出产品，每一个环节都非常顺利。大家看到成品出来之后，没有一个人说一句话，原来预想的那些激动，什么也没有出现。我和几个主要负责人包括技术人员，在现场整整愣了一个小时。”

“好长时间大家也不大敢相信，就是我们真的把这条生产线做起来了。包括我们的专家，就好像不相信我们似的。所以说现在想起来当时那个局面，我是控制不了自己的情绪。”万连步说起来有些激动。

终于，中国第一条能够规模化生产的缓控释肥生产线，由中国人自己一手设计，一手安装，一切从零做起的一条生产线诞生了。它的意义不在于中国能生产出合格的缓控释肥成品，而在于终于打破了国外企业对这一领域的垄断，突破了国外缓控释肥价格的门槛，它改写了一个历史，从这条生产线投产开始，中国的农民可以用得起缓控释肥了。

整洁、明亮的现代化生产车间

十年跃迁

“10年前，我们在杂草丛生、一片荒凉的废弃砖窑厂里，开始了艰苦的创业历程，随着2002年工业园的开工建设、2005年缓控释肥项目奠基以及2007年菏泽项目开工建设，金正大公司从一个年产肥料不足万吨的作坊式小企业成长为年生产能力160万吨、销售收入近40亿元的国家重点高新技术企业和亚洲最大的缓控释肥生产基地，步入了全国同行业的前列。”

2008年8月26日，金正大迎来了创业的第一个10年。万连步提到的那个杂草丛生的废弃砖窑厂时至今日，依旧存在。它就像参与某一段历史进程的建设者，如今成了见证者，如一位沧桑的老人伫立在原地。1998年和2008年，10年中的首尾恰恰是全球经济的两大转折点，前者是源自泰国的东亚金融危机，后者是源自美国的全球性经济危机。在这10年里，历史在尽可能地修复着越来越深的疮痍。

这10年里，中国经济却风景独好。互联网创业方兴未艾，传统产业也迎来了自己的黄金周期。如果说中国有特殊的国情使得自身经济体避免了外界的冲击的话，从内在因素来看，是一种永远和时代潮流缠绕在一起的企业家精神让中国经济在新世纪里实现了超车。如果说新技术是客观工具的话，企业家精神就是主观动力。技术就是企业家精神劈开混沌世界的一把利剑。

关于企业家精神的阐述有很多，但有一条是很容易被人们忽略的。并非作为一个企业的掌门人就能被冠以企业家精神，这种精神会随着主体心态的改变而迅速消逝，也就是当创业者开始坐享过去的成就时，他便被时代剥夺了企业家精神。所有的奋进、激昂都来自对事业始终保持的新鲜感和兴奋度。我认为这可以称为创业精神。也就是说，企业家精神中必然包含创业精神。

万连步在回顾金正大过去10年的历程时，把创业精神放在了首位，“经过10年的努力，金正大人在‘吃苦耐劳、艰苦创业、大胆务实、超前实践’的创业精神指引下，获得了生存的空间，步入了健康发展的道路”。

万连步希望在创业精神的指引下，10年后可以再造10个金正大。而这10年之后的那一天，也便是本书和读者见面的日子。

但2008年，对于金正大来说意义远不止10年庆生。在年初，一股罕见的寒潮席卷了中国南方大部分省市，被称为“圣婴”的反气候现象笼罩在地球上空。可能一辈子也见不到一片雪花的南方人一出门却看到了白雪皑皑的世界。很快，灾难就冲垮了这浪漫的梦境之美，一场雪灾几乎让半个中国陷入了停顿。

但金正大在缓控释肥推广道路上的努力并没有因为这场大雪而停滞。虽然，万连步险些被这场雪阻挡在了长沙。

2008年年初，万连步带着几位高管在长沙参加了一个学术研讨会，在会上和中国杂交水稻之父袁隆平有了一面之缘。会后，万连步主动找到这位老人，向他介绍金正大在缓控释肥方面的探索。当时袁隆平对缓控释肥还不是很了解，但他对化肥的情况是心中有数的。他认为化肥利用率低、流失严重，流失以后进而污染了土地。因此，一听到万连步的介绍，他当即表示全力支持合作。

金正大此前在水稻、玉米等作物上与一些大学和科研机构合作，做了些试验。万连步把试验数据给袁隆平讲了讲，并表示出对当下化肥施用状况的担忧。他希望可以和袁隆平合作，既推动缓控释肥产业发展，也能对杂交水稻的种植有拉动作用。一位当时在场的金正大员工说，袁隆平的结论是“要有高产光有我这个良种还不行，还得用良法，你们的缓控释肥就是良法”。而“良种+良法”日后也成为金正大的技术创新指导。

2008年5月，金正大与国家杂交水稻工程技术研究中心签署科技合作协议

2008年5月23日，金正大和国家杂交水稻工程技术研究中心签约，合作开展缓控释肥在杂交水稻上的应用研究，并希望解决如下三大难题。

第一个难题，缓控释肥推广初期，商品多以纯包膜肥料为主，采用省工省肥的一次性施肥方式，但个别地区在生长期较短的早稻和晚稻上，出现了水稻分蘖前期不如当地习惯施肥法，尽管分蘖中后期能保持生长平稳甚至好于当地习惯施肥，但仍不能消除农户对保证基本苗数的担忧。国家杂交水稻工程技术研究中心的专家建议，可在缓控释肥中掺混部分尿素，他们通过大量实验确定了科学、适宜的添加比例，不仅有效地解决了此类问题，同时还降低了生产成本，既保证了苗齐苗壮，还保证了后期的穗数和穗粒数，在总体减少肥料用量30%的前提下，水稻非但不减产，平均产量还提高了5%以上，最高可达15%。

第二个难题，金正大专家在初期使用缓控释肥做试验时发现，水稻与旱地作物小麦在整地与施肥等方面存在较大的差异，缓控释肥施用到水田后，容易造成漂浮，在风及水流的作用下造成小范围集聚，不仅影响试验结果与评价，而且影响缓控释肥的宣传与推广。在中心专家的建议下，金正大及时调整生产工艺，对肥料进行了防漂浮处理，彻底解决了这一问题。后期这一防漂浮技术还获得了两项国家发明专利。

第三个难题，缓控释肥推广初期，施用方法仍以撒施为主，这在农村劳动力转移、农村机械化越来越普及的情况下，无法充分发挥其优势。金正大专家经过3年的努力，研究出良种（超级稻）+良肥（缓控释肥）+良法（机械化）的先进农业生产模式，农田施肥逐步由人工施肥向机械化施肥方向发展。不论是播种时底肥侧深条施还是追肥时在作物植株侧深条追施，均可极显著地提高化肥肥效；与传统施肥方式相比，此施肥技术平均提高肥料利用率30%以上。这对保护农田生态环境，建设资源节约型和环境友好型农业，实现农业可持续发展，具有重大的现实意义和长远的战略意义。

在双方的共同努力下，一系列难题迎刃而解，2010年，该产品被国家科技部、环保部等四部门联合认定为“国家重点新产品”，高效、环保、省工、省时的缓控释肥获得了广泛推广。

2010年2月5日，《科技日报》上刊登了一篇名为《杂交水稻何以节氮又高产？》的文章。文章里谈到，在杂交水稻的种植过程中，单位面积用氮和利用率低成为制约其发展的两大难题。氮肥用量居高不下，不仅带来了江湖富营养等污染问题，也加剧了病虫害危害，不利于稻米品质的提高。而来自国家杂交水稻工程技术研究中心的资料显示，金正大的缓控释肥在我国南方稻区超级杂交水稻生产上有着广阔的节氮增效应用前景。同一田块的实验表明，以前杂交水稻亩产在710~750千克之间，但使用缓控释肥后增效明显，获得了800千克的产量，而且氮肥利用率显著提高。

金正大在国家级科研平台上和全球顶级的专家合作，加速了平台研发成果的转化，同时也把金正大的研发实力推高到了国家级水准。2008年，金正大开始筹建申报国家缓控释肥工程技术研究中心，但未得到批复；2009年再次申报，通过两轮答辩，终于得到科技部批准筹建；2013年通过验收。这是我国缓控释肥和复合肥领域里唯一由企业承担的国家工程技术研究中心。

2008年，缓控释肥的推广和应用得到了国家的明确扶持。全国农业技术推广服务中心下达《关于做好缓控释肥示范推广工作的通知》，要求各地结合测土配方施肥工作，全面开展缓控释肥的试验、示范、推广工作。

2008—2018年全国农业技术推广服务中心连续11年下达《关于做好缓控释肥示范推广工作的通知》，要求各地结合测土配方施肥工作，目前已在全国24个省级行政区开展缓控释肥的试验、示范、推广工作。2011—2014年农业部连续5年将缓控释肥技术列为主推技术。

国家缓控释肥工程技术研究中心

第三节 孵化根据地

开拓菏泽

和技术研发齐头并进的是金正大在国内的战略布局。话还要从2006年3月4日，金正大第一条缓控释肥生产线建成投产那一天说起。除了庆祝生产线的落成和新项目的奠基，万连步开始有了异地扩张的想法。

当时金正大的肥料除了供应山东以外，第一大销售区域就是中原市场。解玉洪是当时的项目负责人。我们第一次来到金正大做调研时，就跟他面对面聊了一个多小时，他操着浓重的临沂口音，体态健硕，颇有“谁敢横刀立马，唯我彭大将军”的气魄，事实上也的确如此。解玉洪是金正大在全国范围内进行产能扩张的第一干将，从菏泽项目、贵州项目到后来的新疆项目，但凡具有重要战略地位的生产基地都要由他亲自带队。[①]

解玉洪前后去河南考察了多次，也选了两三个地方，后来觉得还是把第一个异地基地放在山东省内比较放心，于是最终选择了山东与河南的交界菏泽。

让我们暂时将视线转回到2007年年初，即金正大从临沭进军菏泽之前的几个月。

北京冬天里的凌晨4点，气温正处于一天中最低的时候。从头一天的中午10点多开始，一场长达18个小时的马拉松谈判终于尘埃落定，而在此之前，双方其实已经经过了多轮的讨论和谈判。金正大与德国复兴信贷银行全资子公司——德国投资与开发有限公司和CRF化肥投资有限公司的合资协议条款原则讨论通过，金正大将获得两家机构2 000万美元的注资，联袂打造全球最大的缓控释肥生产基地。这标志着金正大资本运营国际化的开始。

① 遗憾的是，就在2017年5月，解玉洪因病去世。想一想几个月之前我们还曾面对面地聊天，还在聊正在建设中的新疆项目，心中不禁充满悲伤。解玉洪去世前担任的职务是集团董事、副总裁，兼新疆公司董事长。

引进境外资本，本来是金正大为去海外上市做的准备。2004年到2006年期间，大量中国企业转到境外资本市场寻求挂牌，中国香港、新加坡成为热门地点。当时临沂的不少企业去了新加坡，万连步也动了同样的心思。毕竟，企业要谋求更大的发展，上市融资是最优方案。为此，增加外资背景成为必要。就在金正大积极和国际资本见面的时候，对中国资本市场影响巨大的“10号文件”出台了。

2006年8月8日，商务部、国资委、国家税务总局、国家工商总局、中国证监会、国家外管局5部委联合出台了《关于外国投资者并购境内企业的规定》，简称“10号文件”。文件中规定，红筹上市模式中企业和个人前往境外设立公司必须到商务部报批。也就是说，境外上市这条路变得困难起来。

“10号文件”的出台，迫使金正大迅速转向国内A股。但是此前和国际资本的谈判并没有停，因为国际资本所占的股份不大，所以，并不存在未来的VIE（可变利益实体）拆分问题。万连步的想法很直接，尽快融资，尽快进行规模扩张。

但是，和德国、美国及新加坡资本方进行谈判的过程并不顺利。由于此前金正大的粗放发展和德国人严谨的精神之间存在矛盾，双方也是经常就一个很小的细节要谈几个小时。在当时这是金正大很恼火的一件事，但到签约以后，几乎全体高管人员都认为，这是好事情。德国人的高标准严要求，对当时的金正大是一个督促。比如，德国人要求金正大必须每年聘请国际环保机构做检查评估，员工加班要有清晰的加班记录、有加班费等等。

“两三年之后再看，这是一个好事情。公司治理水平提高很快，以至于在2009年我们申报上市的时候，很快就得到了批准。”万连步说。事实上，这种提高很快就在菏泽基地的建设上有了体现。

金正大终于和德国、美国、新加坡资本方谈好。2007年春节前，资金就到位了。菏泽基地的建设在物质上已经做好了准备。

金正大在菏泽投资的事情，在当地引起了轰动。盛大的开工典礼之后，却面临着一堆困难。副总裁解玉洪带着业务骨干每天吃住在临时工棚，一刮风，工棚就被吹开了。没有自来水，每天就只能喝碱性较大的井水，发烧闹肚子是常事，毛巾也像钢丝一样硬。

2008年，菏泽基地即将试车，已经跟随万连步工作11年的曹怀圣调往菏泽基地，分管生产、技术、质量和安全环保。

招工是个大问题。很多当地人来到工厂一看，生产条件艰苦，氮肥的氨味大，就不来了。“到车间一看走了一半，上岗前安全培训，培训完了再走一半，最后剩下的不足1/3。”解玉洪回忆道。

后来还在车间装上了摄像头。因为菏泽建的设备比较大，日产七八吨，需要多投料。料越多，工人的工作强度就越大，有的工人为了偷懒，干脆把钢管塞到机器里，导致设备损坏。“因为地域文化差异，工人对金正大文化了解不够，当时本地招收的员工其素质相对临沭公司的老员工来说，的确相差太远了。”曹怀圣回忆当时的情形，感慨颇多。在早期的时候，刚招来的工人对于工资待遇要求虽然并不高，够吃够喝就行，但也不太卖力做事情。比如装卸产品，总部的员工吃苦耐劳，一个人能搬运五六十吨的货，而菏泽工人的工作量还不足其1/10。紧急的时候，曹怀圣还需要从临沭总部调动人手。

2007年9月，菏泽公司年产120万吨复合肥项目开工建设

为了能招到高素质人才，金正大在当地一个叫“南华康城”的小区一口气买了19套房，还在《菏泽日报》打了广告：“加盟金正大，入住南华康城。”南华康城市当时是菏泽市最好的住宅小区之一。即便如此，从外地来的曹怀圣等人，对于菏泽的人来说，太陌生，信任度还不高。

这个时间段的生产管理完全像一场战斗，被动的滋味对于精明而务实的曹怀圣来说，难受，而且不可接受。采取培训、文化教育的方式，用金正大的企业制度和文化规训员工，这是平常手段，在此基础之上，曹怀圣将临沭总部过来的部分老员工融进菏泽的工人队伍，让他们以身作则，用榜样的力量潜移默化地正向带动本地员工，并且按劳动量给予物质和精神奖励。几场硬仗打下来，本地员工正式认同并接受了金正大的企业文化。金正大的品牌也在菏泽逐渐发出光芒。

在对菏泽基地进行工艺设计的时候，万连步提出，要做成样板工程。首先就是要在环境上进行改善，室内的粉尘、排到外面的粉尘都要达到环保标准。如前文所述，这是德国投资方严苛要求对金正大治理能力的提升。

用布袋除尘器替代沉降室。沉降室的原理是把尾气当中的粉尘沉降，一般就是旋风加沉降室，后面再加水洗。而布袋除尘器是一种干式滤尘装置。它适用于捕集细小、干燥、非纤维性粉尘。滤袋采用纺织的滤布或非纺织的毡制成，利用纤维织物的过滤作用对含尘气体进行过滤，当含尘气体进入袋式除尘器后，颗粒大、比重大的粉尘，由于重力的作用沉降下来，落入灰斗，含有较细小粉尘的气体在通过滤料时，粉尘被阻留，使气体得到净化。

此外，在工艺上，用皮带秤配料取代了人工配料，用刮板输送机取代了皮带输送机。

在经过了三年多艰苦奋战后，解玉洪完成了“开疆拓土”的任务，马上开始了下一段工程。曹怀圣也用一年多的时间，使生产的大环境越来越稳定。高义武于此时来到菏泽基地，接替解玉洪出任菏泽公司总经理，他和曹怀圣一起进一步理顺菏泽基地的生产。“第一是抓安全；第二是抓队伍，队伍比之前好带很多了，只不过还是有很多新人，做了一些调整，一年以后队伍就更稳定了；第三就是抓质量，每周我一定是参加安全和质量会。”大约半年之后，生产环节全面理顺。

2012年，曹怀圣调往河南。欢送之时，许多员工都潸然泪下。从一个到菏泽的外地人成为菏泽当地人洒泪送别的外地领导，曹怀圣至今回想起来都很感动，开拓菏泽的战斗，胜利且无输家，大家都赢了，赢得了可以复制的扩展模式，亦赢得了同一战壕里摸爬滚打“岂曰无衣”的同袍。

2017年是菏泽基地建成10周年。如今的菏泽基地已经是年产180万吨的重要化肥生产基地了。2016年，菏泽基地贡献了51.6亿元的收入，净利润为6.3亿元。

菏泽基地的另一大贡献是为金正大的异地扩张积累了经验。金正大上市后开启了快速的异地扩张，先后在安徽、辽宁、河南、广东、贵州、云南、新疆等10个省级行政区，通过新建、租赁和并购等方式，成为拥有16个生产基地、年产能超过700万吨的全国最大的新型肥料生产商。

挥师瓮安

贵州，瓮安。

在金正大贵州公司的厂区和小山村之间，有一条纵深的沟渠，那是一座大山被硬生生劈开的痕迹。在机器声隆隆作响的厂区，看着对面深林掩映下的袅袅炊烟，不觉有些恍惚，农耕文明和现代工业文明之间，此刻仅仅隔了一条河沟的距离。

这条河沟，是当年解玉洪带着100多名员工，一步一步踏出来的一条路。

2011年，解玉洪刚刚来到瓮安，这个不为人知的小县城，因为2008年的一个群体性事件，变得举世皆知。解玉洪记得那个时候，一下火车站，街上、公交车上都张贴着“铲除黑恶势力”的标语，而眼前，除了一座座的山，就是一片荒芜。他们的心里没有底。

不过，眼下的这条路，还真的是他们炸出来的。黔东南的地势，山高水长，光把地面弄平就是一项浩大工程。

从2008年起，金正大和全国农技推广服务中心联合推广缓控释肥，开启了政企联动。2011年，金正大缓控释肥已经具备了相当的市场份额。作为新型肥料，缓控释肥在全国正如火如荼地推进的时候，万连步对下面的人说，这一次，他想试试研发水溶肥。

万连步就是这样的人，这也是金正大的一个特点，总会去做一些超前的事情。哪怕这件事前期投入很大，短期内收益很小，只要看准了，就会去做。贵州公司就是这样一次尝试。开设贵州公司，万连步显然并不打算复制前面成功的经验，重复的低端项目更加走不通，他想要的是全新的工艺和市场。

水溶肥是一种主要用于经济作物的肥料。狭义讲，就是把肥料溶解在灌溉水中，由灌溉管道带到田间每一株作物。广义讲，就是按照作物生命周期所需给肥给水。在美国，25%的玉米、60%的马铃薯、32.8%的果树都使用水溶肥产品，并采用水肥一体化技术；在以色列，90%以上的农业实现了水肥一体化技术。而在我国，水溶肥市场份额仅占据整个国内化肥市场的1.6%~2.5%。

为缓解地少水缺的资源和环境的约束，加快转变农业发展方式，国家各部门相继出台政策，推动新型肥料的发展应用，推广新型肥料成为政府农业工作的重中之重，而这也促成了万连步在贵州开设分公司的最初构想。

贵州以优质的磷矿而著称，包括开阳、西丰、瓮安、福泉这一带。位居“三阳开泰”[①]之首的开阳磷矿，是享誉国内外的大型富磷产区，开阳位处黔中腹地，仅此一地的富矿就占到了全国富矿总量的近1/3。而瓮安、福泉交界地带则是磷矿最为富足的地区，经集中勘察，探明可供开发利用产量就有8亿吨，成为国内少有的特大型磷矿产区。瓮福磷矿矿石质良，全区P_2O_5平均品位在25%以上，有部分达30%的富矿，因此这里成为中国重要的磷矿石和磷化工生产基地。众所周知，磷是生产化肥最为主要的原料。金正大选择将这里作为其开拓全国市场的第二个基地，也是为了更加靠近原料产地。

另一个考虑因素是交通，瓮安距离贵阳100多千米，车程不过一个多小时。虽然当时还没有一条高速公路经过这里，但

① 1959年3月15日，《人民日报》以《三阳开泰》为题，报道贵州开阳、云南昆阳、湖北襄阳三大磷矿基地的资源禀赋及建设。“三阳开泰”由此名扬天下。

是在整个贵州纵横交错的交通规划中，公路、铁路、码头对于瓮安都十分有利。

项目是2012年4月正式开工建设的，解玉洪记得，那会儿光炸药一天就得用掉4吨，在整个基地开始投入建设以前，他们已经用了整整一亿吨的炸药。“我们总共炸平了6座山头。”

征地、平场、施工，到第一个生产车间建成、试生产……至2013年7月，项目正式投产。宋国发（贵州金正大公司副总经理）清楚记得，第一次开动机器的时候，他一口气就跑到了100多米的高塔顶层。他太激动了，因为他全程参与了贵州项目的考察、设计、建设、安装、调试等等，经历了太多的辛苦和失败。

对于初来贵州的金正大人来说，最难忘记的大概是这里与北方全然不同的气候。“刺骨的冷、满地的泥泞，我们有整整一年，没有穿过皮鞋。”解玉洪回忆说。2011年8月贵州公司成立时，气候还比较凉爽，但到11月，转眼就是冬天，南方的冬天阴冷，每天早晨提上一桶水，留在宿舍里准备洗漱，稍微慢一会儿就结冰了，砸开冰再刷牙，那钻心的冷能透过牙齿一直钻进心里。和山东的艳阳高照不同，在贵州，阴雨绵绵是最寻常的天气，一年12个月，有七八个月，被子都是湿的，那会儿常年用着电褥子，不是因为冷，而是要把床烘干。

除了自然条件，还有南北方差异巨大的人文环境。因为从总公司过来的人不多，缺少训练有素的成熟工人，只能从当地招聘和培养。因为早期文化的融合、工资待遇和福利、生活条件等方方面面的差距，厂子里的工人们也闹过几次罢工。“当地人的性子烈，说不干就不干。我们咬着牙坚持，一家一家地做说服工作。”后来接替解玉洪担任贵州公司总经理的颜明霄说，有一个方法特别管用，就是逢年过节的时候，用心准备些年货，让工人大包小包地拎回家去，就像过上了一个丰收年。不在于钱的多少，而在于这份心意，让员工找到了归属感，也让他们安下心来好好工作。

这几年，员工陆陆续续地过来，从最初的100多人到现在的近3 000人，金正大也成为瓮安县的纳税大户。金正大为员工们盖起了舒适的职工宿舍，还专门从山东请来厨师、面点师，为员工们制作家乡的面点。万连步一直说，安居才能乐业。而他自己也始终保持着一个习惯，每次出国，必须带上一大兜山东的戗面馒头。能够吃上煎饼和馒头，吃饭的问题就算是解决了。

在贵州的这几年，颜明霄他们都习惯了喝酒，一是酒可以御寒，二是喝点酒能够提振精神，帮助他们度过那段荒凉的岁月。而这段岁月，杂糅着异地生活的艰难困苦，也饱含了几位山东大汉二次创业的壮志雄心、酸甜苦辣，都像极了眼前的这杯酒。

项目建成了，算是开了一个好头。贵州公司是金正大规模最大的一块资产，在整个集团150多亿的资产中，贵州公司就占去了1/3，它自然肩负着赚钱、赢利的任务。而在当时，水溶肥市场还是一片未知的蓝海，它的红利时代还远远没有到来。

建设中的金正大贵州基地鸟瞰图

把小企业做成大企业，把大企业做成大家的企业，这是万连步提出的一个口号。作为企业，生产赢利是刻不容缓的，而作为化工企业，在生产的同时实现“资源节约、环境友好”也是义不容辞的。

贵州的磷矿非常丰富，传统的工艺生产出化肥以后，有大量的磷石膏被废弃。过去有一个大山谷，是最理想的渣场。一个渣场最小容量是1 000万立方米，三面都是山，只有一个出口方向。把这个出口方向做一个坝，石膏堆在里面。后来环保的要求严格了，不能随便堆放。很多企业就用PVC（聚氯乙烯）膜在下面做防渗，但时间长了膜还是会渗透，尤其是贵州很多地区地下的溶洞发育得很好，稍微一泄漏就直接进入地下水，对环境的破坏非常大。

金正大对选矿采用的尾矿等进行了再次处理，做成一种碱性肥料，其兼有土壤调理的作用。2016年9月，工信部组织专家对贵州磷资源的综合利用技术进行了一次鉴定，认为金正大的项目技术达到国际先进水平，其中开发的“二水–半水法磷酸联产 α 半水石膏技术和非成型法磷石膏、钾长石制硫酸联产硅钙钾镁肥生产技术”处于国际领先水平。在磷资源再利用方面，金正大走在了前面。进入2017年以后，国家对磷资源开采利用、环境保护等政策日益趋紧，金正大的这项技术优势进一步凸显。

第四节
研发硬实力

借外力找人才

万连步自己就是研发高手，从金正大成立到20年后的今天，他自始至终都担任着第一产品经理的角色。他选定了技术创新的战略路径，研发自然就成为金正大最硬的武器。

在金正大成立初期，万连步就聘用了8名农业相关领域的博士作为专家。随后和张民的合作更加坚定了万连步关于“外脑”不可或缺的信念。由于在和袁隆平合作中取得的丰硕成果，极大地提升了金正大在业内的技术地位，同时项目本身也帮助金正大培养了不少科技人才，此时，金正大具备了搭建自身研发队伍的能力。

2008 年 5 月，金正大与中国科学院南京土壤研究所签署科技合作协议

2008 年 11 月，金正大与山东农业大学签署新一轮战略合作

2008年11月，金正大与中国农业大学国际型管理人才培养项目正式签约

2008年11月，国家人力资源与社会保障部为金正大博士后科研工作站揭牌

2008年，为招募高端人才，金正大与中国农业大学、山东农业大学等多家知名高校建立教学实践基地联合培养人才，并在高校内设立奖学金，扩大公司在科研院校中的知名度，并定

向培养高端人才。此后，一批批硕士、博士陆续加入金正大的研发队伍中。

2009年8月，中国农业大学植物营养专业的博士毕业生张强来到了金正大。当时正赶上公司第二次申报国家缓控释肥工程技术研究中心的项目。这是科技部主导的国家级创新平台，每年申报、评审一次，每个行业也只允许一个国家中心的存在。这个项目的申请难度之大，甚至不亚于在A股的上市申请。首先是省级单位进行评选和推荐，然后由科技部出面进行考察论证。考察的轮次是两轮，第一轮是一批行业专家到申报单位进行实地考察，主要是看科研能力、研发成果、技术水平、行业地位等等。第二轮中，申请单位要到北京参加答辩。答辩委员会是由各行各业的20多位顶级专家组成的，在金正大进行答辩时，来自农业领域的专家只有两名，而且还不是直接跟化肥相关的领域。这样做的目的是保证企业的科技创新具有普及性和更广泛的实用价值。

国家级创新平台对于企业而言，意义重大。除了品牌效应之外，更是可以对企业在行业里的技术领导力产生深远影响，因为企业不但要为自己服务，更要利用自己的平台为全行业服务，因此，每年的竞争都很激烈。

金正大是于2008年开始准备第一次申请，这一次很不顺利，可以说是铩羽而归。万连步很快反思，提出要把科研能力落到实处，吸引更多的外部科研工作者进入金正大的平台。很快，就有200多名专家和学者陆续参与到金正大的研发中。

张强就是在这样的背景下加入了金正大。他每天都要准备大量的申报材料，先后跟上百位专家沟通，休息已经成了奢侈品。至今还有一个段子流传在企业里：新婚的张强一直没有时间去拍婚纱照，所预付的拍照费用在申报答辩时即将过期，终于在答辩前一天早晨请了几个小时的假。结果他在拍婚纱照的过程中竟然睡着了。当时的摄影师都喊心疼："这小伙子是累坏了吧。"

功夫不负有心人。2009年9月12日，万连步、陈宏坤、张民等一起走进北京答辩会场。当时三个人并排坐在答辩官面前，评委组由23个专家组成，包括6名院士、10余名大学校长或研究院院长。持续了一个小时后，答辩结束。万连步说："出来的时候就感觉差不多了，从评审专家的眼神里能看到鼓励和肯定的答案。我们的辛苦这次真是没有白费啊！"

研发平台矩阵

2009年10月,科技部下发了关于国家工程技术研究中心可行性论证报告的批复,同意依托金正大集团组建国家缓控释肥工程技术研究中心,并列入2009年国家工程技术研究中心首批组建项目计划。万连步亲自担任工程技术研究中心主任。按照科技部的要求，工程中心的主要目标与任务是：紧紧围绕国家粮食安全优质生产、生态环境保护和肥料产业结构调整的战略，根据国内外缓控释肥领域的发展趋势、国家新型肥料技术发展需求以及市场需求，结合现有的基础和优势，加强缓控释肥的研究，开发成本更低、控释效果更好的系列产品及其他新型肥料，组织联合攻关，重点解决行业关键性、前沿性的技术难题。集成完整的缓控释肥研究、生产、测试、应用和评价工程技术体系，带动企业在技术集成基础上进行的工业化生产技术体系的创新，实现大规模工业化生产，促进企业产品不断更新换代，为行业科技成果转化起到示范带头作用，为全国化肥行业技术进步提供支撑。

张强则是继续在科研平台的建设上努力，如今，他已经成为全国缓控释肥产业技术创新战略联盟的秘书长，忙于组织协调各类国家重大科研项目的申报和实施。

该平台的成功申报，也极大地鼓舞了万连步的信心，成为当时他最为自豪的一件事情。他特别愿意向别人展示这一成就，在金正大的科研大楼顶层，特地把“国家缓控释肥工程技术研究中心”几个字加大了一号，这样在很远就能看到。当时在这个小县城里还闹了一个笑话，有熟人给万连步打电话，说“外面有人议论，临沭县的一个企业吹牛吹大了，居然敢在自己的楼上挂国家工程中心的牌子”，这让万连步哭笑不得，以至于在后来借助科技部在临沂的一个科技活动，由科技部副部长和山东省副省长亲自为万连步授牌，这才证明了这个“国家工程中心”是真的。

2012年，张民教授的亲传弟子陈海宁博士毕业，这位2007年山东农业大学土壤学硕士专业毕业就进入金正大工作的高才生，后来作为两家单位联合培养的博士生回到学校深造。博士毕业的这一年转入金正大研究院，全身心地投入产品应用研发工作。这是一条并不好走的道路，一支只有十来个人的队伍，没有国内可借鉴的成熟经验和模式，摸着石头过河的同时，还要处理繁多的业务事项：产品试验、农作物解决方案、农技服务、农化知识培训……一年超过200天都出差在外，在田间地头做实验，帮助农户解决问题，除了给农民讲授科学种植、病害防治等知识外，还要给金正大的销售人员传授产品、农化知识，将区域营销人员打造成一支能帮农民解决实际田间问题的队伍，而不仅仅是售卖产品。

2010年5月，时任国家科技部副部长王伟中（左二）和山东省副省长李兆前（右）向国家缓控释肥工程技术研究中心主任、金正大集团董事长万连步（中）授牌

“我们的技术服务是不赚钱的，从来不会让农民有额外支出。但我们做的事情能够让销售更有效果，让农民更加信赖金正大品牌。”陈海宁说这句话的时候，直视着我的眼睛，眼神很坚定，能感受到一种自豪，“我们的故事太平常了，没有什么可说的，但我们也不觉得平淡，可能是对农业有一种特殊感情吧。”当看到自己的田间试验，看到自己给农民提供的解决方案能真正帮助到他们，让他们增产增收，那种满足，来自赋予自己学识、技术的一种信仰和生命——回馈农民、植根田地、开花结果的无穷活力。

此后两年时间里，金正大通过国家创新平台建设、科研项目合作等方式，组建了400多人的研发队伍，并吸引了200多名外部专家加入，组成了研发团队重要的“外脑”，为研发团队的成长发展聚集了良好的智库资源。2009年至2013年，金正大与中国农业大学、山东农业大学联合培养了2名博士后、8名博士、42名硕士。至2013年，金正大共有博士14名、硕士102名，建成了具有行业核心竞争力的研发团队，到2017年，这些数据又多次被刷新。

更重要的是，金正大又在此基础上，申请建立更多国家级研发平台，包括以下几个。

土壤肥料资源高效利用国家工程实验室。这是金正大首个与外部单位联合组建的科研平台，也是金正大参与组建的第二个国家级研发平台，该平台由山东农业大学牵头，金正大等单位联合组建，是山东省内土壤、肥料研究领域唯一一家国家级工程实验室。

复合肥料国家地方联合工程研究中心。这是国家发改委2011年批复金正大组建的创新平台。该中心将技术创新的宽度和广度不断加大，除了持续研究缓控释肥外，还在升级和创新硝基复合肥、水溶性复合肥等产品和相关技术方面不断探索，重点解决行业关键性、前沿性的技术难题，不断促进企业产品更新换代。

国家认定企业技术中心。国家认定企业技术中心只对国民经济主要产业中技术创新能力较强、创新业绩显著、具有重要示范作用的企业技术中心予以认定。国家认定企业技术中心要有过硬的财务指标，远优于同行业的创新机制，在技术与人才、产出与效益方面指标也有相当严格的标准，且每两年重新进行认定，对企业的成长性有较高的要求。2013年，在省级企业技术中心多年运行的基础上，金正大企业技术中心成功升级为国家级，这标志着公司各项运营指标正式进入国家级行列。

农业部植物营养与新型肥料创制重点实验室。农业部重点实验室是我国农业科技创新的重要源头、学科发展和培育的重要载体、集聚和培养高层次农业科技人才的重要场所、国际农业科技交流与合作的重要阵地，农业领域重点实验室建设水平是衡量一个国家和一个地区农业科技创新能力的重要标志。同样在2013年，金正大又获批成立这个创新平台。

养分资源高效开发与综合利用国家重点实验室。2015年，金正大获批组建的养分资源高效开发与综合利用国家重点实验室，在磷钾资源高效利用、微生物相关产品研制、新型肥料创制、高效应用技术等层面深入研究，是金正大目前在基础研究方面水平最高的研发平台。国家重点实验室是目前国家级创新平台中含金量最高的，也是要求最为严格的。

除了国家创新平台之外，金正大在技术创新的领先地位的体现，还包括两次荣获国家科技进步奖。第一次是“新型作物缓控释肥研制及产业化开发应用项目”获得2009年度国家科技进步二等奖。该项目由山东农业大学与山东金正大集团经过多年科研攻关完成，是我国肥料界获得的最高奖项，标志着我国缓控释肥产业化进入了全新的发展阶段。项目申报小组为整理项目素材和数据，连续几个月加班至深夜，反复琢磨材料，甚至有的成员抽空去领结婚证，有的成员因未获得足够休息时间持续感冒。第二次是“缓控释肥技术创新平台建设项目”获得2012年度国家科技进步二等奖。该项目经过基层推荐、省级竞争被推荐到国家层面，这也是第一个完全由公司自己的力量获得的第一个国家级奖项。公司能在以企业创新为主体的“企业技术创新工程”评选项目中获得国家科技进步奖,这是对公司的创新机制、创新能力、创新成果及创新体系的充分肯定,说明缓控释肥技术在推动行业或产业科技进步方面作用显著,同时也体现了国家和社会对缓控释肥技术创新平台的高度认可。

这些国家创新平台的建设，以及两次荣获国家科技进步奖，极大地提升了金正大的研发创新实力，提升了行业影响力。对于一个地处沂蒙老区的涉农企业来说，确实是了不起的事情，甚至可以说是奇迹。这充分体现了万连步的超前思想和对技术研发的痴迷、体现了金正大人敢想敢做、一定要做成的信心和决心。

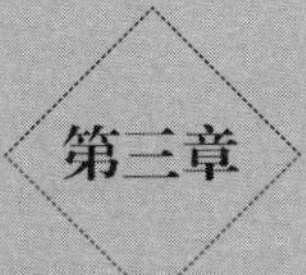

生长的全球版图

真实的世界使我感兴趣，因为它是可塑的。

——纪德

世界是属于勇敢者的。

——哥伦布

如今世界，全球化不是趋势，而是愈演愈烈的事实。国际资本、市场、人才等的浪潮汹涌，翻滚而来，常常裹挟着企业必须向前。然而金正大的国际化，并非一个资本驱动和市场驱动的行为。

在缓控释肥技术取得了实质性突破之后，万连步和他的团队再次走上了一条对外寻求技术合作的道路，这条道路甚至撬动了当时国内外政界、学界的重要力量，事后看来更像是一盘布局深远的大棋。戏剧一些，我们甚至可以说，正是万连步在以色列看到了一个有着石榴模样的石榴，引发了金正大在国际化过程中一系列精彩的故事，也让金正大将全球化的战略布局越拓越宽。

第一节 偶然与必然

一个石榴

石榴何以不是石榴呢？这是一个有趣的问题。

在语言学中，能指和所指概念的两个部分，一个代表了本来的概念，一个代表了其所指代的意义。就石榴而言，我们可以说它是一种单叶落叶灌木，在百科词条中有着更多详细的术语解释。但是，就其形象和发音来说，它能带来更多直观的想象，比如美丽、解渴、丰收等等。但这一切发生的前提是，石榴要是本来的石榴。

2014年6月,万连步再次带队赴以色列考察。这个本来属于商务性质的活动,却成为金正大一次农业创新的“问道”之旅。

尽管多次来到以色列，但一家小餐馆桌上摆放的大红石榴仍然引起了万连步的注意。他托起一个仔细地端详，怎样形容呢，那看起来更有一个石榴应该有的样子。他对同事说，我们应该把这种石榴引进中国，把先进的农业技术和产品引进中国。

中国农业在整体工业化进程中，始终扮演着受害者的角色，无论是土地还是土地上的人。土地中营养的流逝，农田中劳动力的迁徙，从土地中生长出来的作物从破土而出的那一刻开始，便带着浓厚的机械味道和人们对于“速成”的种种期待。而这些，恰恰是反农业精神的。

天道酬勤，如今也是败给了速度。

我们相信，万连步在以色列看到的石榴，是国内极为罕见的，根本在于他似乎又嗅到了泥土芳香的味道。这个味道中还带有科学对于天地万物的尊重和景仰。

所以，我们说金正大的国际化带有企业家个人的情绪在其中，更带有一个企业想要永远扎根在沃土之中的理想。所以，这注定是一个学习、解构和建构的过程。学习理念，解构技术，建构全新的土地生态战略，清晰了然，步步为营。

8月的北京，暑气正盛。

位于北京长安街与东三环交会处的世贸中心，是CBD（国贸中央商务区）的十大重点工程项目之一，与国际贸易中心隔街相望。20世纪末21世纪初，CBD曾是中国开放的标志，也是中国城市化的象征。这里曾开张了中国第一批肯德基快餐店，来自世界各地、各种肤色的人穿梭于高耸入云的写字楼间，大众、索尼、富士通……一大批举世闻名的跨国公司先后进驻这里，开始野心勃勃地布局它们的中国版图。

2009年，金正大将其北京分公司设在了这里，开始规划它的世界肥料地图。

我们始终有这样一种感受，作为一家生根于本土的肥料企业，在万连步对企业的整体发展构想当中，除了技术创新之外，国际化始终是他寻求突破的一条特别抢眼的线索。顺着这条线索，我们看到了布局有序的企业战略，看到了国内化肥企业在国际市场举步维艰与左右突围，也看到了国外先进肥料技术在中国土壤上落地开花。在农业领域，国际化似乎带有更强烈的生态共同体的意味，共生、共赢，息息相关、脉络相通，金正大所构建的土地生态战略好似一棵枝繁叶茂的大树，在向下深深扎根的同时，也在不断向上寻找着更为舒展的空间。

在企业经营管理理论中，“战略”通常是常人难以企及的高度，因其往往带有全局的意味，需要超出常人的胸怀和视野，提纲挈领、高瞻远瞩；当然，很多时候，企业的战略布局更像是一种事后的总结，一个个独立的事件被某种因果关系串联在一起，寻找出彼此的联系，总结出其中的规律。而在实践当中，真正能在企业发展之初，就把战略布局设想得非常清楚的企业家其实凤毛麟角，大多数时候，都是在一段漫长的摸着石头过河的行进当中，凭借清晰和敏锐的商业嗅觉走对了关键的那么几步，这几步牵一发而动全身，引领企业走上了一条全然不同的道路。

金正大的国际化恰是如此。刚刚步入21世纪的中国，出口贸易如日中天，中国制造把廉价劳动力的优势发挥到了极致，价格的吸引力让来自中国的商品很快在国际市场竞争中胜出，中国经济开始了不可遏制的对外发展冲动，粗加工的出口产品因此成为一种快速积累财富的方法。在这样的背景下，金正大反而没有把目光停留在初级产品加工的出口上，在缓控释肥技术取得了实质性突破之后，万连步和他的团队再次走上了一条对外寻求技术合作的道路，这条道路甚至撬动了当时国内外政界、学界的重要力量，事后看来更像是一盘布局深远的大棋。

春天来了吗

2011年以来，万连步带领他的技术团队频繁地走出国门，他们陆续走访了美国、法国、德国、澳大利亚、新西兰、荷兰、以色列等农业技术比较先进的国家，寻找合作的机会。万连步清楚地认识到，他和他的团队并非典型的技术型创业，单靠企业自身的研发力量是远远不够的。他不断地拜访国内外的农业科研机构、高等院校，吸引各种力量以合作或共建的方式参与进来，一条崭新的产学研融合之路逐渐变得清晰。

2004年从山东农业大学引进缓控释肥技术之后，金正大便开始了和国内科研院所的密切合作。同时，借助其在国内所建立的产学研平台，金正大还联合了美国佛罗里达大学、康奈尔大学、加州大学等6所大学和美国农业部3个实验站，开展缓控释肥的研发、推广、交流与应用合作。

2006年3月，金正大一期缓控释肥工程正式投产。至此，金正大拥有了自己的技术、工艺及工业化生产线，其技术水平达到甚至超过了国际先进水平。而在当时，国内的缓控释肥生产销售领域几乎还是一片空白。

2006年11月13日，中国中央电视台经济频道开始播出一部12集的电视系列专题片，它的名字叫作《大国崛起》，这部片子讲述的是500年来世界历史上9个大国的兴衰过程和原因，这9个大国并不包括中国，但它所唤起的大国情结已令国人热血沸腾，而且很快中国也将越来越多地参与到各类国际话题的讨论当中，并且让全世界的人停下来认真聆听。

也是这一年，金正大的声音在国门之外第一次被认真地聆听。2006年9月26日，万连步在美国的华盛顿部长办公室被当时的美国农业部部长迈克 · 约翰斯先生、副部长A. Ellen Terpstra（A.埃伦 · 特普斯特拉）女士和农业部国际农业服务中心主任 Michael W. Yost（迈克尔 · W.约斯特）先生亲切接见。这次会谈持续了三个小时，从中国农业及肥料行业的发展现状，到金正大与美国康奈尔大学、佛罗里达大学等6所大学共同研发、试验和推广缓控释肥的情况，万连步都做了详细的汇报。在汇报中，万连步向美国农业部官员展示了金正大缓控释肥通过6所大学的专家在美国8个试验点历时5个月的种植比对试验结果和下一步的试验推广计划。国内农业口的媒体竞相报道了这一事件，它们兴奋地写道："这是美国农业部部长第一次接见中国肥料企业。"

2006年9月，美国农业部长迈克·约翰斯先生(右一)在华盛顿的部长办公室接见万连步

而更为令人兴奋的是，在这之后，由山东金正大集团自行研发、具有自主知识产权的缓控释肥，即将漂洋过海撒在美国的土地上。参与当时会面的人说，迈克·约翰斯部长、A.埃伦·特普斯特拉副部长和万连步交谈的时候说，他们没有想到中国的一个企业竟然靠自主研发就把缓控释肥做出来了，并且金正大对于这项技术的改进使得缓控释肥的生产成本大幅度降低。过去，由于缓控释肥在国外的价格和技术含量都很高，价格一般相当于普通化肥价格的2~8倍，所以只被应用于部分附加值高的农作物上。金正大在包膜材料及工艺流程等关键技术上的创新让这种“贵族肥料”的价格低到可以为普通农户所接受，这是一个重大的突破。

在美国，农业污染同样是令当地政府非常头疼的一个问题，一是肥料过量使用之后的残余，二是动物的粪便等排泄物，这些造成了地下水的富营养化，引起藻类及其他浮游生物迅速繁殖，水体溶解氧量下降，水质恶化，鱼类及其他生物大量死亡。为了减少环境的压力，同时也是出于节约的考虑，美国政府一直鼓励使用缓控释肥，包括得克萨斯、佛罗里达在内的一些州已经开始立法。2006年万连步与美国农业部部长会面之后，金正大的人员多次赴美考察访问，通过和美国几所大学及科研机构合作进行了多次的试验，金正大在缓控释肥技术领域取得了国际领先的地位，并在这个核心技术领域形成了我国具有自主知识产权的生产工艺技术体系。2009年美国国会正式立法通过了对缓控释肥的使用补贴，这为金正大的缓控释肥赢得了广阔的市场前景。

2006年，金正大集团被美国肥料协会吸收为正式会员，这为金正大正式进入美国市场撕开了一个口子。随后，美国一些大的农资经销商表示愿意独家代理金正大的系列产品。有机会和经济最为发达的国家合作并得到认可，金正大的世界肥料版图正式破局。

万连步很清楚，美国的市场与欧洲全然不同，这个市场更为成熟也更加保守，本国的肥料企业已经形成了自己的势力范围，对于外来者极为排斥。进入美国市场是一个复杂和艰难的过程，其最好，也是必不可少的步骤，就是通过独立的、权威的第三方专业机构的检测认可，这样经销商及用户才能最终认可。而这大概也为金正大日后争夺缓控释肥国际标准的主导权埋下了伏笔。

此次与美国农业部的洽谈合作，除了得到国内科研平台的支持之外，还有一个非常关键的角色，即为其牵线搭桥的CRF化肥投资有限公司。如前所述，2007年，金正大获得了德国复兴信贷银行全资子公司——德国投资与开发有限公司和CRF化肥投资有限公司2 000万美元的注资，正式开启了国际化战略。

而在国内，缓控释肥也正迎来一个春天。2006年，《国家中长期科学和技术发展规划纲要（2006—2020年）》提出“重点研究开发环保型肥料、专用复（混）型缓释、缓控释肥及施肥技术”。同年启动的《“十一五”国家科技支撑计划》中，将“缓控释肥关键技术集成及产业化研究”专门列入。一年后，“优化肥料结构”“加快发展缓控释肥”的语句出现在了2007年中央一号文件当中。2008年，政策进一步落实，全国农业技术推广服务中心开始在5个省级行政区的6种作物上开展缓控释肥示范推广工作，至今，范围已扩大至24个省级行政区，覆盖了粮食主产省的几乎所有作物。

政策上的助力对缓控释肥国内市场的启动效应格外明显。金正大携手袁隆平院士开展了缓控释肥在超级杂交稻上的应用，以研究超级稻节氮降污栽培新技术，助推“种三产四”丰产工程的早日实现。实践表明，缓控释肥在超级杂交稻上增产效果明显：在等氮量条件下，增产幅度达12%~15%，在减少30%用氮量的条件下仍能保持稳产。由此，我国成功掌握超级杂交稻节氮超高产栽培技术，超级杂交稻由“高氮栽培”模式进入“节氮超高产栽培”时代。金正大缓控释肥在超级杂交水稻上的成功应用，一方面为企业进一步进行产品技术创新、改进产品结构提供了强有力的支撑，另一方面也将缓控释肥全面推广应用到水稻等作物上奠定了坚实的基础。

同时，金正大还联合中国科学院南京土壤研究所在农业面源污染比较严重的太湖流域开展缓控释肥对温室气体排放、氨挥发、氮淋溶损失和地表径流损失等方面的影响研究，全面评价控释尿素的环境效应。研究成果将为农业面源污染的控制、农业节能减排措施等提供科学依据和技术支撑。

在金正大牵头的产学研平台的合力推动下，缓控释肥的春天似乎真的来了。2011年，国家发改委公布的《产业结构调整指导目录》中，缓控释肥首次纳入优先发展的产业；农业部首次将其列为主推技术；科技部还将缓控释肥相关技术，列入“十二五”国家科技支撑计划；2013年中央一号文件专门提出要“启动高效缓控释肥使用补助试点”。

看不见的墙

2008年，对于高速发展的中国经济而言，这是一个继往开来的年份，改革的成果在这一年达到前所未有的高潮，而市场经济和对外开放所带来的压力与挑战也在这一年显露无遗，这一年，中国实施改革开放的伟大战略刚满30周年。诺贝尔经济学奖得主斯蒂格利茨曾用这样的语言描述中国："中国已经走出改革初期的浅滩阶段，正站在大河中央，选择彼岸的到岸位置。"处在那个时点，很多企业都曾沉浸在这样的畅想中：在世界商业史上，中国企业将与美国公司、日本公司一样成为某一企业模型的特定概念。但这一切，显然不是一个可以轻易达到的目标，对于肥料行业而言，更艰巨的挑战才刚刚开始。

为了履行加入世界贸易组织的承诺，中国开始着手调整出口关税，内容涉及最惠国税率、年度暂定税率、协定税率和特惠税率等方面。调整后，我国关税总水平上升至9.8%。对于化肥行业而言，调整则来得更为猛烈一些。由于氮、磷、钾等基础肥料的资源属性，化肥行业的出口限制历来有之，而传统单质肥料的出口格外受限。2008年4月，财政部宣布，为确保国内粮食供给的稳定，从2008年4月20日至9月30日国内用肥旺季内，对所有贸易形式、地区、企业出口的所有化肥及部分化肥原料在已有出口税率的基础上，加征100%的特别出口关税，至此，我国化肥出口税率提高至100%到135%不等。在当时，这项政策的主要目的是促进国内的农业生产、确保国内粮食供给的稳定，但这次调整也让贸易商几乎无利可图，化肥出口被阻断，对于金正大这样的化肥生产企业而言，无异于一枚重磅炸弹。

之后几年，金正大的国际业务特别是传统肥料业务几乎处于停滞的边缘。“人陆陆续续地走了，”金正大副总裁翟际栋回忆说，“农业生产中最传统和基础的肥料是氮肥、磷肥、钾肥，而当时我们没有钾肥，也没有化肥进口关税配额（即国家确定实行关税配额管理的化肥品种以及年度市场准入数量，在确定数量内的进口适用关税配额内税率，超过该数量的进口适用关税配额外税率），进口业务面临困难。直到2015年，中国的化肥出口关税长期执行淡旺季差别关税政策，这对化肥企业的出口造成较大压力，金正大的出口业务也一度降至冰点。”寒冬来得猝不及防。

一边是刚刚打开的国际市场，一边是传统肥料出口业务在政策面前的几度受阻，这促使万连步开始重新思考国际化的布局方向：不论是出于提升国际竞争力的考虑，还是出于绕开出口管制的需要，金正大都需要跳出传统化肥领域，在国际高端肥料市场中谋求一席之地。

2010年6月3日，万连步再次前往美国佛罗里达大学，以国家缓控释肥工程技术研究中心主任、金正大集团总裁的名义出席了佛罗里达大学食品和农业科学院举行的科技合作签约仪式。内容主要涉及学术交流、科研平台建设、人才培养、缓控释肥研究以及信息交流等方面，旨在通过双方的共同努力，提高缓控释肥等新型肥料的研发水平，并通过双方的共建平台促进成果转化与推广应用，携手为中美农业生产效率的提高、资源的高效利用以及环境保护做出新贡献。

2011年，万连步多次前往波兰、匈牙利、乌克兰、捷克等东欧国家，寻找产品出口及合作的机会。不过，由于经济的衰退，这些国家对于产品进口、技术植入的需求并不大，它们更强烈的需求是希望能够吸引外国企业去投资。

2012年，万连步把目光转向农业和畜牧业比较发达的国家，如澳大利亚和新西兰，探讨合作的可能性。金正大不断地派出公司高管和技术人员到法国、美国、加拿大、日本、以色列等国家考察先进的化肥生产技术，定期培训、学习。2012年7月，金正大60万吨硝基肥项目投产。2012年12月，金正大与全球灌溉领域的领导者以色列耐特菲姆公司建立战略合作，打造中国水溶肥第一品牌。

第二节
应许之地的旅行

沙漠绿洲

2012年5月，万连步带领庞大的高管团队来到以色列，参加“第18届国际高科技农业博览会”，这个大会每三年举行一次，7 000多位参观者来自全世界115个国家，包括农业生产商、研究人员、分销商、农场主和管理人员搭建了交流的平台，使世界上最卓越、最先进的农业科学技术和农业生产活动得以展示，并有机会寻求合作。博览会期间，万连步访问了著名的以色列化工和海法等化肥企业、耐特菲姆等灌溉企业、被称为“社会主义新农村”的现代农业组织——基布兹（Kibbutz），参观了以色列的温室大棚、水肥一体化技术和农业信息化技术、海水淡化技术，等等，这对他产生了强烈的震撼。此后，金正大陆续建设水溶肥项目、推广水肥一体化技术和其他现代农业技术，估计都和这次以色列之行有很大关系。

位于中东地区的以色列，是一个名副其实的沙漠之国，国土面积的60%以上是干燥地区，一年中只有11月到4月是雨季，北部降雨量为700毫米，南部降雨量则连50毫米都不到。而中国雨水最充沛的东南部地区，雨季降水量则达到了1 600毫米以上。

而水正是农业生产最为依赖的两个自然条件之一。

然而，正如《圣经》所记载的犹太人的旷世传奇一样，这个苦难深重的民族，在千年的漂泊迁徙中，在饥饿、苦难、被杀戮和被欺侮的磨难中，从未放弃过自己的信仰，更从未放弃过在逆境中求生存的技能培养。

以色列人在农业生产领域，表现出了神奇的创造力：占全国劳动力5%的农业从业人员提供了全国90%以上的食物。在欧洲，40%的瓜果、蔬菜等农产品都来自以色列。以色列既确保了国内农产品的供给，又源源不断地将农产品出口到世界各地，这片荒凉的沙漠成了名副其实的“流奶与蜜之地”。

以色列农业给了现代农业研究一个很好的样本，这种生产能力与其创造出的世界领先的水肥一体化滴灌技术有着密不可分的联系，技术员出身的万连步对此也叹为观止。

在中国，我们正在用世界上6%的水资源和9%的耕地养活着世界上20%的人口，农业所面临的人口、土壤、水和环境的压力可想而知。万连步觉得，如果能将以色列先进的农业技术带回中国，必将为中国现代农业发展带来福祉。

以色列田地里的水肥一体化设施

水肥一体化滴灌技术是由以色列农业组织基布兹开发的。“点滴灌溉”，如同字面意思一样，这项技术就像给病人挂点滴一样，给予植物精确计量过的水分和肥料。“传统的浇灌就像冲洗整个大地，导致85%的水和肥料白白蒸发浪费，”万连步说，“滴灌技术却可以使化肥的肥效利用率达到90%，水的利用率提高40%~60%，从而真正实现节水型、集约化发展。”在以色列考察期间，他发现，这是一个把节水做到极致的国家，随处可见的节水设施如同人体的血脉一样，布满了这个国家的每一个角落。然而节约水资源并不是滴灌技术唯一的优势，实际上，滴灌技术的美妙之处在于，在一滴滴灌溉的过程中，泥土中保持了大量植物根部所必需的氧气，使得根部的发育更加健康，也因此有了那个石榴格外香甜的故事。

好像一个天生缺乏母乳的母亲，以色列用自己精心调配出来的配方奶，为这片贫瘠的土地哺育出最鲜活的生命。化劣势为优势，这项技术发端于对农业技术孜孜不倦的追求，也依赖于计算机和生物技术的发展。水肥一体化与传统化肥施用不同，是以农业规模化、自动化、机械化为基础的。在以色列，水肥一体化已经实现了智能化，操作员足不出户，即可了解土壤和作物生长的各种数据，并根据实际情况灌溉、施肥。

事实上，以色列早在1965年就已研制出滴灌装置，建立起了一整套成熟的“水肥一体化”技术体系。20世纪80年代，以色列便将计算机控制运用到农业灌溉领域，利用计算机精确配比水肥比例、控制播种时间，让水直接流向植物根部。这一创举的直接结果是大部分蔬菜增收了3~7倍；水的利用率大大提高，每公顷农田灌溉用水量仅390立方米，单位面积土地的耗水量下降了50%~70%。少量的水、少量的肥料、高产的农作物，形成了以色列一套完整的农业生态图景。

《圣经》中曾经提到过的7种植物，在以色列农业研究中心的徽章上，这7种植物赫然在列，这就像是以色列农业生产的一个图腾，彰显着以色列人的造化之工。

在了解了水肥一体化技术之后，万连步频繁地前往以色列，组织金正大的科研人员认真学习每一项创新的技术。令他感触颇深的是，在以色列农业科技领域，创新是无处不在的，而这也是他反复强调的金正大赖以生存的生命线。他说，农业生产，一半靠天，一半靠地，没有创新，断不能突破局限。

在荒漠中，万连步看到了随处可见的紫色水管，以色列公司的技术人员告诉他，那是再生水管。在以色列，70%的水资源都是可以循环再利用的。再比如，利用植物激素或植物激素信号分子来控制作物的根系和分枝的发育，可以控制作物分枝，从而减少修剪，甚至不用修剪，因为修剪本身就是一种浪费。

给佩雷斯找份工作

2014年7月24日，91岁的西蒙·佩雷斯结束了为期7年的总统任期，他的一段《普通公民佩雷斯找工作》的视频，成为以色列精彩的国家形象宣传片。11月初，万连步带领团队赴以色列访问、签约、考察。此行之前，大家就在开玩笑，能不能为佩雷斯在中以农业合作中“找一份工作”。

中以农业的合作由来已久，早在1992年两国建交前就已经启动，经过20多年的发展，双方的合作不断深入。对于万连步的到访，佩雷斯也表现出了格外的热情。他对万连步说：“中国人勤劳智慧，我非常愿意推动双方的合作。”

2014年11月，万连步在特拉维夫会见以色列前总统佩雷斯

他所说的“合作”，是金正大在以色列开展的一系列合作活动，包括与以中农业交流合作中心（ICAC3）就推进中以农业科技交流培训签约；与以色列利夫纳特集团合作，分别在以色列和中国成立研究中心，从事相关的技术研究、引进、推广、人员培训和成果转化；与希伯来大学合作开发农业新技术、新产品；成立中以农业产业投资基金等。

2014年6月，在佩雷斯即将结束总统任期之前，金正大就伸出了中以合作的橄榄枝——与以色列利夫纳特集团合作，分别在以色列和中国成立研究中心。在与利夫纳特集团签约的合作仪式上，万连步表达了一个宏伟的愿望，一定要将以色列创新的农业理念、机制和先进的水肥一体化技术带到中国。金正大集团曾先后在南宁、昆明、北京、临沭、西安、常州及以色列特拉维夫连续举办了7场“中国 · 以色列水肥一体化技术应用国际峰会”。作为国内领先的新型肥料研发生产企业，金正大拥有国家缓控释肥工程技术研究中心和复合肥料国家工程研究中心、山东省水肥一体化工程技术研究中心等众多国家级和省级研发平台。这些年来，利用成熟的研发平台，金正大对于水溶肥和水肥一体化技术的研发、创新和推广毫不懈怠。2014年11月2日，金正大–利夫纳特农业科技研究中心成立，时任山东省副省长孙玮、中国驻以色列大使高燕平等出席了揭牌仪式。该中心的成立，促使双方逐渐建立起了一种常态化的技术合作体系。在利夫纳特总部的一次座谈中，万连步表达了他对董事会工作内容的想法：首要工作是建立国内农业科研人员、技术推广人员定期赴以色列交流、培训的机制，确定培训内容，保证培训的效果。同时，规划在国内建设以色列农业科技示范基地。万连步的想法是搭建一个公益性平台，金正大是上市公司，企业必然重视利润。但技术的交流与推广，如果仅仅从企业的角度去做，必然有局限性，所以，他希望这个平台能够做些超越利润的考虑。对此，利夫纳特集团董事长Shay Livnat（谢伊·里弗纳特）给出了这样的评价：“我们不仅仅是为利润，更是为和平。”

这不是一句笑谈。眼前的世界正发生着日新月异的变化，目之所及的地方因科技创新、生产进步焕发出了勃勃生机；但粮食、能源、环境等一系列生存挑战也令我们的生活环境变得越来越差，需要有更好的办法根本地解决这些问题。全球范围内耕地的减少，需要我们在更少的土地上取得更多的产出，降低成本与能耗、提升资源利用率、增加资源回收再利用，这些都是实现环境友好农业的有效途径。

2014年6月，万连步一行参观以色列利夫纳特集团总部

金正大在以色列建立农业科技研究中心的初衷，就是开启一条农业技术研发创新、交流培训、引进推广的道路。作为改革开放后第一批农业研究员，挽起裤腿就下地是常事。万连步曾经提到过一个有趣的故事，在走访农户时，有一个示范户赞扬金正大集团的肥料好，还得意地介绍了自己的做法——使用金正大的产品，但他却故意把金正大的肥料装进了别的产品的包装袋里，生怕邻居偷学了去。

这件事情在万连步的心里留下了深刻的印象，他意识到，思想观念的差距，是比技术差距更可怕的事情。而金正大-利夫纳特农业科技研究中心，正是要把人才培养、学术交流、技术推广、产品推广作为主要任务，建立起考察、培训、学习的规模化、常态化机制，通过组织农业技术专家、业务骨干、研发和推广人员、经销商、示范户甚至竞争对手赴以色列专业机构和国内示范基地交流、培训，促进人们观念的转变。这些年来，金正大已经成功组织了上百场大规模的培训，累计达10 000多人次。

2015年中央一号文件发布，明确提出创新农业对外合作模式、支持开展境外农业合作开发，而金正大与以色列的技术合作也成为这一时期最好的一个范本。

万连步在利夫纳特集团总部墙上曾看到过一幅照片，照片有20英寸（50.8厘米）大小，主体是一方大石。可能是拍摄角度的关系，卡车如豆、人如米粒。Shay Livnat说，那是他年轻时的一项壮举：政府要建设一处纪念物，采下大石后，他承揽了运输业务。要知道当时的运输工具还很落后，他居然做成功了，这至今依然令他感到自豪。

就像万连步说的："没有什么创新的事业不是从艰难起步。"

第三节
落子康朴

龙头效应

2016年4月8日，金正大发布了一则上市公司公告，公告称，金正大生态工程集团股份有限公司与卢森堡康朴公司签署了《关于Compo Consumer Business（康朴园艺业务）的股份收购协议》，协议约定，金正大以出资不超过1.16亿欧元的价格收购康朴公司旗下包括德国康朴公司、法国康朴公司和意大利康朴公司在内的24家从事家用园艺业务公司的股份。

2017年7月，郭树清（后排中）等领导见证三方交割签约

作为中国化肥行业最大的一宗海外并购案，这一事件极具标杆意义，它得到了中国政府的支持和认可。2016年7月12日，时任山东省省长郭树清、山东省政府秘书长王华、临沂市市长张术平、中国驻德国大使馆经商处公使衔参赞王卫东等会同Triton基金负责人安迪 · 克莱因、康朴公司首席执行官斯蒂芬 · 恩格斯和金正大集团董事长万连步出席了交割仪式。德国金正大（金正大的子公司）与康朴公司签署了股权交割文件，并支付了1.16亿欧元的股权收购款，完成了本次收购的全部交割工作。交割完成后，金正大持有康朴旗下24家从事家用园艺业务公司100%的股份。

在金正大的员工餐厅，我们几乎每一天都可以吃到一顿简单但却极具原生态风味的自助餐，用餐的过程中，常常会看到金发碧眼的外国人在这里进进出出，他们都是金正大的员工。自从收购康朴之后，这一现象基本成了常态。

万连步说，金正大的技术研发力量，在全世界的化肥行业内都毫不逊色，但说到品牌影响力，金正大还相当薄弱。他说，中国的化肥行业非常特殊，它的发展很受孱弱的农业现状限制。在中国，农业生产主要依靠一家一户分散经营，农民的生产规模、收入都停留在一个非常低的水平，化肥产业的转型升级也受到了束缚。中国的化肥使用量占全世界的35%，但整个化肥生产行业却非常分散，以几万吨产能的小作坊为主，产业集中度还很低。从复合肥来看，按收入口径测算市场占有率，2013年行业前三名的金正大、新洋丰和史丹利市场占有率分别约为6.14%、5.72%和3.12%，合计仅为14.98%，可谓典型的大行业小龙头，到了2016年，这一数据变为金正大10.3%、新洋丰7.39%和史丹利4.26%，合计为21.95%。发达国家则不同，品牌集中度很高，特别是欧洲，一家龙头企业的市场占有率就能占到20%。在成熟的市场中，品牌的力量非常强大，它显著地影响着消费者的头脑、心智，代表着产品的质量、服务，以及对销售终端的支持，也代表着品牌背后的企业实力和形象。品牌知名度不太高的金正大买下了誉满全球的康朴，这次并购毫无意外地轰动了国际化肥界，而金正大国际化战略布局的意图也在这一过程中一一浮现。

康朴集团曾经是全球最大的化工巨头德国巴斯夫集团所设立的特种肥料基地，它拥有全球领先的技术和产能。2011年，德国康朴公司的销售额超过了5亿欧元，是欧洲特种肥料市场当之无愧的领导者。早在1996年，康朴就已经开始向中国销售水溶肥料。康朴的产品销往全球100多个国家和地区，1 200多名市场和专业技术人员奔波于世界各地，为用户提供作物营养咨询和技术服务。2007年，巴斯夫战略性退出化肥产业，旗下氮肥产业被欧洲化学公司抢购，复合肥基地则被德钾集团竞得，而技术最先进、利润最丰厚的高端化肥基地则被一家英国基金Triton于2012年买去。此后，这家基金公司把卢森堡康朴公司硬生生分成了农村市场、城市市场两个业务板块，分别为康朴专家化肥公司（以下简称“康朴专家”）和康朴园艺公司（以下简称“康朴园艺”）。公开资料显示，康朴专家生产的是水溶肥（农业强国普遍应用的一种溶于水的化肥，占据美国市场60%以上，占据以色列市场90%以上）、叶面肥等高端产品，布局的是农村市场；而康朴园艺则是欧洲最大的城市园艺化肥和植保产品供应商。被金正大买去的正是康朴园艺。

照理来说，康朴园艺布局的是城市市场，而金正大在整个中国几乎所有的份额都来源于农村市场。一个在欧洲，一个在中国，一个在城市，一个在农村，二者的业务范围几乎没有重合之处，那么，作为国际化战略最实质性的举措，金正大为何要这样布局？

我们请万连步用一句话来描述他对欧洲最深的印象，他说了四个字“工匠精神”。欧洲人对于造物的偏爱是渗入骨髓的。早在16世纪，宗教改革家马丁·路德就提出，人们无须遵从教会指令，靠自己辛勤劳作也可获得救赎。这种思想对德国乃至欧洲产生了深远影响。19世纪上半叶，德国作家路德维希·蒂克在他的小说《青年木匠师傅》中，借木匠莱恩哈特的话表达了市民阶层对手工业的青睐：“我总是想让人们的日常用品既实用又美观，这样有教养的人就不用再添置别的东西了，我为此感到荣耀。”

日升日落，时光投射在不同的行业中，留下一串或长或短的影子。站在互联网行业的维度来看，时间总是转瞬即逝，恨不得每天都站在风口，每天都能见证一项新的技术诞生。而站在农业生产者的维度，时间却又显得格外漫长。20年来，金正大始终从事着化肥的生产与研究，在此期间，经济的热点和重心几度迁移，新的产业爆发点和增长点不断改变，能够不为所动地只做一件事情，这其中有着如农夫一般的朴素与倔强。这令我们心生感慨，但是在百年老店林立的欧洲，这并不算什么，特别是讲究精耕细作的农业生产领域，金正大依然是一个后生晚辈。

多年来，金正大在美国、泰国、以色列等国陆续设立了分支机构，开展了技术与资本的合作，但在万连步的心里，有自己的海外工厂才算是迈出了实质性的一步。进入21世纪之后，崛起的中国开始在全球经济竞争中展现出更为强大的力量，一些快速成长中的大公司都在试图通过并购或合资的方式进行跨国发展和实现产业升级。对金正大而言，这有着更为具体的意义。

欧洲市场是一个对技术要求极为严苛的市场，外来化肥品牌需要通过一项REACH注册，它既是一个技术上的门槛，也是一个政策上的门槛。它的标准极为复杂，有的时候，对于外国企业而言，单是一项产品注册就要花去几十万美元的成本。万连步的心里有一盘棋，从地中海、亚太、欧洲和美洲四大中心出发，金正大要把它的高端化肥产品销往全球各地，拥有技术、品牌和产能优势的海外工厂，正是这盘棋局的重要节点。

实现这个目标，有三条路可走。

第一条路是从零做起，自己建一座海外工厂，这是成本最高的方式。万连步说，自己建工厂的过程非常漫长，考察环境、寻找仓库，更不要说组建队伍、打通销售渠道，以及做出品牌影响力。这个过程中还有很多不可逾越的障碍，小到一个产品的注册登记，都会耗尽你的精力。更不必去想在欧洲重新建成一个像康朴这样的企业。

第二条路是合资，如果只是从经营的角度考虑，这是最佳的途径，可以用尽量少的资金控股企业。但两个管理体系、组织架构完全不同的公司，必然会有方方面面的分歧、冲突，疏通内部环节的成本也许高得难以想象，而且很难说是否能够实现技术和战略目标的完全融合。

权衡之后，金正大选择了第三条路——收购。这恰恰是最务实的方法。诺贝尔经济学奖得主乔治·施蒂格勒曾经说过这样一句话："所有美国的大企业都是通过某种程度、某种方式的并购成长起来的，几乎没有一家大企业主要是靠内部扩张成长起来的。"

金正大此次收购了康朴园艺100%的股份，就是为了将德国技术与中国技术完全融合，能够在欧洲和中国市场发挥出更大的协同效应。

在康朴之前，金正大已陆续收购了三家欧洲的化肥或农业企业，分别是以色列艾森贝克公司、荷兰Ekompany公司和西班牙Navasa公司。以2016年2月金正大在荷兰收购的Ekompany公司为例，这家公司的缓控释肥年产能是5万吨，已是欧洲最大的产能，但金正大在中国却有着年产高达180万吨缓控释肥的能力，是荷兰公司的36倍。康朴则不同，它是欧洲特种肥料排名第一的化肥企业，品牌影响力、生产能力、技术、销售网络都拥有无可比拟的优势，从公开数据来看，康朴园艺公司截至2015年9月30日近一年的销售收入为2.542亿欧元，息税折旧摊销前利润为1 420万欧元，估值约为1.92亿元，投资价值极为可观。

而且，由于康朴园艺的主要业务在城市，城市市场的利润远高于农村市场，毛利率可达40%，从全球范围内看，日韩、北美、东南亚城市市场前景均非常乐观。有一个例子足以证明康朴园艺的品牌影响力。德国欧倍德（OBI）是国际上最先创建家庭装饰超市的著名跨国连锁集团，遍布欧洲大小城镇，在杜塞尔多夫欧倍德超市，金正大的考察团到此购物时，意外发现康朴的产品竟然也陈列在此；而在明斯特花园中心，康朴的产品更是被摆放在醒目的位置，据了解，仅仅在这里，每年康朴产品销售额就超过10万欧元。

在欧洲，不管家庭经济状况如何，每家每户都会种一些花草，那些开满鲜花的缤纷阳台、静谧的街道、神秘的古堡和浪漫的庄园一起，构成了大多数人心目中对欧洲的印象。漫步在欧洲古巷小屋的窗台下，常常会觉得每一扇窗户就是一幅浪漫精致的油画。园艺已经成为欧洲人生活中的必需品，而这也给园艺化肥带来了无限广阔的想象空间。

万连步觉得，欧洲的消费观念远比中国超前，随着中国城市消费者对绿化环保的日益重视，化肥也必将在城市居民的生活中兴起。买下比中国化肥企业多积累了60年经验的康朴，就像是把一座欧洲花园提前搬回了家。用翟际栋的话说，这是一个好苗子，有苗不愁长，只要给它充足的阳光，就能快快地长大。把康朴推广至全球，把城市园艺化肥业务带回中国，这是一个非常好的主意，也是一笔利润可观的生意。

遭遇截和

2008年金融危机以来，中国掀起了一阵海外并购的热潮，这一方面是因为海外资产价格迎来了一个历史性的新低，另一方面也凸显出国内产能过剩问题的日益严峻，中国企业走出国门寻求生存空间的诉求前所未有地迫切。然而，随着并购案例的不断出现，很多并购专家也用“馅饼”和“陷阱”的比喻来形容海外并购的凶险，足见海外并购实在是一件复杂程度最高、风险最大的战略行为。

摩根士丹利前高管伊琳·若诗认为，海外并购，不是简单的买买买，需要直面的问题很多。首先是并购的理由，即一个企业海外并购是出于政治原因、金融原因、战略原因、资本原因，是没有原因，还是这些方面的原因都有？并购的目的极为重要。伊琳·若诗说她碰到的很多中国企业在这一点上并不清晰，这种状况会导致很多问题，包括未来的企业合作、运营问题等。在这个过程中是否真正知道理由，知道谁是你的利益关联方，你的决定、企业的决定，无论是并购还是合资，会给他们带来什么样的影响？这是第一个问题。

其次，在一次并购中，企业买到了什么？市场准入、知识产权、核心技术、管理知识、品牌效应，还是什么都没买到？这一点也很重要。如果清晰的话，企业会发现基本上可以知道公司短期、中期、长期的战略目标是什么，短期可能实现一部分目标，中期实现另外一部分目标，而长期则是实现一个综合的、全面的多元目标。

再次，如何控制海外并购的成本、投资回报率及风险，很多企业认为一个项目做完就是成功，对未来没有概念。一项成功的海外并购，需要对未来比对现在想的更多。

最后，也是最容易被忽略的一个问题，并购是否具有双赢的目标，如果在并购的时候，只想自己获利，获得最大的利益，不给对方留有任何余地，不让对方得到任何好处，那么就算双方最终走到一起，最终的结局也是“同床异梦”。

在金正大并购康朴一案的一波三折的过程中，我们或多或少地窥见了中国企业海外并购的艰难之路。

前文中提到，康朴公司共经营着两块业务，分别叫康朴专家和康朴园艺，分属两个业务团队管理，康朴专家主要经营大田肥料，侧重于农村市场，康朴专家并不拥有康朴品牌的使用权，它主要使用的是产品的商标；康朴园艺则侧重于园艺化肥，布局的是城市市场，著名的康朴花形商标在康朴园艺的手里。2015年初，Triton基金首先将分布于农村市场的康朴专家化肥公司挂牌销售。

金正大开始了和康朴漫长的谈判，“那真是一场体力的较量”，特别有意思的是，如今的万连步回忆起这个过程，居然用了这样的表述。万连步牵头成立了一个四人并购小组，小组成员除了他，还有负责国际业务的翟际栋、财务负责人李计国、董事会秘书崔彬，翟负责找标的公司，李负责融资，崔负责和基金公司的合作以及后期的资本运作。

他们聘请了最好的中介机构、律师事务所和会计师事务所，做了详尽的调查和周密的安排，也支付了高昂的律师费、会计师费、保险费、环保费、专项调查顾问费……国际并购实在是一件十分昂贵的事情，但在这个阶段也是金正大必须要做的事情。

经历了谈判、约束性报价，最后进入了非约束性报价阶段，金正大却遭遇了强劲的对手。万连步和他的并购团队商量之后，给出了3.05亿欧元的报价，并提出获得康朴商标20年的无偿使用权。他们希望通过这种方式能够曲线救国，把康朴的品牌拿到手中。但是，让金正大没有料想到的是，财大气粗的竞争对手XIO基金给出了将近4亿欧元的报价，且不附带任何条件，比金正大整整溢价30%。

这是财务投资者的特点，他们并购的目标与金正大有着显著的不同，当时XIO基金刚刚完成了融资，手里正有一大笔钱想要寻找项目，它们瞄准了康朴。但它们的持有期通常较短，进入的时候已经规划好了退出，若三五年内不能卖出，就是赔钱的买卖。

XIO基金的报价让万连步和他的并购小组陷入了矛盾当中。他们彻夜讨论，对风险和收益反复权衡，最终决定放弃，理由主要有两点：2008年金融危机之后，全球的低利率环境助长了资产价格的上涨，至2015年，欧亚美洲各国主要指数不断创出新高，海外并购也迎来了一场资本的盛宴，这时候再加价拿下康朴，成本不可谓不高；另一方面，康朴的品牌仍然属于未被出售的资产——康朴园艺，倘若无法通过并购获得康朴品牌的使用权，就失去了这次并购最核心的价值。这是一个艰难的决定，万连步说，前期的准备工作做了很多，他们甚至已经预备在本年度的会议上发布这一消息，现在大家多少有些失落。

成交的锤子没有落向金正大这一边，康朴专家的并购宣告失败。但透过这个案例，我们却看到了一个走出国门、在海外市场历练得更为成熟的中国企业。清楚自己的目标，知道自己要买什么，买到手之后怎么办，其中的风险点在哪里，在金正大并购康朴的案例中，这一切都梳理得清清楚楚，这也从一个侧面反映出这个时代的中国企业，在海外项目的风险管控和管理经验方面日趋成熟。

重装上阵

2016年3月，法兰克福的街头盛开着满树的梨花，已是凌晨，街上的行人很少，随处可见的鸽子正旁若无人地在地上啄食。万连步站在美因河畔，看着远处的摩天楼群，这样的高楼在崇尚古老的欧洲建筑中并不多见。高楼之外，便是教堂，法兰克福的教堂大多兴建于13世纪以后，斑驳的墙体上留下了战火和硝烟的痕迹，却在多次战乱之后完整地保存下来，足见宗教对于欧洲人血脉相承的意义。

万连步喜欢站在美因河畔远眺。这条莱茵河中部的支流，河面并不宽，流淌平缓，行人稀少，在蒙蒙的细雨中，这座原本沧桑的老城显现出别样的柔情与诗意。每个来到这里的人都会情不自禁地想起那位著名的诗人歌德，在遥远的东方，中国人对于那些伤感的爱情篇章早已耳熟能详，但却鲜少有人了解歌德对于中国文明的推崇和向往。他的助手艾克曼在《歌德谈话录》一书中，记载了自己和歌德的一次对话。歌德说："中国人几乎和我们有着同样的思想、行为和感情，我们不久就觉得自己和他们是类似的人。只不过在他们那里，一切都来得更加明朗、纯洁，也更合乎道德。”

这是极高的褒奖和认同。中国和德国，东方和西方，两个表面看起来极大不同，却在骨子里有着诸多相似的国度，在人类文明发展的历史长河中走过了一段彼此理解、交融的漫长道路，而在商业领域，也是如此。

此刻的金正大，正需要这样一次理解与交融。

上一次的并购失败，未曾令万连步的念头动摇一丝一毫，对他及金正大而言，国际化战略是既定的目标，康朴公司旗下有24家公司遍布欧洲各国，有着健全的市场网络，尽管布局的主要是欧洲城市市场，但在全球化肥行业内享有较高的声誉。这对金正大是非常有益的补充，也将发挥巨大的协同效应。于是，金正大就像一只年轻力壮的猎犬，敏锐地觉察着这个行业细微的变化。“没有买到康朴专家就再等康朴园艺”，对于一个理想的标的，万连步愿意继续等待。

终于，在2015年5月，握有控股权的Triton基金开始进行审计核算，筹备出让康朴园艺。金正大再次聘请一系列相关机构，从头再来。

除金正大之外，还有一家国际知名企业也对康朴园艺志在必得，它是全球最大的化肥品牌斯科德，其规模和品牌影响力都远在康朴之上，它的市场主要在北美，并购康朴的用意在于通过消灭竞争对手来占领欧洲肥料市场。它们比金正大和康朴的接触更早，甚至在2015年11月的公告中，它们已经提前预告了将在欧洲展开的大动作。

金正大给出了一份宏伟的商业计划书，详尽地描述了金正大收购康朴园艺之后的规划，其中描述了中国广袤的农村市场和城市尚待开发的处女地。金正大目前主要致力于农业生产的特种肥料业务，这和康朴经营的城市园艺业务完全是两个不同的市场。并购之后，金正大希望做几件事情：一是将康朴的园艺产业带入到急速发展的中国城市化历程中；二是将康朴园艺的高端肥料技术转化，应用于农业生产中。在这一点上，金正大曾经有过非常成功的经验。最初开发缓控释肥时，这种产品在西方因为价格奇高被用作城市园艺市场，可金正大却将其在中国玉米、小麦等大田作物中尝试推广。当时，没有一家外国企业认为此举能行得通，但事实却恰恰相反，金正大通过大幅降低成本、建立大量示范田等措施把缓控释肥卖遍了全中国；最后，把金正大特有的技术与康朴的技术相结合，利用康朴品牌的国际影响力和销售渠道，把产品销往世界各地。不夸张地说，两三年内，再造一到两个康朴的产值，都是极有把握的。

对于任何一家外国企业而言，中国市场都是颇具吸引力的，而且对于康朴的管理层而言，金正大想要在技术上融合的决心也是颇为动人的。终于，康朴动心了。万连步知道，机会来了。他们主动接触，不断沟通彼此的想法，他们抓住Triton基金的心态，给出了几个有吸引力的条件。最后金正大出价1.16亿欧元，并且承诺在一个极短的时间内现金支付，虽然这个价格远低于斯科德的报价，但对方包含了股权对价的内容。对于急于退出的Triton基金而言，现金是最有吸引力的。金正大要求，在三周内锁定价格，康朴不再与其他公司接触。

翟际栋说，最后一天的谈判，他们总共去了四个人，当看到Triton基金只来了一个人时，他就知道，这笔买卖能成。过完了协议的所有条款后，基金公司的负责人柯林说出了他们期待已久的那个词——deal（成交），从3月28日下午2点到3月29日凌晨4点，谈判整整经历了14个小时，除了100%的股份外，金正大获得了卢森堡康朴公司60年历史的“COMPO”英文和花形商标。

金正大对康朴园艺公司的并购立刻触发了康朴专家公司的敏感神经。4月2日，康朴专家公司立刻发表声明，撇清两家公司的关系，声明“康朴专家是全球领先的特种肥料生产商，康朴园艺业务专注于欧洲家庭园艺市场开发……两家公司在各自核心市场由不同所有者领导独立运作”。金正大并购康朴园艺，引起了强大的竞争对手的不安，也从一个侧面说明，在国外品牌在企业辨识度和大众消费中不可替代的作用。

并购的结果也许只是公告上的寥寥数语，但整个过程中的艰辛或许只有参与者能体会。翟际栋说，在那之后，他们和万连步一起，在法兰克福的证券交易所前面，扶着牛的耳朵拍了一张照片，照片的标题就是：法兰克福执牛耳，拉开了金正大并购之路。

这次并购极大地提升了康朴的财务状况。当康朴在Triton

基金手中的时候，作为财务投资人，Triton基金并不追求公司利润的最大化，它更在意的是股东利益的最大化，即使公司是亏钱的，股东仍然要赚钱。举个简单的例子来说，在融资方面，他们采用的是股东债的方式，这种方式利率极高，并购之后，金正大改为通过银行贷款的方式获得融资，每年1亿欧元左右的融资额，加之欧洲市场极低的贷款利率，两种融资方式的利率差高达8%~9%，一年下来，减少了七八百万欧元的开支，而这些都将直接反映在合并后的公司利润表中。

当然，更重要的意义还是在产品、技术及品牌的层面。并购之后，金正大的很多产品可以直接用作康朴的原料，而康朴的技术也将越来越多地对接到金正大的产品中去。同时，双方销售网络的衔接与融合也将产生巨大的协同效应。

对于扩张中的企业而言，每一次并购都是惊险的一跃。从并购到实实在在产生利润，则需要时间的检验。

第四节 登陆欧洲

2016年可以说是金正大的国际化元年。这一年里，在这家逐渐成为行业龙头的企业中，发生了数次海外并购的精彩故事。故事的精彩之处并不仅仅局限在农业这个最传统的领域，中国企业所表现出来的对外扩张的雄心，还在于中国在与整个世界接轨的过程中，逐渐成为一股不可忽视的力量，在政界与商界，我们谋求话语权的方式正在转变，这种转变，从合资到并购，越来越多的企业走向了更具主导地位的国际化历程。

美国佛罗里达大学的格里森（Kim C. Gleason）和巴里大学的维根霍恩（Joan Wiggenhorn）曾做过一项统计，他们选取了美国和欧洲1992—2004年间，成立时间在3年以上6年以内，具有国际化业务的上市公司数据进行分析，符合条件的公司共有261家。从总体情况来看，企业更青睐采取合资运营的方式。选择合资运营方式的企业总数达到177家，占样本总数的68%；而选择并购来运营的企业仅占总数的32%，有84家。

但一个值得注意的现象是，在选择海外运营目的地上，国际化企业天生倾向于在发达国家开展业务。当目标国家为发达国家时，虽然选择合资方式运营的企业仍占较大比例，但采取并购方式运营的企业相比在发展中国家有了很大的提高。这是因为发达国家的市场更为健全和规范，企业采取并购方式运营面临的风险较小，对业务的控制力更强。而在发展中国家，政策、环境更加易变，采取合资运营可以更为有效地规避风险。

在荷兰打开一扇窗

2016年2月，金正大以610万欧元的价格将荷兰包膜缓控释肥、掺混缓控释肥生产企业Ekompany International B.V.公司资产收入囊中，这是公司第一个海外并购项目，这次交易使金正大快速获得了欧洲最大的缓控释肥生产基地。

荷兰公司的创始人来自欧洲一家知名的化肥企业——高斯集团，它拥有一个非常优秀的管理团队，而最吸引万连步的地方还在于这家企业在业务上非常专一，Ekompany公司成立于2010年，位于荷兰Born（博恩），地处德国、比利时、荷兰的交界处，它一直专注于包膜缓控释肥、掺混缓控释肥的生产，拥有5万吨/年包膜缓控释肥生产线，6万吨/年掺混缓控释肥料生产线，于2013年建成投产，产能占欧洲包膜缓控释肥产能的45%，短短3年时间即成为欧洲产能最大的包膜缓控释肥企业。这种精耕细作的风格与金正大颇为相似。

欧洲企业有一个最大的特点，就是股东很多来自财务投资人，这种投资人的投资周期较短，容易被短期利益和财务目标所困，而被投资的企业最容易面临的也是资金链的问题。创业团队用了3年的时间组织原料、采买设备、铺货，等到该大量投产的时候股东却突然失去了耐心。股东不肯出钱，银行也频频要求收回贷款，公司只能折价拍卖。公司建设投入1 400万欧元，金正大仅花了610万欧元就将其买到手，对金正大而言，这次收购相当顺利，也等于是走了一个捷径。这次收购的核心资产包括该公司的机器设备和其他生产设备、办公设备、专利、商标、网站、库存和原材料等。虽然不包含现成的团队和销售网络，技术上也需要做一些调整，但它的技术和设备都是最新的，前期在欧洲20多个国家做了200多次的推广试验，形成了不小的影响力，已然成为公司的无形资产。

2016年1月，金正大全资子公司金正大（香港）投资有限公司通过在荷兰设立的Ekompany International B.V.与荷兰 Ekompany Agro B.V.的管理人签署了《资产购买协议》

通过收购荷兰Ekompany资产，金正大快速获得了欧洲最大的缓控释肥生产基地，同时利用当地销售渠道和客户资源，进一步打开了核心产品在欧洲市场的销售，完成了在欧洲市场的生产布局；同时还把自我研发的技术与欧洲先进技术融合，进一步提高公司在缓控释肥领域的国际竞争力。

除了收购之外，万连步还做出了一个关键性的决定，他留下了公司的原创始人——艾瑞克，当初创业团队总共14个人，除了艾瑞克之外，金正大召回了10个人，几乎是原班人马。万连步很看好这个团队，由于对欧洲市场还不熟悉，才更需要一个本土化的团队，帮助他去克服文化制度上的冲突，降低管理的成本。并购之后，金正大致力于公司物流效率的提升和产品质量及成本方面的改进。

坦白来讲，欧洲的市场不算太大，荷兰这家公司在整个金正大集团内所扮演的角色也不是那么重要，它的正常产能是5万吨/年，即便满负荷运转，一年也不过生产10万吨。但这次收购让金正大在不算太大的欧洲市场中占据了40%的份额，同时也为其辐射其他国家和地区打开了一扇很好的窗口。

翟际栋开玩笑说，过去我们常常说自己是全球最大的缓控释肥生产企业，但是我们的所谓最大仅仅是在中国，我们只是受益于中国这个庞大的市场容量，而在国际上我们并没有得到承认。产量大和国际化是两个概念，而金正大，显然是要做有国际市场覆盖力的企业。

拿住菜篮子

沿着这个方向，金正大在当年又完成了另一项关键性的收购——西班牙Navasa公司。Navasa公司位于西班牙南部阿尔梅里亚省，阿尔梅里亚享有欧洲“菜篮子”的称号，是西班牙最大的水果蔬菜种植区，产量占到全国的一半，超过50%的水果蔬菜用于出口。

也是因为如此，西班牙市场历来是国际大牌肥料生产商的必争之地。雅兰、欧化、海法、以色列化学等世界知名的肥料企业都在当地设有分支机构。金正大想要占领欧洲市场，西班牙是非常好的登陆点。

所以金正大在搜索目标的时候，非常关注并购对象的销售网络。Navasa公司在阿尔梅里亚地区的农业经营活动已有50多年的历史，是当地颇有知名度和影响力的农业服务提供商。作为一家历史悠久的家族企业，Navasa面临着这类企业的通病，当家人逐渐老去，年轻一代无力继续，公司的经营状况每况愈下。Navasa公司的经营范围是肥料、植保产品、杀虫剂等的相关生产、销售和技术服务，包括液体固体肥料的存储、分装、批发及一些大型跨国公司农资产品的区域经销。它有自己的加工能力，有码头、仓储，还具备一些特种产品的资质。比如硝酸钾、硝酸铵，这些产品在欧洲属于维保品，取得经营资质非常困难。经过多年的积累，Navasa的主要市场分布在西班牙南部、地中海周边，具有非常广泛的销售渠道。

收购完成一年以后，Navasa也给了金正大丰厚的回报，其销售收入翻了一番，从过去的700万~800万欧元上升至1 500万欧元。更重要的是，它还打开了金正大自有产品在欧洲市场零的突破，2017年Navasa给金正大卖出了10万吨硝酸钾，这在金正大历史上是一个里程碑式的事件。

万连步说，这几次收购，虽然背景、过程都各有不同，但有一点是相同的，那就是初期的目标都很明确，要技术、要品牌、要产能或是要市场。目前看来，这些目标实现得还不错。虽然金正大对几家欧洲企业均采用了收购的方式，但其实文化冲突依然很大。对此，万连步提出了一个原则，就是入乡随俗，在某些时候，为了尊重当地的文化和习惯，他不得不牺牲一些效率，来确保整个经营团队的稳定。

虽然在国际市场上崭露头角，但其实2016年国内的复合肥行业日子并不好过。诸多短期和长期的负面因素交织在一起，复合肥的价格一度走低：一是产能过剩，开工率不足，2016年整个行业产能2亿吨，但实际产销量只有5 000万~6 000万吨，开工率不足，产能过剩、供大于求的局面在短期内难以改变；二是行业集中度低，复合肥生产企业数量众多，约有3 500家，产能相对分散，行业集中度不高；三是恶性竞争加剧，产品同质化现象严重，各种价格战、广告战等炒作、跟风，夸大宣传、以次充好、假冒伪劣、市场依然混乱；四是优惠政策取消，包括电价、运费、增值税、肥料相关的各项优惠政策相继取消，企业成本增加；五是各类电商大举进军农村市场，给农资企业和传统经销商带来了新考验，加上农产品价格疲软，农民采购积极性降低，复合肥价格走低，需求降低，这些都给复合肥企业的业绩带来了一定的压力。肥料行业的严冬仍在继续。

对金正大而言，并购还只是一个开始，万连步的心里还有另外一笔账。他说："中国的化肥业总体产能严重过剩的局面将长期存在，同时政府又严控化肥用量。2015年3月，农业部印发了《到2020年化肥使用量零增长行动方案》的文件，其中指出，中国化肥浪费严重，利用率只有33%左右，使用过量造成面源污染，危及环境，要求到2020年化肥使用量零增长。但受制于孱弱的农业，化肥产业的转型升级受到了极大的束缚，突围的路径只有几条：一是'走出去'、向外释放产能；二是升级产品技术、走高效利用、精准施肥之路；三是寻找化肥替代品，比如有机肥，但是由于其规模、养分含量等天然缺陷，无法和化肥的作用相比。而技术的引进也需要企业‘走出去’。所以，中国的化肥产业必须尽快与世界接轨。2017年新的关税政策取消了大部分肥料品种的高关税，氮磷钾三元复合肥出口关税从30%下调到20%。关税政策的调整使金正大的国际化布局正逢其时。”

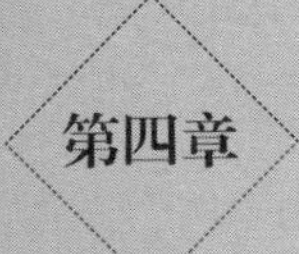

第四章 营销进化论

顾客真正购买的不是商品，
而是解决问题的办法。

——特德·莱维特

不要过度承诺，但要超值交付。

——戴尔

企业的发展就像人的成长，需要从懵懂、无意识进入自我认识和对世界的认知过程中。一般而言，一个传统行业企业的前十年，出于生存的本能和囿于行业的成熟度，处于战略意识觉醒的阶段。至于如何觉醒，有很大一部分取决于企业家个人的知识积累——眼界、顿悟、学习、思考、经验……

如今金正大卓有成效的营销战略，正是从本能觉醒开始，从无到有，从野蛮生长到精细规划，从产品生产到农业服务，如同宇宙大爆炸之后物种进化升级，一个新的品牌从中国山东走向了世界。

第一节 跑马圈地

把信送给加西亚

1898年，新世界霸主美国向老牌帝国西班牙正式宣战，美西战争爆发。毕业于西点军校的美国陆军上尉安德鲁·罗文接受了美国总统的命令，要将一封至关重要的信送到古巴盟军将领加西亚的手中。罗文孤身一人登陆古巴，克服了种种困难，不辱使命，将信送给加西亚。而这封信的内容，最终左右了战争的格局。

很快，这个故事就被一个叫阿尔伯特·哈伯德的作家发表在了自己办的杂志《菲利士人》上，故事虽然不长，但是其中使命必达、超越平庸、克服障碍等诸多对人类的主观意志的赞美让当时处于工业新纪元中的人们产生了极大的共鸣。故事一经发表就被疯狂传播到了全球各地，并在百年间长盛不衰。

2003年，《把信送给加西亚》的版权被上海远东出版社引进到中国，出版后风靡九州。“加西亚”成为“目标”和“使命”的代名词，上到千亿规模的企业，下到小的创业公司，几乎每个人手里都握着这本“圣经”。这一年是李玉晓到金正大的第二年，他每天都要骑着自行车去谈客户，兜里还要揣一本《把信送给加西亚》。在金正大，2004年轰轰烈烈地开展了一场“学习罗文，把信送给加西亚”的活动，万连步要求每一个员工都熟读这本书，农户就是“加西亚”，金正大的使命就是帮他们增产增收。

李玉晓给我讲述了一个他跟“加西亚”之间的故事。

一年冬天的晚上，李玉晓和另一个跑销售的同事开着面包车在冉庄跑网点。那时，他已经被调到了河北区。小麦、玉米是河北的主要农作物，河北也是中国的用肥大省之一。他们刚从清苑县冉庄的一个镇子出来，就被一个骑着破旧自行车的农村妇女拦住了。

妇女把自行车挡在李玉晓的面包车前说：“你们不能走！”李玉晓心里一紧：“咋回事？”妇女问道：“你们是沃夫特公司的吗？”沃夫特是金正大的几大主力品牌之一，主打缓控释肥市场。李玉晓说：“是啊。你有什么事情吗？”说完，他打开车门下了车。

借着月光，他才看清楚眼前这位妇女穿着一条补丁叠补丁的裤子，肩上还扛了一个大袋子，袋子正是“沃夫特”的化肥包装袋。李玉晓的大脑在飞转，按照惯常逻辑来说，这种半夜拦车的事儿就是在讨说法。“一定是产品出了问题。”他站在那里没有马上说话，他想的是如何应对即将到来的指责。

结果出乎李玉晓的意料。妇女把袋子放到地上，打开封口说：“用了你家的肥料，今年棒子[①]多收了一车。这是新磨的棒子面，给你们送点。”李玉晓当时激动得差点哭出来，一方面是现实场景让他想象中的剧情一下子有了180度的反转，一方面他觉得这么多年为农户们做的事，终于得到了最温暖的反馈。

《把信送给加西亚》可以在很多层面做出解读，但是最核心也是最能体现职业荣誉感的，莫过于“不辱使命”这4个字。每一个农户都是金正大员工的“加西亚”，送信的过程也的确并不轻松。金正大创业至今，在营销战略上经历了三个阶段，分别是：跑马圈地、农化服务和服务平台化。

老兵新传

20世纪90年代初，万连步在糖酒公司做经理时，刚毕业的李华波就被分配到了公司下面的副食品公司，加工当地土特产。随后，万连步到了副食品加工厂任营销老总，李华波又跟

① 棒子在河北方言里就是玉米的意思。

过去做了营销员。这一跟就是将近30年。

万连步是个喜欢折腾的人，尝试过很多行业，其中包括做橡胶和塑料。当时有人笑话万连步做的是破烂王的生意，万连步却说，就算是做破烂王，也要做到最好。当时的橡胶厂在全国成立了几个办事处，包括青岛、北京、上海、济南等主要城市。其中的一个业务就是把轮胎回收，做成塑料颗粒再利用，加工成半成品再回收，可以再做编织袋。李华波负责温州办事处，他要把回收后做成的编织袋卖给这里的商户。

20世纪90年代中期，正是温州模式最为火热的时候，小商品经济带出一个区域的产业奇迹。温州的进出货量大，编织袋成为必需品。仅平阳县一个地方，就有上百家编织袋厂。李华波用了两年的时间，总算是在这个竞争极度激烈的地方站住了脚。

在那个计划经济尚有余温，和市场经济并轨前行的年代，温州成为纯市场竞争的标杆。在那里摸爬滚打的经验，对于远在山东一个县城的万连步来说，受益匪浅。

李华波在前方张罗着渠道，后方的人则在艰苦的生产环境中奋斗。当时也没有什么领导和工人之分，收购、回收、装卸，都是大家一起做。每天早上穿着整齐的工装上班，下班的时候就脏得不成样子了。

1997年，万连步开始转型做化肥。如果说他此前尝试了很多业务是在做生意，积累资本和经验的话，他从决定做化肥的那一天开始，就是在做企业了。因为，化肥是学农业出身的万连步的心中情结。他深知肥料的好坏不仅关系到作物，更关系到土地的生命力。

土地的生命力就是生活在一方水土之上的人的生命力。

“摸索着干吧。”李华波回忆当时万连步做转型决定时跟大家说的一句话。因为都是跟着他一路走过来的老弟兄，大家信任万连步，因此，当他说做化肥的时候，没有人说二话。很快，万连步就在原来塑料厂基础上进行了改造，做复合肥。改造之后的产能，也只有2万吨。

但就是这2万吨，如何卖出去也是一个大难题。1997年，化肥的生产许可证还没有办下来，公司没法进行跨县经营，只能在本县城里卖。李华波在创业团队中负责销售。他找了各乡镇供销社，通过亲戚、朋友的关系到处找渠道。

1997年年末，以供销社为主要渠道，李华波他们卖出去了几千吨化肥，这对于销售范围仅在县城里的创业公司来说，实属不易。李华波也拿到了人生第一笔销售提成，1 000多元，当时他的工资也就200元左右。李华波本人，也从当初的业务员，成长为销售经理、大区销售总监、安徽公司总经理、辽宁公司总经理、总裁助理。

1998年8月26日，金正大的前身临沂市金大地复合肥有限公司正式成立，也拿到了生产许可证，开始走出临沭县，主要还是面向胶东市场。那时出差的条件很艰苦，没有汽车，就只能坐火车到当地再租一辆自行车，直接跑到田间地头去跟农民推销。

凭着一股子拼劲儿，金正大从1997年5 000吨的销量一下跃升到了1998年的3.2万吨，1999年是5万吨，2000年超过10万吨，三年翻两番。

营销基因

金正大于1997年开始创业，但公司正式成立和奠基是在1998年，因为那个时候他们有了自己的第一条产线。在金正大的展厅有一张著名的老照片，被称为“八仙图”。所谓“八仙”，是指金正大最初的创业团队，包括李华波在内，照片正好是8个人，7男1女，这些人都是跟着万连步摸爬滚打了好几年，彼此间形成了近乎战友的感情。这张照片也有另外一个解说是“八锹图”，照片上的八个人，正好人手一把铁锹。

1998年7月，创业者奠基

如果说一定要为金正大找一个安身立命的发展基因的话，我想就是“营销”了。在万连步下海早期时，曾经尝试过种树苗，虽然赚到了第一桶金，但很难做大，很快就不了了之了。万连步反思后总结出了一个经营理念："先有市场，后有生产。"

因此，在金正大早期的发展过程中，事件营销或者会议营销总是伴随着其关键节点。1998年，金正大拿到了生产许可证，便利用开机的机会搞了一个金正大复合肥新闻发布会。500来家客户齐聚临沭县，这对于当时接待能力还不足的小县城来说，也算是盛况空前了。

会议营销是化肥领域的特色营销模式。有人总结，在此之前，这个行业处于只售不销阶段，直至1998年才被打破。这阶段化肥总体处于供不应求的大势中，化肥生产厂家是"不销""不卖"，销售商家是"抢着""捧着"厂家卖。代表的销售模式是"批条子"销售模式和"拉关系"销售模式。

随着国发〔1998〕39号文件出台和化肥产能快速增长，厂家竞争活跃。化肥生产厂家在"渠道为王、决胜终端"的营销理念指导下，学习快销品营销模式中，总结出适合自身的一些营销模式。这些模式的基本特征就是生产厂家把销售重心从地县级经销商下沉到乡镇终端和村级大耕户，厂家服务经销商，协助管理。这一阶段的品牌和品种井喷式出现。也就是我们总结的"跑马圈地"。

这一阶段的营销重点还是拉动代理商和农户的购买热情，品牌的促销越多越好，还没有到追求用户深层需求的阶段。所以，在会议上除了宣讲自家产品的好处之外，就是要让用户看到实惠，比如赠送摩托车之类的礼品。

在金正大开完这次大会之后，经销商的热情被迅速调动起来。现场的订单一下达到几万吨。李华波回忆说，等着拉货的车一下子排了5千米。但是金正大产量有限，经销商拿到货需要排三天三夜的长队。公司的销售人员只能安抚经销商，陪着他们一起等。现任集团执行副总裁兼营销总监杨官波回忆当时的场景说，为了让经销商尽快拿到产品，那个时候营销人员既是经销商的服务员，又是货物的装卸工和搬运工，工厂那头留守的人，产品刚出来，立即搬上车；送货的车一到，大家都争先恐后地抢，恨不得打起来。直到凌晨两三点钟都还是这样的景象。

从创业到2006年，金正大的产品市场基本是以山东省内为主，这一阶段的营销还是以卖产品为主，做品牌为辅。虽然金正大曾经注册了几十个化肥品牌，但是由于化肥市场的整体无序和混乱，品牌更像是起到了标识的作用，甚至会存在同样的产品在不同地区用不同品牌包装的情况。

对于会议营销，李华波颇有心得。他总结做会议营销有两个关键因素：首先要选择好地点和时间，其次要跟客户达成共识。比如选择作物长得最好看的时候开会就很有说服力。然后就是在前期的地推宣传，深入农户，由二级经销售商带领着，到大农户那儿宣传。缓控释肥刚推向市场的时候，有的农户就不相信，比如在玉米的秸秆上，用普通尿素的叶子都死了，下面的叶子、杆也黄了。用缓控释肥的，叶子、杆还是绿的、青的，生长得很旺盛。这说明缓控释肥后劲十足。

事实摆在眼前，农民还是不信。李华波就只能一点点给他们讲原理：你用尿素撒上去了，太阳一晒挥发了，一下雨流失了。最后尿素的利用率才30%。缓控释肥需要开沟施肥，不能撒，撒的话就发挥不了作用了。因为缓控释肥外面包上了一层膜，这层膜有均匀的小孔，是肉眼看不到的。埋到土里面以后，土壤上面的水分从膜孔进去后，把尿素变成液态。土壤周边的玉米需要养分的时候，它就往外释放，被作物吸收。作物生长越快，吸收越快。比如白天光照时间长的时候，吸收得就快。到夜里凉下来了，作物也不生长了，这个肥的养分也不释放了。作物不长的时候就用肥少，长得快的时候用肥多。需求大的话，土壤里面的养分少了，膜里面的养分自然而然地就往外面流。

这种理论解释能力是每一个业务员都要具备的。“我们要把作物的习性讲得头头是道，农民才相信。开会的时候，我们还要把农科院、土肥站的实验数据带着，增加公信力。”李华波说当时一个业务员一天有时候讲两场，有时候三场。晚上还要在村子里放电影。“我们每个业务员都背着一套电影放映机，就是一个投影仪，一个电脑，一块幕布。晚上到哪个村子，就把农户召集起来，开一场现场的推介会。白天在田地里开，晚上到村子里面开。”

就这样，靠着每天的大量宣讲和实地推广，金正大的市场团队也被训练成了一支“铁军”。

虽然在这七八年的时间里，金正大的规模迅速扩大，但这并非万连步心中所要。早在创业初期，他就对团队里的人说过一句话："要为中国创一个世界品牌出来！"李华波说，这话当时听着就像狂语，一点也不着边际，尤其是看着眼前的生产环境，谁也没有真往世界级品牌的方向去想。

但是，事情在2006年起了变化。

第二节 营销即服务

邮政合伙人

2006年，金正大进行了产能扩张，临沭生产基地建设完成。缓控释肥这一肥料中的贵族品类完成了国产化，也成为金正大的拳头级产品。同时，这也意味着此前的"跑马圈地"式营销方法的终结。

我们在研究时发现，金正大的战略觉醒是从2002年开始，在2006年临沭基地建成时开始落地的。2002年的重要性在于万连步走出国门，开始了对海外成熟市场的考察。正是这一次出行，让他坚定了创国际一流品牌的信念。而这个信念，早在创业之初就有了。

金正大在创业初期采取的是多品牌密集轰炸市场的策略，也许会让人产生这是宝洁这类快销品品牌的成熟策略的错觉，实则不然。在上文中，我们分析过，金正大的早期策略中“营销”的作用更多在于销售产品，而不是针对细分市场形成品牌认知度。这也是当时几乎所有化肥厂商的营销策略，这跟市场分散度高、碎片化严重、技术门槛不高有直接的关系。

因此，说金正大在战略懵懂期的营销策略是无策略更为恰当。战略是树干，是主流，企业经营中所有的职能都是围绕主干展开的。当万连步开始把金正大推到企业战略觉醒阶段时，营销策略势必要同步成形。

只不过，有些发生的事情看似偶然而已。

2004年，金正大在化肥采购名单里看了“邮政”的名字。对于市场敏感度极高的万连步来说，这很可能意味着机会。根据执行副总裁杨官波（时任销售经理）回忆，万连步最早进军菏泽市邮政物流时，邮政仅经营农药、种子、酒水还有有机肥等，不经营无机化肥。他没有气馁，将公司有关宣传资料送给邮政方传阅，又指引其上网查看，随后邮政走访调查了一些已经使用金正大产品的农户，最终认可了金正大，双方决定合作。

初始艰难，但是局面在悄然改变。

2003年，国务院经济研究中心着手研究中国邮政的改革问题；4月7日，改革方案研究报告完成；10月16日，中国邮政改革方案征求意见稿出台；12月20日，中国邮政改革工作组成立。纠结很久之后，邮政改革的大幕终于拉开。

长期处于垄断地位的邮政需要主动接入市场资源，变网络为服务渠道。当时买金正大化肥产品的就是地方邮政。万连步看到了全新的机会，2005年便主动和山东、河南等地的邮政公司寻求合作。2006年5月31日与中国邮政物流签署战略合作协议。

2006年5月，金正大与中国邮政物流合作，开展“绿色邮政金大地，服务三农进万家”活动

2006年，金正大集团与中国邮政新闻中心营销策划中心合作，引入了邮政营销这一操作模式。邮政营销的引入，为金正大的产品提供了可量化的精确市场定位。双方最终选择将“走化肥科技的道路”作为金正大产品的市场定位。这一定位，不仅带动了化肥生产，而且塑造了金正大品牌，并为今后的市场营销指明了方向。在此基础上，金正大进一步提出来“科技创造收获！科技创造财富！”的口号。

邮政物流拥有完整的现代化网络，号称“中国第一网”。

金正大利用了中国邮政这张大网，收获了利润、收获了品牌、收获了市场，在农资的销售市场掀起了一阵绿色风暴。整个销售过程分为以下几个部分，在每一个部分中都有精准营销思想的体现。

第一步是掀起宣传风暴。传统的广告宣传具有投入大、覆盖面窄、效率低等缺陷，对于化肥销售的主要市场——农村而言，由于农村的特殊性，传统广告宣传更难以达到预期的效果。针对这一特点，相比较而言，邮政营销则有着得天独厚的优势，当地所有的邮政投递员都成了金正大产品的"活媒体"，肩负起"第二业务"。有人的地方就有邮政，而有人的地方就有金大正产品的宣传。配合着宣传资料发放、公益广告的播出、海报的张贴，一场"绿色宣传风暴"迅速掀起，随着"绿色宣传风暴"的掀起，更多的农民知道了金正大、了解了金正大、信赖了金正大。

在这一阶段中，正是对精准营销中一对一沟通思想的应用。投递员经过培训后具备了化肥营销人员的素质，同农户一对一直接沟通，保证了信息传输的直接、准确、高效。

第二步是加大信息沟通。在这一阶段，不仅继续贯彻执行了一对一沟通的思想，而且还增加了顾客链式反应的内容。顾客只有在对产品充分信任的情况下，才能够消费产品。而邮递员对农户信息的搜集和反馈，为顾客链式反应的产生奠定了基础。

第三步是销售网络全面铺开。在化肥宣传先期导入以及大量客户信息反馈的基础上，中国邮政将金正大的产品利用邮政渠道，直接送到消费者手中。这样就精简了流通环节、砍去了中间商，在节约销售成本的同时，又降低了产品价格，使企业、农民、邮政三方均得到了实惠，实现了三赢。不容忽视的是，邮政这一特殊渠道附带品牌价值，具有绝对声誉，使消费者放心，同时促进了金正大产品的销售。

此外，邮政物流和邮政储蓄有着天然密切的关系。四大银行及商业银行尚未有农村网点，农村进城打工人员，往老家汇款都是通过邮政储蓄，大部分地方，邮政物流网点与邮政储蓄银行是在同一个地方，便于买化肥等农资。

第四步是现代化物流系统的应用。在金正大产品旺销的同时，为保证产品及时直接送至消费者手中，中国邮政结合其网络优势，统一调配、统一部署，克服了传统分销商各自为战的混乱局面。

精准营销颠覆了传统的框架式营销组织架构和渠道限制，它必须有一个全面可靠的物流配送及结算系统，在这一阶段，金正大利用了中国邮政的第三方物流，借助国家邮政网络来实现货物配送及货款结算，从而使企业摆脱繁杂的中间渠道环节。

2005年1月30日，中央一号文件又一次求解“三农”问题，进一步提高了农业在国家发展中的战略地位。“鼓励邮政系统开展直接为农民生产生活服务的连锁配送业务”，中央第一次用文件的形式，将邮政确定为服务“三农”的重要机构，由此奠定了邮政物流服务“三农”的政策基础。

2004年9月，中邮物流山东菏泽分公司与山东金正大公司的合作，揭开了“邮政物流配送金大地复合肥，服务‘三农’”的篇章。“金正大”“中国邮政物流”，这两个有着“服务中国大农业”目标的企业，本着“友好合作、多方受益”的原则，开展了复合肥的合作业务，也展开了中国农资市场上一次最大的渠道革命，金正大将旗下最知名的品牌——“金大地”交予邮政独家运作。2005年春，菏泽中邮物流贯彻“购肥到邮政，送货到我家，质量无担忧，方便又省心”的服务承诺，与金正大农化服务中心一起开展发放农化知识专刊和田间测土配方施肥等活动，受到广大农民的欢迎。春季小麦追肥分销2 000多吨，夏季分销玉米专用肥8 000多吨。金大地肥料的良好效果让农民尝到甜头，秋季出现了抢购的局面，实现了近2万吨的分销量。有的村子全部使用金大地肥料，成了名副其实的“金大地”村。

2006年5月31日，在北京会议中心，“新农村、新邮政、新发展——建设社会主义新农村形势下邮政物流服务‘三农’发展研讨会”隆重举行。会上，国家邮政局宣布，将联合农业部全国农业技术服务推广中心、金正大集团共同发起“绿色邮政金大地，服务‘三农’进万家”活动，以加快缓控释肥新型产品在中国的快速推广和测土配方服务的开展。

金正大专门成立了农技讲师团，由百名农科专家做全国巡回技术指导，形成全国性的农技培训服务体系，并定期对各个县市的配送员进行农技知识、产品知识、企业知识、营销知识等的培训。为广大配送员提供大量的增值服务，使他们经过培训后成为农业专家和营销专家，从而更好地服务广大农民。

2006年，中邮物流联合金正大集团举行“测土配方全国百万公里行”活动，帮助农民优化资源配置，提高肥料利用率。在全国农技推广中心的技术支持下，双方在合作区域与当地农技部门紧密合作，对全国200个县、800个重点乡镇进行测土配肥，推广缓控释肥产品，使3 000万农户直接受益。

金正大和邮政的合伙人模式被持续复制，向华东各省大举进攻。2005年、2006年、2007年部分地方出现了断货现象。到2007年，金正大集团全年销售额近26亿元，同5年前不足1.6亿元的销售额相比，增长了16倍，一跃成为中国第三大复合肥生产品牌和山东省的领军品牌，金正大荣获“中国百强成长企业第八名”的殊荣，尽管这是一个民间的评选，但足以说明金正大的发展速度。

“扫大街”的全国冠军

金正大和中国邮政的合作，最早可以追溯到2002年，也就是万连步出国考察的那一年。从战略的角度讲，这种模式出于偶然，但是从金正大的营销战略转型中可以清晰地看到，这是一次向新方向转型的成功尝试——渠道跨界，用服务理念替代简单的销售理念。

不过，在深入探讨这种新理念之前，我们想先介绍一个在我们看来需要浓墨重彩描述的人物——杨宏海，这个第一次见面就让我们震撼的人，还有他的那句名言：扫大街也要扫个全国冠军。

叶茂中，前互联网时代里中国广告营销领域里的教父级人物。上门来找他指点的企业可以排出很长的队伍，金正大也是其中一家。一个在山东省内声名鹊起，但在全国仍默默无闻的公司却在和叶茂中的第一次接触中，就引起了这位金手指的注意，而这个关键因子正是杨宏海。一个不起眼的化肥企业的业务员，不仅能和营销策划大师交流营销理论，对叶茂中的案例和著作如数家珍，甚至还能指出他的哪一条微博可能有些问题。

2006年，杨宏海加入金正大，一开始做的是基础管理岗位。但是没多久，他就感觉“业务冲上山头了，那种成就感是坐办公室里体会不到的”。虽然领导劝他三思，他最终还是选择了走出办公室，到河南跑市场。这种直接贴近终端用户，每天去二级经销商零售店考察的快感是在办公室无论如何找不到的。

在办公室里还感觉不到的是市场竞争的激烈程度。在金正大刚刚推出缓控释肥的时候，业界普遍不看好，并说金正大是炒作概念。总是在一线听到这样的声音，倒是让杨宏海更坚定了信念。“不能让别人看笑话。”他说，“以前大家都用BP机（无线寻呼机），你突然用手机，说代表未来，大家说这是不可能的事情。大家都用马车的时候，人们只会说需要更快的马，没有看到汽车的前景。”

杨宏海跟我们说这些话的时候，颇具书生气。这倒不奇怪，他每天下班后，不管多么晚，都要读几个小时的书。在学习市场专业理论时，他接触到了叶茂中的一些观点，并深以为然。后来见到叶茂中后，他主动跟叶茂中讨论了起来，也让这位金手指对位于山东一个小县城的化肥公司刮目相看。

在调研的过程中，我问过很多一线员工这个问题：“你们是从什么时候开始感觉到金正大强大的品牌力量的？”杨宏海的回答最打动我。2008年的冬天，凌晨1点他开车跑在甘肃的山路间。舟车劳顿加之夜晚光线不好，他们走错了路，只能在山里绕圈。就在身心疲惫的时候，他们开过了一个山口，山上有一个硕大的闪光的金正大的广告牌。“晚上的灯一照特别亮，当时真的是感觉金正大的发展快。在山沟沟里面一出来，广告牌上写着‘好肥料金大地’。”

品牌的力量就在于此，它不仅能成为消费者市场的中流砥柱，更能成为员工心中的明灯。杨宏海跟我们讲述这段经历的时候，我开始反思“品牌到底是什么”这个问题。其实，它就像是那个夜间悬挂在山顶的广告牌，它照亮的是所有看到它的人。

品牌是光，是无数条四处照射的光波的组合，它应该是最好的普惠媒介。

那么另外一个问题来了，这么晚了，杨宏海为什么还在跑市场呢？这是杨宏海为自己也是为整个金正大市场团队定的纪律，“拜访从晚上开始，拜访从乡镇开始”。雷打不动，所有新加入金正大做市场的员工都要将这两条纪律牢记于心。

所谓从晚上开始，就是一定要晚上到达指定地点，第二天一早就对客户进行拜访，这样可以节约双方的时间。这个朴素的道理也是杨宏海在实践中摸索出来的。

2007年，杨宏海负责“金正大”品牌肥料的市场推广。由于2007年原材料涨价，肥料价格也相应上涨，很多客户都犹豫起来。杨宏海从甘肃跑到新疆，从新疆跑到陕西。他和一级经销商们一个个谈，承诺先不从一级渠道收款，而是帮助一级经销售商去收二级经销售的钱。他现场帮助一级经销商组织给二级经销商开会做动员，还请很多其他经销商来观摩。

在跑新疆市场的时候，由于新疆太大，赶路就要花一天的时间。杨宏海决定，把赶路的时间放在晚上，白天集中精力拜访客户。而且拜访必须从乡镇开始，从下面往上拜访。“我们改变思路，从下面拜访。因为二级经销商对一级经销商的评价最客观，你只跟一级经销商交流的话，你了解不了客户真实的意愿。当时我们就提出来拜访从晚上开始，拜访从乡镇开始。提出来我先开会，后打款。”

春节前，杨宏海一个人开辟了30多个新客户，打了1 000多万元的款到公司账上。而那一年的收款是非常难的，在公司里有人说他是“一个人的独舞”。

在我们看来，杨宏海有勇有谋。他能想到先谈二级经销商的这种倒序方法，就是为了更准确地掌握一级经销商的资金情况。“弄清楚哪些人卖真货，哪些人卖假货，哪些人是推广型的，哪些人是有资金的。不打无准备之仗，有句话说‘胜兵先胜而后求战，败兵先战而后求胜’。我具备了胜利的条件才去打这个仗。”

其市场谋略可见一斑。

从2008年开始，杨宏海连续几年都是销售冠军。这跟跨界的思维密切相关，比如他把在快销品市场中常用的“密集分销”引入化肥销售中。“密集分销”也叫多家分销，是渠道宽度的其中一个类型，是指制造商尽可能多地通过许多负责任的、适当的批发商、零售商推销其产品。只要符合企业最低要求的中间商均可参与分销。密集分销的特点是尽可能多地使用商店销售产品或服务。

说到底，“密集分销”追求的是覆盖率，这对农资行业的产品销量有很大的提升。比如一个乡只设一家总经销，销量有限。杨宏海提出了“万亩推销”，每一万亩耕地布一个点，通过网点密度的增加，提高覆盖率，提高区域市场的销量。“这个模式对于快销行业来讲太正常了，就是网点的铺设率。假如武汉有一百万家终端都有娃哈哈的矿泉水。就会有人要求你让我做了，就不能让别人做——不能这样做。我让你卖了我的水，也要让隔壁的卖。但是在农资这个行业大家觉得这样特别不正常，你要是让我做了这个，再找一家做的话我就不做了。当时咱们提出网点翻番就是网络翻番、销量翻番。”

“密集分销”就是要最大限度地调动经销商的积极性，让他们看到“你有我也有”的好处。如今金正大的很多优质经销商都是从网点的布局中走出来的。

这种从网点布局的思路延续至今，在金正大后来进行进一步服务转型的时候，比如从缓控释肥转到硝基肥上去，就是抓经济作物区。过去缓控释肥主要是在大田使用，用于玉米、小麦等大田作物，后来转向经济作物区，采用套餐肥推广的模式，都是杨宏海的思路。包括组织样板市场，然后全集团的人过去观摩，对模式进一步提炼，全集团去复制、推广。

“密集分销”之后就是在经济作物区的套餐肥推广。缓控释肥主要用在农作物区，速效肥用在经济作物区，对时效性要求较高，同时对养分的需求比较复杂，不是像大田作物那样，就是氮磷钾。套餐肥的理念也是源于快销品市场，针对一个用户的复杂性需求做打包的解决方案。

虽然有很多营销策略的创新，但是金正大赖以成名的“会议营销”并没有被取代或者消失。随着金正大服务内容的加强，会议营销也在发生变化。用杨宏海的话说，会议营销“升华了”。

在他刚进入化肥行业的时候，开会从来不用PPT（演示文稿），往往是拿张纸在那念，不存在产品介绍。随着技术发展，金正大成为化肥业第一家做PPT的公司，也是最早给业务员配笔记本电脑的化肥公司。现在业务员电脑里存的课件，大部分还是杨宏海的方法论。

杨宏海认为，会议营销的创新就是“会议前置”，就是我们在前文讲过的他们去新疆跑市场，帮助一级经销商收取二级经销商的钱。“刚开始开经销商会议很难，你劝说经销商开会他不愿意开，因为要花钱。一般的经销商开会很少能解决收款问题，基本上都是花几千块钱请大家吃顿饭，但是解决不了问题。我们公司开经销商会议，基本上收的款远远大于这种饭局投资，就是要解决他这一季节的资金问题。一旦开了一个好头，大家就会主动要求开会。”

在金正大的展厅里，放着一台目前在很多田间地头都能看到的红色种肥同播机。种子和肥料分别从两个槽口进入，机器下面有四到十个并排的出料口。在犁地的时候，种肥也是分别撒到地里的，这样就是一排种子，一排肥料。这是专门针对缓控释肥做的技术革新。由于缓控释肥是一种缓慢释放能量的肥料，因此不需要直接撒在种子上，将其撒在四周即可发挥更大功效。

种肥同播的理念也是来自杨宏海等一批市场一线的销售人员。在缓控释肥刚推向市场的时候，由于价格高，很难推广。农民是一个对价格高度敏感的群体，面对一个比普通化肥产品高出几十元的全新产品，他们的犹豫也是正常反应。

“我就想起了小时候在家里割麦子。我们村里有钱人请人割麦子，别人都笑话他，看他多烧包，意思是老百姓自己割了省钱，让人割得花60元钱到80元钱。现在都是用收割机。人们的诉求还是省钱、省心、省事。同样的道理用到施肥上。缓控释肥的特点是追肥次数少，让农民省了心还省了事，但怎么能让他们觉得省钱呢？我们提出来免费包肥：你把地给我，我给你种，我们用的就是种肥同播。而且，老百姓说你这个肥料不能撒我不要，我们就想办法既帮你种地又帮你施肥。这就等于把服务增值的内容做了进去。”杨宏海说。

而且，缓控释肥用种肥同播技术是最好的播肥方式。玉米播种上的成功经验，也可以用在小麦的播种上。只要把玉米种肥同播机稍微改装一下就可以播种小麦，非常简单。原来速效肥是满地撒，也就是满地挥发，随着水满地淌。而现在缓控释肥就播在根系的附近，缓慢释放养分。玉米出苗后一开始用的肥少，相应地，缓控释肥释放养分的速度也很慢；等玉米长高了，用的肥多了，缓控释肥释放养分的速度也相应加快。玉米生长周期约为3个半月，玉米专用缓控释肥释放全部养分的时间也为3个半月，能够全程供应玉米生长所需养分。而速效肥则不具备此性能。种肥同播这项技术必须在缓控释肥的基础上才能应用。

安徽省是金正大最早推广种肥同播的地方。金正大公司在安徽销售的缓控释肥就是根据安徽的土壤质地状况和农民本身的施肥习惯进行配方的。所以说缓控释肥是一个立体的肥料，有时间和配方在里面。只有这种肥料才能用同播技术，否则同播技术拿出来也没办法用。

可见，种肥同播是一种因地制宜的定制施肥方法。

安徽绿丹农生物科技有限公司（以下简称“绿丹农公司”）是金正大缓控释肥的一级经销商。他们发现，1亩玉米地采用种肥同播可多产玉米50千克~100千克。但操作种肥同播机需要一定的技术水平，需要控制株距、行距、速度，还有化肥、种子的用量。因此，金正大和绿丹农公司每年都会举办多场机播手的培训会。

前来参加推广活动的钱阿明就是一名机播手。他家里有16亩地，用种肥同播技术种玉米已经有两年了。因为家里地比较多，所以去年自己买了一台种肥同播机。“我把自己家的地播完就给别人家播。1亩地的代播费为20元，1亩地20分钟就能播完。去年我一天给别人家播了50亩，一天可以挣1 000元，夏玉米一季播种期为6天左右，这6天我就挣了6 000元。”钱阿明说。

从安徽到河南、山东等几个农业大省，金正大率先在行业内启动缓控释肥“种肥同播”技术，一次性投入1万台种肥同播机，成立了500个农化服务队，500台农化服务专用车，推广缓控释肥200万亩，为农民新增经济效益4亿元。2011年公司实现销售收入76.3亿元，缓控释肥产销量稳居全国第一位，其中通过“种肥同播”技术服务，使缓控释肥销量增加了10万吨。

我们听杨宏海整整讲了一个中午，我能深切感受到他既是一位求知欲极强的思考者，又是一位具有果断行动力的执行者。我们问他，现在还跑一线吗？他说：“我不能脱离市场。只有触摸到这个市场的神经末梢，做的方案才不会空。叶茂中那句话对我启发很大，他说最令他兴奋的事情，是听到竞争对手躺在被窝里哭泣的声音。当时我一看，这辈子我都不能是躺在被窝里哭泣的人。我要成为听到竞争对手躺在被窝里哭泣的那个人！”

第三节
营销大变局

倒逼带来进化

在前文中，我们有一个话题没有深入讨论，那就是战略和营销的关系。企业的营销策略是服从于战略的，因为营销的根本作用不在于卖产品，而在于以产品为载体向用户传递企业的价值观和理念。品牌认同的背后是价值认同。

在金正大进入战略规划阶段之后，也就是将缓控释肥引入国内后，万连步开始将其“为山东创一个中国名牌，为中国创一个世界名牌”的梦想落地之时，金正大传统的粗放型营销手法也进行了相应的变革。更直接地说，这得益于缓控释肥产品本身的特性。首先是“新”，这是一个对中国农民来说完全陌生的品类；其次是“奇”，缓控释肥的特性使其功效和播种方法都不同于以往的复合肥料。因此，金正大必须改变以往单纯销售和品牌介绍的思路，把“服务”作为营销的主要内容，让“新奇”的肥料走进千万农户。

在缓控释肥上市第一年，万连步要求“金正大”品牌主推缓控释肥产品。那一年搞了一个招商会，就盯住农药和种子的客户，传统卖化肥的客户万连步一个不要。这是继跟邮政合作之后，又一次大胆的跨界。

农药和种子经销商和化肥经销商面对的是同样的客户群体，虽然渠道不同，但他们对农户做的服务却可能和化肥企业形成互补。比如，在玉米产区经营农药的话，就要防治玉米的红蜘蛛病、根腐病。农药经销商要到农户那里去做回访，他们和农户做的深度交互可能会比化肥企业的业务人员更频繁。农户对其产生的信任感也会更强。金正大进入这些渠道，在客观上起到了两个作用：第一，服务背书。有的农户对缓控释肥不了解，但是信任农药或者种子品牌。第二，客观上的服务整合。种子、肥料和农药，这几乎是一个完整的农耕步骤，公司之间可以相互学习，增强自身的跨界服务能力。

万连步说："现在种植大户起来了，他可能比你还专业，所以你不把自己的服务水平提得更高一点，满足不了他们的需求。有些经济作物服务的要求更高，以前粮食作物增产就行了，经济作物光增产不行，品质更重要，我是这样看的。"

"良种、良肥、良法"，万连步这个朴素的土地生态观也开始实现落地。

这里面有一个案例是关于农药的，合作方是深圳的上市公司诺普信，一家农药巨头企业。万连步介绍：我们两家签了一个类似的战略合作协议，这个战略合作协议的核心还是在营销、渠道上的共享。举个简单的例子，比如会议营销、试验示范。一家搞一个会议营销，组织这么多人来，需要投入很大的资源。其实这些人既是我的客户，也是他的客户，以前我可能只卖化肥，只讲化肥。如果两家一起搞的话，可能前半场讲化肥，后半场讲农药，或者一起讲药肥，下午一起来收款，节约了一大笔成本。另外，比如说我做这个比较强的，他没有，我可以跟他共享；有些他做得很强的，我没有，我也拉过来，客户资源也共享了。

2014年9月10日，深圳诺普信农化股份有限公司与金正大几乎同时对外发布了《战略合作协议》公告。公告表示，9月9日，双方签署了《战略合作协议》，将共同搭建商业合作平台，发挥彼此在技术研发、市场渠道、品牌运营等方面的优势，并在药肥一体化、农资平台流通、先进农业服务推广等领域开展全面深度的战略合作。

有媒体评价："这是一次名副其实的强强联合——一家是国内农药制剂企业第一强，另一家是复合肥企业第一强。"根据公告，双方在以下三个方面开展合作。

一是共享客户资源，实现营销渠道的战略合作。结合双方营销渠道资源及网点布局，双方共享核心区域内客户资源，通过互相代理、购销配套、组合推介等多种方式实现产品在双方的渠道终端销售，双方为对方在自身营销渠道中的供应链（物流）支持、产品销售等方面提供协助及便利，创造有利的销售环境，扩大市场占有率。

二是共享服务资源，实现市场服务推广的战略合作。结合双方现有农化服务资源及服务体系，在核心区域共建科学的试验示范体系，共同举办现场观摩会、研讨会。在作物种植重点区域，共建农化服务中心，对客户进行专业、严谨、规范的技术培训与服务，为其提供全面的技术支持和农业服务一体化解决方案。

三是共享研发成果，实现新技术、新产品的战略合作。整合双方专家资源，就国内农业领域的土壤、气候和作物施肥、农药施用现状，开展农业科技领域研发合作，建立农资大数据库，积极筛选研发适合我国各区域的农业肥料、农药新技术及新产品，提高我国药肥一体化的研发与制造水平，双方也可共同申报相关研究课题或科研项目。

有很多人猜测，这是金正大要进军药肥的节奏。药肥能满足农民对农资品更便捷的渴望，同时经销商代理药肥的利润比复合肥等传统肥高，而目前药肥企业数量很少，仅有广西田园、中迅农科等少数企业，药肥品类也很单一，主要是针对水稻除草型药肥和各类杀菌型药肥。

对于诺普信来说，选择金正大的理由几乎相同，就是提升综合服务能力。同时，金正大期待借用诺普信的农药渠道推广水溶肥。自2012年以来，金正大公司在山东、贵州建设了年产50万吨的水溶肥生产线。诺普信旗下的润康植物营养技术有限公司主要生产水溶肥。

金正大此前已经联合山东登海种业等种子企业在玉米、小麦、花生等作物上进行了种肥同播推广。现在再次联合农药企业，同样也是为了丰富产品结构，提供更加完善的服务。此外，合作可令双方的渠道进行完美互换和精准互补。

金正大不断通过跨界的方法拉伸自己的服务能力半径，用产品也好，用外界的刺激也好，目的都是倒逼整个集团的思维模式转型，尤其是营销队伍的思维转型。

变化2015

从2015年开始，金正大率先提出“大联合、大协作、大发展”的理念，充分利用自身的技术创新成果，通过输出技术、品牌和服务，致力于与上游（氮、磷、钾单质肥产业）及同行业广泛开展联合协作，共同破解行业发展困局，实现肥料行业供给侧结构性改革的整体联动协同效应。截至2017年年底，金正大已经与16家氮肥企业、2家磷肥企业、13家有机肥企业、10余家复合肥企业建立起合作关系，输出相关技术、品牌和解决方案。可以说，金正大在产学研的横向联合、产业链上中下游的纵向协作上，做了开创性探索。万连步说，“服务型”的金正大有两个含义：一是服务于客户、用户，二是服务于行业。第二个“服务”是向行业输出技术、品牌，甚至资本，是更高层次的服务战略。

化肥行业的专家胡兆平2011年来到金正大，在他来之前金正大在技术创新上还只有缓控释肥一个品类。2006年到2011年这段时间也基本以缓控释肥本身技术的发展为主。但这不代表万连步没有布局。2010年，万连步招来了一个中国农业大学研究生物激素的博士，这让当时很多老员工看不懂，生物激素和当下的化肥品类没什么相关度啊。直到2015年，金正大开始发展全品类业务时，当年的伏笔才日渐清晰。

胡兆平来到金正大后负责研发体系的搭建，指导原则就是“减肥、省工、改土、提质、环保、增收”。这是一个极具生态观的视野，人、土地、作物、周边等几大要素都包含其中。胡兆平是带着方案来的，他之前开发了一套用硝酸萃取磷矿，生产硝基肥的生产工艺。万连步听说后找到他，说金正大也要发展硝基肥。

万连步一直担任的是研发指导和产品经理的角色，找来专业做研发的人，对他也是一种解放。从先期主要依靠外部“借脑”到现在，研发人员已经有300多人了，算上国际研发中心的人员，多达400余人，他的目标是超过500人。

除了氮肥、磷肥之外，胡兆平还开发了生物能尿素。生物能里有黄腐酸、海藻酸、天冬氨酸、微量元素等。把尿素变成增效尿素，根据不同的配方提升，他希望在能保证农作物增产的同时，减少用量30%。所以提出了分施的目标，单品能代替磷酸二铵的产品30%，能代替尿素的产品也是30%，但是这两个毕竟都不是金正大的核心。金正大的核心是复合肥，要用35千克代替50千克。

“怎么办？不是想省就能省的，得把肥料做好。肥料怎么做好？首先围绕着改土。一定研究好土壤、气候、作物。为着作物的生长规律，围绕着不同的气候、不同的土壤研究专用型的肥料，这样才能够把肥料减下来，研究了专用型肥料，我的肥料利用率就能提高了。

“我们开发的缓控释肥方向是一次性施肥，不追肥，无论小麦、玉米、水稻都是做到一次性，而且还要增产。今年在东北我们减了20%的肥料，增产5%。

“我的叶面肥料就多了。有抗倒春寒的叶面型肥料。其实它的主要成分把营养成长转为生殖生长，叶子当中的养分快速转移到花跟果上。还有亮色增甜的，到后期不转颜色，叶面肥一喷上，马上变红，口感变好，酸少糖多。还有抗高温灼伤的。

“专用肥料一定要用对，用对时间、用对地方，因为品种太多了，我们围绕不同作物、不同区域开发了‘作物营养管理方案’。围绕全国100个重点县，我们现在出了300多套作物解决方案。磷肥、氮肥、复合肥、水溶肥、液体肥、叶面肥……这么多，怎么办？各种组合，各有各的作用，只有合理地搭配，充分地配合，才能显示强大的战斗力或者表现得最好。”

一说起研发，胡兆平就很兴奋，他一口气把金正大的研发内容讲了出来，最后归结为“作物营养管理方案”。但这并非胡兆平原创，而是来自万连步的决策。在万连步的战略构想中，金正大要做出世界上品种最多、规模最大、技术最先进，农产品所需的全系新型肥料产品。从目前来看，他的目标正在加速实现中。

从早期追求覆盖率，到后来用创新级的单一品种打出国际品牌，再到现在开发全系产品做解决方案，这是一个螺旋上升的战略升级。其中最重要的就是开始具备了产业链和生态视野的高度。现在以及未来，一流企业之间的竞争一定是链条对链条、生态对生态的高级战争。

2015年，在我们看来是金正大第三次做出营销转型的节点，因为这一年的研发体系开始成熟，全品类概念（俗称“套餐”）被正式提出，在营销环节则必须进行更深入的变革。

必须转型

向下服务经销商和农户，向上服务化肥厂商，金正大要做行业领导者的雄心开始显现。

全国的化肥小厂还有几千家，与其耗费成本收购，不如为其服务，将其纳入自己的生态圈中。诸多小厂面临的一个窘境是，竞争越来越激烈，利润率越拉越低，农户的种植方式发生变化后，需求日益复杂，实力不济的小厂无法承担这种服务需求。因此，在行业内进行整合升级势在必行。

我们先从农户端说起。

随着经济作物的种植面积越来越大，农民的增收需求更加旺盛，品质的提升比产量提升还重要。比如葡萄专用硝基肥，一个最大的特点就是葡萄能早采摘一周左右。早上市就意味着可以卖出高价。这就对传统的营销人员提出了很大挑战，因为农作物和经济作物的周期不同，诉求也不同。李华波说：“弄一条沟放在下面，五厘米深还是十厘米深，对不同的作物效果是不一样的。我们原来就是一种产品，一种缓控释肥施下去不管了，效果是提高了，但是不一定很好。有可能我前期用的缓控释肥，后期要弄一点叶面肥，这样品质就完全不一样了。”

转型，必须要转型。而对于李玉晓而言，这种转型太痛苦了。

“你知道那时候我是做北方市场的，最拿手的是小麦、玉米、棉花、花生。到地里一看作物生啥病，要打啥药，要用啥肥，一目了然。到经济作物区我才知道，菠萝不是长在树上的，是长在地里的。这样的树叫杧果树，这样的树叫枇杷树，很多东西我们在北方都没有见过。”李玉晓皱着眉头，摊开双手说。

除了学习，真没有其他办法。“请专家，向当地优秀的经销商请教。因为优秀的经销商本身就是农技师，他特别懂，带着你一起下地，你听他讲。我们的手机开录音，录好之后回去放一遍，听一听，就慢慢地记，慢慢地背，慢慢地咱们就成了半个专家了。”想学习的话，总会是有办法的，李玉晓当时从经销商那里“偷师”了不少东西。

李玉晓在云南建水有一个客户叫蒋云宏，自己种了200亩葡萄。蒋云宏的葡萄在2015年的时候产量下滑了800吨。李玉晓就到那边去沟通，蒋云宏说了很多牢骚话，比如服务不好，你产品不好。李玉晓说：“老蒋你说产品不好，那么你说一个你认为好的产品。”蒋云宏拿出一包其他品牌的化肥，很认真地说：“这个产品就比你们公司的好。”这种进口化肥比金正大的化肥每袋贵了250元左右。李玉晓当场买了10包肥料寄给公司做技术分析。

胡兆平做完分析后，马上赶到了云南，同时还带着改进后的化肥样品。他们向蒋云宏解释了这种改进化肥的正确使用方法，并做了实验。除了效果明显之外，改进的化肥每袋只要150元，比进口化肥便宜了200元。蒋云宏的态度一下变了过来，他让人把院子的门关上，说："你们的化肥不要卖给其他家了，全卖给我吧。"李玉晓觉得公司的快速反应能力让他心里有了支撑。

"其实这个事情背后是我们这边做到了三点。第一是产品好，第二是试验示范，第三是用户对公司品牌和文化的认可。"李玉晓有些小得意地说。

经过在南方长时间的历练和学习，李玉晓总结出了业务人员必须具备的三点能力：第一个得有给植物看病的能力。第二个得具备治病的能力。第三个得对公司的产品和当地的作物非常熟悉。这三点能力被金正大内部总结为"技术营销"。

就在我们和李玉晓见面的前两天，他在四川眉山碰到一个种柑橘的农户。他的柑橘树出现了流胶的现象。一流胶，柑橘就不挂果了。正好李玉晓那天下地，就给农户讲如何通过柑橘的叶面来诊断病症。"外面的叶面黄化是怎么回事，叶脉黄化是怎么回事，叶肉黄化是怎么回事，顶尖黄化怎么样，中部黄化怎么样，下一片叶面黄化，不同的部位有不同营养，或者是缺营养元素，或者有病害。"经过现场诊断，李玉晓认为是天牛带来的动物病害和色素症并发了。按照他的指点，农户做了相应处理——灭虫、剪果枝。

"会看病，会治病，农民就很服你！"李玉晓说。

认知革命

2015年7月16日，中国最大的农业电商平台——“农商1号”在北京正式上线，传统农村市场开始受到“互联网+”的冲击。

“农商1号”是由农业部、财政部下属产业投资基金等众多机构与金正大合资成立的。如果说农业生产的现代化要依靠规模化、集约化、机械化来实现，农业流通的现代化则要通过电商来实现。

作为发起者、大股东的金正大出资4亿元，股权占比达33.34%，负责“农商1号”的日常运营管理。这一电商平台定位为中国农资行业的“亚马逊”。它将一改传统农村市场环节多、加价高、选择少、服务差、缺技术、担心多等诸多弊病，将国内外“冠军”品牌的种子、农药、化肥等农资向新型农民进行直销；同时，还将把优质农产品输送到城市。在城乡间架设一条“互联网+农业”的全新桥梁。

目前，“农商1号”已集结金正大、中化、中种、晋煤、瓮福、鲁西、冠丰种业等国内知名农资企业和以色列瑞沃乐斯、美国硼砂等国外农业巨头。

其他电商单纯销售标准化的商品，与之迥异的是，“农商1号”根据农业的特性构建起集“互联网、农业、渠道、技术、服务”于一体的综合平台。它不仅重塑着农资产品流通渠道、农资企业的商业模式，还将提供技术、服务辅助新型农民进行高附加值的农业生产，重塑着传统农业的生产方式。

仅仅在两年之后，2017年7月18日，由金正大集团发起并控股，世界银行国际金融公司（IFC）、华夏银行、亚洲开发银行共同参与的中国首家现代农业服务平台——金丰公社宣布成立。金丰公社将汇聚种植业产业链全球资源，通过平台打造和整合，让这些优质资源为中国农民提供诸如土壤修复、全程作物营养解决方案、农机具销售租赁、农技培训指导、农产品品牌打造、农业金融等全方位的农业服务。

2017年7月，金丰公社揭牌

金丰公社可以看作是金正大“服务即营销”理念的再延伸，相比较“农商1号”侧重于流通环节，金丰公社更加注重全产业链的资源整合。上至上游化肥农药厂商，下到终端用户，以及横向的种子地膜农机，跨界的银行保险，可以说金正大十几年来逐步积累起来的服务优势得到了充分释放。

我们将这种“释放”的原因归结到了“认知革命”上。“认知革命”的使动者是企业方。企业通过研发、市场拓展等方式不断推进消费端的升级，这就是“供给侧改革”。

互联网在这个进程中扮演了什么角色呢？互联网并不是结构性变革的必备工具，它是认知革命的催化剂。从“农商1号”到金丰公社，这其中的改变就可见一斑。网络无法适应农村市场的非标准化需求，但可以提供一个全新的思考框架：从单一的产业链垂直延伸到以点带面的产业链纵横交错，这种平台属性的显露才是互联网带给传统行业最大的认知革命。

企业要同时面对两个客户，一个在上游，一个在下游。在产业链上长久耕耘的企业在未来可以转型成两种客户的需求对接方，也就成为平台。同时，由于以点带面的模式是一种无边界模式，作为平台的企业可以将更广泛的资源纳入其中，其中有的资源甚至并不直接和化肥发生关系。

这种具有大视野和大格局的战略模式一旦确定，企业在执行的时候，就要处理好新旧模式的关系，也就是要学会两条腿走路，在高速中更换发动机。这对于未来的金正大来说，可谓是一次巨大的挑战。

2017年最后一个月，白瑛空降金正大，担任CEO（首席执行官）一职。白瑛是国内快消品营销领域的旗帜型人物，自1999年跟随牛根生创办蒙牛，直到卸任时，白瑛在蒙牛共计经历牛根生、杨文俊、孙伊萍和卢敏放四个发展阶段。一直以来，他在蒙牛人尤其是老蒙牛人心目中的威望甚高，主要源于他对蒙牛的卓越贡献，以及他强大的凝聚力。

无论是蒙牛酸酸乳冠名《超级女声》掀起了娱乐营销的高潮，还是打造特仑苏开创了高端液体奶的全新市场，白瑛在营销创新上的能力被业界传为佳话。万连步在金正大进行全面升级的阶段，将白瑛引入可以看作其决心的体现。

每次和白瑛交谈，我们总习惯性地从蒙牛和金正大的品牌策略差异性谈起。金正大的品牌策略看上去很像快消品行业的打法，但白瑛认为，和成熟的快消品营销策略相比，金正大目前缺失的是品牌的核心定位。“比如说宝洁旗下的飘柔和沙宣，产品是可以定义在品牌中的。金正大现在也有很多产品品牌，我们内部自己知道其定义，但是对于经销商和农户来说，这种定义还不是很明确。用户只是知道金正大有这个产品，但对产品的核心能力还不了解。”

这就是市场端“认知”和“认清”的区别。

白瑛认为，品牌认知是可以通过广告实现市场覆盖的，但不代表可以让用户认清楚一个品牌。比如用户知道金正大是做化肥的，但更要知道自己的庄稼在何时该用哪一种产品，这就是“认清”。若想达到“认清”的目的，就要通过服务。对于农资产品而言，服务是通过“渠道”实现的，也就是经销商。这其中依然存在着对两个概念的辨析能力，即“渠道建设”和“建设渠道”。

“渠道建设”是指让产品通过什么方式流转到终端用户的手中，“建设渠道”则是如何通过这些物流环节更方便地拓展服务和优化产品。白瑛认为这两件事应该同时进行，这也是一个市场倒逼组织进行快速调整的过程。

“渠道建设”首先反映在价格策略上。化肥是普及化产品，不是特定类型的东西。这类产品到达用户手中，就不应该有高于出厂价几倍的溢价。高溢价的出现主要是因为渠道纵深过长，企业失去了对终端价格的把控能力。对于市场变化极速的今天而言，“差价思维”恐怕并非长久之计。

对于当前化肥行业的主流“差价思维”，白瑛认为改变这个局面是行业领导者的使命所在。未来的金正大不但要加大渠道建设的能力，更要将渠道作为直接服务农户的一部分，也就是将曾经处于组织外部的渠道内化为组织的延伸功能。在这一点上，农资产品的较好参照样本是国内的手机厂商OPPO和vivo。

渠道变革历来是企业战略变革中难度最大的一部分，因为其涉及的利益相关方很多，有的时候就是在砸掉别人的“饭碗”。白瑛说:“这就是看你的决心和力度有多大。第一，企业要有定价权。第二，企业要对渠道有一定的控制能力，保证经销商的总收益合理，但要防止暴利。经销商在未来可以换取平台的股份和分红权，保证他们和企业的利益始终捆绑在一起。”

在万连步的“3 + 3 = 1 000”战略规划中，金正大要从2019年开始攀登更高的山峰，通过两个三年，达到1 000亿元的营收。如此目标，在2012年之前，对金正大人来说是不敢想象的，但在2012年底，金正大完成102亿元销售目标的时候，突破千亿的目标就像一颗种子，种在了万连步的心里，每一年的销售增长，如同深土中透出的那点生机盎然的绿色，给金正大人带来更多的信心。经过5年抽枝发芽，千亿目标早已并非高不可攀。认知的改变与革新，来自实干赋予下一步行动的勇气和自信，来自不断升腾的态势给予的眼界和担当。金正大人都相信未来6年间的金正大会义无反顾地奔向既定目标，也相信6年后的金正大将别有一番格局和天地。

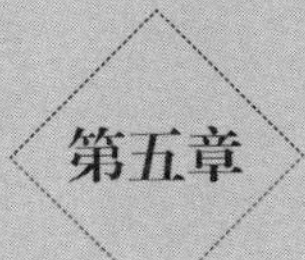

第五章

群星闪耀时

人的美德的荣誉比他的财富的荣誉不知大多少倍。

——达·芬奇

世间一切伟大的壮举总是默默完成的，世间一切智者总是深谋远虑的。

——茨威格

“历史车轮滚滚向前，时代潮流浩浩荡荡。历史只会眷顾坚定者、奋进者、搏击者，而不会等待犹豫者、懈怠者、畏难者。”这是新时代对人才的要求。

“他们都是明白人，都是聪明人。大家到了一起，认为老万这个人可靠，感觉金正大做的这个事值得做，感觉这个事有未来。金正大的这帮人虽然智商都很高，但是思想都比较简单，一心想着干活，这是一个共同的特点。因此，大家在一起相处也比较愉快。”这是万连步对小小的临沂为什么能够吸引并留住这么多人才给出的朴实答案。

第一节
汇聚顶尖人才

根深叶茂

2017年12月，随牛根生一起创立蒙牛集团的元老之一、供职蒙牛18年的白瑛加入金正大，出任CEO。白瑛曾担任蒙牛集团首席运营官、高级副总裁等职务，被称为蒙古族商业精英，其策划的“特仑苏”至今仍然是传奇和神话。类似白瑛这样的精英加盟金正大的事情其实并非个案，外部引入人才也仅仅只是金正大多元化人才机制中的策略之一。纵观金正大20年的发展，其实最大的优势或者说核心竞争力在于人才团队，在复合肥乃至化肥行业，金正大的团队一直是行业里其他企业羡慕的对象，用“群星闪耀”来形容可算是恰如其分。金正大有一个极具战略眼光、熟悉行业技术发展、对市场变化判断敏锐的领头人万连步，而万连步又特别重视人才的引进、培养和使用，为了人才团队，万连步甚至使用了一些“超常规”的手段。

金正大的领导者万连步，是公认的行业首席精英，更是从企业内部成长起来的人才表率，他始终伴随着公司成长，为公司的生存、发展、壮大而奋斗不止。

金正大公司建立初期，充满了艰辛，机械设备由员工自己安装，技术数据由员工自己摸索，吃的是馒头咸菜，睡的是地铺工棚，但员工们毫无怨言。为节约资金，基建全部由职工们干，吃住在四面漏风的工棚里，白天晚上连轴转，伴随万连步和工人们的只有三件宝：水壶、煎饼和咸菜。万连步全程参与，一个月下来，他瘦了10公斤，手下的工人累跑了一半。设备安装好后，为了掌握第一手资料，他冒着车间40多度的高温，连续70多个小时不间断进行各种数据测试，脸上都被化肥粉末烧起了一串串水疱，鼻子被烧出了血水。这些宝贵的第一手资料，为金大地复合肥成功诞生奠定了坚实的基础。

公司成立初期，万连步就带领着金正大与山东省农科院土肥所联合完成了《山东省土壤钙镁硫含量分布、对果菜品质影响及合理施用技术研究》和《山东省主要耕作土壤肥力基础及粮食高产需肥规律与配套施肥技术研究》两项具有国内先进水平的科研课题，并在全省范围内采集了136个县市的1 105个土样进行系统研究，编制出了百万分之一的土壤交换性钙、镁、硫的含量图。这一研究成果是国内首创，填补了中量元素调查与制图的空白。据此，适用于果、蔬、花卉、草药及农作物的中量元素肥料在金正大诞生了。它不仅适用于山东境内，还适用于江苏、安徽、河南、河北等省。在艰苦的创业初期，万连步就能够下决心做这样的事情，既彰显了他对技术产品的重视，也为产品的顺利推广和后来的服务营销奠定了基础。

在万连步身上，我们可以感受到山东人的厚道、温州人的精明，以及欧美人的优雅。其实，我们认为万连步最大的优点和特点是爱学习，他是金正大最善于学习的人。在金正大20年的发展过程中，他不断聘请专家顾问、不断与咨询公司合作、不断外出学习，为的是不断丰富和提高自己。早年的农学专业背景和农业技术员经历，使他对技术、产品十分痴迷，他是公司公认的“第一产品经理”，常常会提前3~5年提出技术产品开发方案，他能够与国内外的顶级专家就重大技术问题侃侃而谈，他本人也获得了国家科技进步二等奖、国务院特殊津贴、国家有突出贡献中青年专家称号。万连步在商贸公司的酱油、饼干、糖果生产和销售经历，又培养他成为市场营销策划专家，金正大早期的多品牌战略和后期的服务营销战略，都是万连步的大思路。早在2006年，金正大就和营销界的“十大营销策划人物”李光斗、朱玉童等合作，大家曾戏言，如果万连步当年没有做化肥而是进入营销咨询界，“十大营销策划人物”的名单则要改写。万连步早期“不务正业”收集身份证买股票、搞期货，多次到新加坡、中国香港寻求上市，以及后来“回归正业”引进国际资本、IPO（首次公开募股）、国内和国际并购，当初不知市盈率为何物的万连步已经成为资本运作的高手。

围绕在万连步身边的最早一批拓荒者，在和万连步一起奋斗的过程中，也迅速成长起来。

1962年出生的解玉洪，加入金正大之前是供销系统的“老农资”，计划经济年代的大蒜、辣椒等农资贸易经历，培养了他敏锐的市场判断能力。作为公司最早一批员工之一，跟随万连步一起创建金正大集团前身——临沂金大地复合肥有限公司，任临沂市金大地复合肥有限公司副总经理、金正大集团董事、副总裁，直至2017年5月10日因病去世。

2007年的金正大集团，只有临沭总部一个生产基地，运输成本及销售旺季的运力紧张已成为公司快速发展的制约因素，面对这一行业共性难题，金正大实施“走出去”战略。2007年9月9日，金正大在山东菏泽经济开发区举行了百万吨复合肥项目奠基仪式，从此，金正大异地建设的第一个生产基地——菏泽基地项目建设拉开大幕。解玉洪从临沭总部抽走了一批业务骨干来到菏泽，在菏泽开发区安营扎寨。随着菏泽基地项目建设步伐的加快，解玉洪带领的菏泽金正大建设者们在一片荒地建基地，吃住在临时工棚，一刮风工棚就开，没有自来水，喝着碱性较大的井水，不是发烧就是闹肚子，毛巾像钢丝一样硬，在这样的环境里，菏泽金正大建设者们一干就是几个月，回不了家。有的甚至春节都不能与家人团聚，带着方便面和煎饼在工地坚守。2010年总项目建成后，菏泽金正大在解玉洪的带领下，实现销售收入20亿元，利润1亿元，为菏泽地区解决约2 000人的就业问题，快速发展成了当地龙头企业和利税大户。

2011年8月，金正大集团在贵州瓮安设立金正大贵州公司，解玉洪又带领一批骨干来到贵州安营扎寨，经过3年的建设，2014年7月20日，具备60万吨世界级品质的硝基复合肥生产线正式投产。

在离世前的一两年，解玉洪又带领团队来到新疆维吾尔自治区，在塔克拉玛干沙漠西北边缘的阿克苏、昌吉回族自治州阜康市筹建金正大在新疆的两个基地。所谓“攻必克，战必胜”，解玉洪正是金正大一名开疆拓土的猛将，将营寨稳稳落在战略版图上指定的关隘。

金正大的常务副总裁高义武，早期是万连步商贸公司下属的饼干车间主任，后担任临沂市金大地复合肥有限公司业务员、销售经理，这位20世纪70年代初出生的山东人，具备丰富的销售实战经验，而且思维灵活，善于思考、学习，前文述及的金正大与中邮物流的战略合作正是高义武一手推动促成的，开启了金正大的“金大地”品牌产品在中邮渠道规模销售的模式，极大地拉动了产品的销售，金正大迅速发展，站到了行业的第一梯队。

2004年10月，高义武担任公司副总裁，分管营销直至

2010年，此后兼任菏泽金正大公司董事长至2013年。在菏泽金正大公司上任伊始，高义武就带着团队一起下车间、走市场、拜访客户，和大家一起找问题、想办法，拿出了可行的基础管理提升方案，提出并实现了“夯实管理提升效率、创新管理跨越发展”的目标，并将这种从一线调研实践的精神转化成了切实可见的成绩。从2014年开始，高义武负责集团公司的运营管理工作，依照降本增效、管理流程优化、提升工作效率三大工作主线，以管理提升精益化项目为推动抓手，将精益化管理做精、做透、做实。“他是一个注重细节又不离大局的人，聪敏而且实干。”这是金正大的同事对高义武的真诚赞美。

金正大副总裁、财务负责人李计国，本是一个中专学校财务专业的毕业生，先后担任过山东新光纺织品有限公司成本会计，山东金沂蒙集团有限公司主管会计、财务处副处长。2002年加入金正大时，也只能算一个普通的财务人员。但此后经过勤奋学习，获得了西安交通大学工商管理硕士、管理学博士学位，并推动了公司的重大财务资本战略，特别是金正大正在启动的由“制造”向“制造+服务”的重大转型，李计国是主要的操刀者之一。

从2015年起，李计国带领团队筹建金丰公社。当时金正大有一个经营转型领导小组，万连步是组长，李计国一开始作为财务人员参与其中，对营销上的事情并不太懂。但想要参与好小组事务，要是不懂营销就没法深入下去。李计国是个要强的人，要干就要干好。于是，他就开始跟着市场跑，跟着经销商跑。经销商早晨6点开会，他就6点过去，从开会开始跟，跟着业务员吃完早饭，跟着到农村开现场会，跟着到农户家里去，每天都是如此。跟了相当长的时间，他慢慢地琢磨出门道，这个事情到底应该怎么弄，到底应该取个什么样的名字农民才能接受。后来就有了“金丰公社”这个项目。经过两年在全国试运行，2017年7月18日，金正大集团发起并控股，由世界银行集团国际金融公司、华夏银行、亚洲开发银行共同参与的金丰公社正式在北京创立，李计国同时兼任金丰公社董事长。

一大批从公司内部成长起来的骨干人才，比如“八仙图”的张晓义和杨艳，也是其中的代表。张晓义是最早跟随万连步创建成立金正大集团前身——临沂金大地公司的拓荒者之一，先后担任临沂市金大地复合肥有限公司副总经理，金正大集团董事、党委书记。负责公司党委工作，做好党组织、党员基础管理工作。通过党委的名义做好各项帮扶工作，落实集团关爱员工政策，与员工和社会共享企业发展成果。杨艳也是同一批跟随万连步创立金大地公司的，她先后担任临沂市金大地复合肥有限公司副总经理，金正大集团工会主席、监事会主席，作为内审负责人，通过运营管理审计和集团管控原则的监督审计，提高公司高管风险管控意识，推动全员风险管理意识，在提高经营效率、减少浪费、规避各项经营风险方面做出了极大的贡献，实现了公司价值的最大化。再比如前文提到的“销售十连冠”能人杨宏海，本是临沭县从陕西引进的大学毕业生，他在所服务的国有企业倒闭后加入了金正大，从销售员做起，多方位磨炼自己的心智与技能，现在已经成长为集团总裁助理、华中营销总部总经理，承担更大的责任。

在金正大2017年年度总结大会上，杨宏海做了誓师发言，附于下面，从中或可管窥让已经在书中提到或限于篇幅未能留名的金正大人能够快速成长的精神土壤：因为坚守工作和责任，因为身边有榜样，因为相信公司的未来，更因为永不服输，绝不言败。

扫大街也要扫个全国冠军[①]

时光如梭，2017年已离我们远去，公司进入快速发展的第20个年头，也是我本人进入公司工作的第12年，回首过去，更多的是感恩，感恩公司快速发展为我们提供了展示自己才华创造价值的舞台，在这个舞台我们辛勤地耕耘，回报公司及家人。

回首2017年，有太多的感动，上半年和原菏泽公司的兄弟们，下半年和华中的兄弟们兢兢业业，顽强拼搏，取得了可喜的成绩，2017年我们的业绩增长50%以上，刚刚过去的2018年一季度任务华中达成123%，增长46%，各项指标均创历史新高，在新品突破、队伍提升、会销专业化等方面取得长足进步，特别是我们提炼总结的千人动销

① 本文为杨宏海于金正大2017年年度总结大会的发言稿。

零赊销模式，大胆创新，突破常规，消除了数十年来的农资赊销顽疾，将渠道农资经营带到一个新的高度，实干加巧干，我们不仅有面子，更有里子，一季度华中13省分公司11个超额达成目标，实现了销量翻番、收入翻番，做到了客户、员工、公司三赢。

2018年公司已经吹响了营销突破的号角，在公司的坚强领导下，华中全员将严格执行公司的战略方针，做好营销突破的各项工作，结合华中区域实际，具体抓好1234金字塔营销战略，确保全年各项指标超额达成，以优异的成绩向公司20周年献礼。

华中区域1234金字塔营销战略，具体是指以大客户培育为抓手，聚焦经作突破，执行富朗开发，千人动销两大动作；做好新品突破、队伍提升、服务落地三大保障；抓好金丰公社、重点县、大二级商培育、终端亮化四项专案。

对于营销人员而言，商场就是战场，最兴奋的事情就是听到竞争对手躺在被窝里哭泣的声音，因为我们深深地知道，我们的背后承载着家人殷切的希望，数万名员工的重托，十万余名客户的生计维持，亿万农户的丰收与希望，我们个人是渺小的，从事的事业却是伟大的！

9年前，在金正大公司从事业务岗位的第一天，我就把163邮箱的签名改成“用心去做，掌控过程，打造业内一流的营销团队”。9年中，我7年做到全国一流，我想这就是最好的证明。

三个月前，我曾经公开表态，华中的目标是扫大街也要扫个全国冠军！这是华中300名“斯巴达”勇士的铮铮誓言，业绩永远不会撒谎！为了那些我们深爱的人和爱我们的人，请用业绩捍卫我们的尊严，请用业绩回报公司、回报家人、回报自己！

2018，为了爱，再出发！

借力外脑

2000年8月，当时的金正大还是个不太起眼的小厂，却做了一件惊世骇俗的大事。金正大与中国人民大学工商管理研修中心，联合成立了“金大地企业商学院”。人大与化肥企业合作办学，开辟了该校历史先河，同时也惊动了国家化工部门的领导。那么金正大此举目的何在？总经理万连步这样解释：“我们与人大合作办学校，就是想寻求外脑，为我们的员工提供一个学习的舞台，用先进的管理方法管好我们的企业。”

这种对人才的渴求，并积极付诸行动的诸多实践，为金正大引入了相当多的专业人才和专家，他们为金正大的持续发展创造了极大的价值。

现任公司副董事长和副总裁的陈宏坤，是万连步最早从外部引进的中高层人员之一，他同时具有清华大学工商管理硕士（MBA）和北京大学法学硕士学位，担任过高校教师、国家机关公务员、证券公司高级经理，从繁华的京城北京到相对偏僻的县城、从金融机构的高楼大厦到工棚式的生产企业，确实反差很大。

2000年11月，金大地企业商学院开班

2007年初，在陈宏坤的推动下，金正大成功引进了德国、美国、新加坡境外资本2 000万美元，为金正大临沭基地30万吨缓控释肥项目第一个异地子公司——菏泽金正大公司的建设奠定了基础，这个事件还成为当年山东省引进外资的优秀案例。此后，作为董秘的他和团队一起历时3年完成了公司的IPO工作。2010年9月8日，公司在深圳证券交易所成功上市，募集资金总额15亿元，金正大实现了华丽转身，上升到一个更大的发展平台。此后，陈宏坤又主导或参与了公司的多项重大融资、投资和并购项目，借助资本市场的工具和力量保障了金正大持续的融资能力、发展能力。

在加入金正大的14年中，陈宏坤从事过公司战略、投资、人力、法务、企管、文化、宣传等工作，随着公司的发展壮大和自己分管业务的变化，他也从一个投资、法律方面的专业人士成长为肥料行业的“专家”。很难想象，这么一个农业和肥料行业的门外汉，通过自己的勤奋和努力，主持完成了国家缓控释肥工程技术研究中心、养分资源高效开发与综合利用国家重点实验室等7大国家级创新平台的申请答辩和运行，主持完成了“十二五”国家科技支撑计划等多个国家项目的答辩申请、运行和验收总结，完成了国家科技进步二等奖的答辩，以及参与起草了国家标准、国际标准等等，并围绕这些平台和项目的运行组织策划了一系列具有行业影响力的重大活动，这对于提高金正大的知名度、美誉度和影响力，以及整合各类创新资源，都具有战略性作用。

崔彬也是万连步早期引进的人才之一。他是北京交通大学管理学硕士，非执业资产评估师，曾在北京巴布科克·威尔科克斯有限公司、世纪证券、太平洋证券担任高级经理、部门负责人等职务。2005年10月入职金正大，是2007年初引进国际资本和2010年9月公司IPO的核心骨干。此后，2014年的再融资20.6亿元、2015年的“农商1号”融资8亿元、2016年国际并购以及2017年金丰公社合资等，崔彬都是主要操盘手之一，他在金正大的职务，也从证券部经理、职工监事、总经理助理，到董事会秘书、副总裁、董事等，基于他所做出的贡献，崔彬获得了深圳证券交易所“金牌董秘”称号。

2010年的上市是金正大具有里程碑意义的事件，上市后开启了全国、全球的快速扩张之路。2010年前后，有一批人加入金正大的团队中，帮助万连步实现了这些扩张。其中胡兆平、郑树林、徐恒军是行业内知名的研发、生产技术和项目建设方面的专家，罗文胜、杨富裕等则是快消品行业的营销高手，翟际栋是国际化人才。

对技术研发有着强烈激情的胡兆平，同样有着儒雅的气质。胡兆平毕业于山东化工学校，先后担任山东临沂市化工总厂开发办公室主任，山东红日集团技术中心副主任，贵州西洋肥业有限公司总工程师、副总裁，山东红日阿康化工股份有限公司副总裁等职务。他1991年在临沂市化工总厂当主任的时候，厂里三个月发不出工资，产品卖不出去。胡兆平就开发了一个硫基复合肥的专利技术。那套专利技术是他年轻时候最自豪的成就，是他当时对社会的最大贡献。那时候国内没有复合肥，只有进口产品，价格很高。他的产品生产出来以后，因为效果好、成本低、卖得便宜而且销量不错，直接把进口肥料每吨的产品价格拉了1 000元下来。化工总厂从发不了工资的小企业，到1999年，胡兆平离开的时候已经拥有员工3 000人，成为整个化工行业很出名的一家企业。

2011年年初到了金正大，胡兆平分管集团研发工作，依然保持着对技术的热爱。他将公司研发中心升级为金正大研究院，围绕复合肥料品质提升、新型肥料创制、肥料相关化学品研发、套餐开发等重点工作，以研发技术创新为支撑，立足基础，整合外部资源，实现产品的升级换代和世界高端肥料的研发，为市场提供有竞争力的、高附加值的新产品。不管和谁说起技术和产品，胡兆平总是娓娓道来，如数家珍，他的研发逻辑非常清晰、系统，其指导思想便是他从长期研发实践中思考提炼出来的“十二字箴言”：减肥、省工、养土、提质、增收、环保。虽然胡兆平在公司的最高级别是副总裁，但他更喜欢研究院院长、总工程师、国家重点实验室副主任这些职务。胡兆平说：“我现在从来不说自己是副总裁，我更喜欢总工这个称呼。”这是他对自己技术研发能力的肯定，更是他对自己科研创新能力的自信。

郑树林也是万连步2012年从外部引入的技术骨干。他毕业于山东化工学校，是高级工程师、高级项目管理师、全国肥料和土壤调理剂标准技术委员会委员、全国工业产品生产许可证审查员，曾先后担任山东临沂市化工总厂生产办主任，山东红日集团技术中心副主任、副总裁，中化山东肥业股份有限公司副总裁等职务。在复合肥行业，郑树业是一位十分低调，但又全国知名的技术专家。

郑树林分管集团生产技术、项目建设、质量和安全环保等工作，任务十分繁重。短短六七年时间里，郑树林带领团队，完成了集团10余个基地、上百个项目的建设或改造，这些项目投资总额超过100亿元。他在金正大16个基地项目的建设中，依托技术创新，实现传统肥料升级换代，在水溶肥、液体肥、叶面肥、作物菌肥、硅钙钾镁肥、肥料增效剂等新型肥料的科技成果转化方面取得了新进展，在资源高效综合利用新技术和核心工艺技术输出方面取得了重大突破。金正大在短时间内发展成为全球最大的新型肥料生产基地，郑树林和他的团队功不可没。

徐恒军则于更早一些的2007年加入金正大，他此前曾在施可丰化工股份有限公司历任车间主任、常务副总。在当年，金正大还是一个不起眼的公司时，施可丰已经是复合肥行业的前五名企业了，万连步经常带领团队前往施可丰学习。徐恒军在金正大先后担任过生产负责人、总经理助理、河南公司总经理、菏泽公司总经理、贵州公司总经理、集团副总裁等职务，在项目建设、生产管理、技术改造等方面承担了重要的任务。

2010年7月，罗文胜从伊利集团入职金正大，任副总裁，分管营销工作。他是20世纪70年代生人，中国人民大学管理学硕士，曾先后担任广东联邦家私集团有限公司营销总裁助理，百事可乐（广州）有限公司区域拓展主管，雀巢（广州）分公司重点客户主任，嘉士伯啤酒（广东）有限公司华北区市场销售副经理，伊利集团有限公司液态奶事业部销售总监等职务。罗文胜的加入，是万连步想学习、引进快消品行业模式，推动公司营销转型的尝试，罗是其中的代表，此前金正大还引进过三鹿、蒙牛、统一、白象、今麦郎等知名企业的人才。在7年左右的时间里，罗文胜推行了一系列的改革措施，比如依托高端平台树立领导品牌，以套餐式专用肥为主线的核心产品推广，以市场布局和渠道裂变为核心的渠道精耕，以大规模试验示范为龙头的顾问式营销模式全面落地，以专业商学院建设推动能力提升和模式打造，等等。2015年7月16日，国内投资最大的农资电商平台“农商1号”正式上线。这一平台的项目负责人便是罗文胜。目前，罗文胜因为个人原因离开了金正大，我们祝福他继续取得优异的成绩。

2012年加入金正大的杨富裕，出生于20世纪70年代中期，曾担任台湾统一企业集团区域经理、安徽真心食品有限公司华北大区总监、今麦郎食品有限公司区域销售总监等职务，是市场营销专业科班出身，有十多年快消品行业的市场营销经验，以及“年轻一代”的活跃敏捷的思维，杨富裕很快适应了农资行业和金正大的节奏。在短短五六年的时间里，他的职务从大区销售总监、总裁助理、安徽公司总经理，变为集团副总裁，分管营销工作。在担任安徽公司总经理期间，业绩在16个基地中名列前茅，实现小基地利润过亿元的大目标。他有一句名言“请不要假装很努力，因为结果不会陪你演戏！”在公司被员工广泛赞誉。

再早一些年份引进的快消品人才，就是前文提到的颜明霄。他于1992年毕业于山东轻工业学院市场营销专业，2013年就加入了金正大。此前颜明霄先后担任山东兰陵美酒厂销售科长、兰陵集团分公司经营厂长、兰陵集团市场管理部科长等职务。兰陵集团曾经是山东省临沂市唯一的上市企业，也是周边众多企业竞相“挖人”的对象。颜明霄在金正大先后担任过市场部经理、采购总监、总经理助理、贵州公司总经理、副总裁等职务，特别是在采购岗位上做了近10年的时间，在化肥行业里提到金正大的“老颜”，大家是爱恨交加，既特别希望能和他做原料采购和贸易生意，获得一些订单，又顾忌他对市场判断敏锐把价格压得很低很低。

这帮精英人才除了使金正大在国内大展雄风，还在金正大的国际化之路上立下了汗马功劳，在化肥行业拥有30多年从业经历，作为团队主要成员完成了金正大集团收购德国康朴、荷兰Ekompany和西班牙Navasa、以色列艾森贝克项目的翟际栋，曾历任中国化建总公司和日本伊藤忠商事株式会社的合资企业——华瀛磷酸有限公司担任董事总裁，中国–阿拉伯化肥有限公司（SACF）副总裁兼首席经济师、加拿大多伦多上市公司斯帕尔资源公司首席运营官，并兼任中国磷肥工业协会副会长，中国硫酸工业协会理事，国际肥料工业协会（IFA）农业委员会成员。翟际栋2013年进入金正大，任副总裁兼国际事业部负责人。2017年，国际肥料工业协会执行委员会一致推举翟际栋为IFA执行委员会执行董事，国际肥料协会新型肥料工作组的召集人。

除此之外，还有早期的创业者李华波、杨官波、曹怀圣、吴清伟、李玉晓、王仕青、郇恒星、唐勇等一批人，以及后期陆续加入的李广涛、宋国发、朱春红、张文静、许静等，伴随着公司的发展，他们已经成长成为重要的“内阁成员”或“封疆大吏”，在行业里都具有很高的声誉和影响力。

由于篇幅所限，我们只能介绍这一小部分人员。实际上，在金正大的团队中，拥有硕士、博士学位，具有丰富的行业背景或是跨行业跨地域的人员，甚至金发碧眼的员工比比皆是。当你来到金正大时，就会被这些团队所感动，被这个强大的气场所震撼。

除了在经营、管理、销售、技术创新等方面引入大量人才外，与顶尖技术专家合作，走产学研相结合的产品研发之路，也是金正大能够持续发展壮大的秘诀。

前文提到张民教授，曾任金正大缓控释肥项目技术总监，现为国家缓控释肥工程技术研究中心副主任。他是山东农业大学资源与环境学院教授委员会主任、博士生导师，植物营养与新型肥料方向的学科带头人。他1982年从山东农业大学毕业获学士学位，1989年、1994年分别获中科院南京土壤研究所硕士、博士学位，1994至1996年在美国佛罗里达大学进行博士后研究。1997年被评为山东省优秀教师，1999年被评为山东省十佳中青年科技专家，2000年入选“国家百千万人才工程第一、二层次”。在*Plant and Soil*、*Journal of Plant Nutrition*等国内外重要核心期刊上发表论文100余篇，其中SCI（科学引文索引）论文20余篇，申请专利6项。近年来主持申请并承担了国家“948”科技引进项目两个、国家博士后基金项目、国家创新基金项目、国家科技支撑计划项目、国家重点研发项目等。获国家科技进步二等奖1项、山东省科技进步一等奖2项、二等奖2

项。金正大与张民教授的团队在缓控释肥研发、生产及技术创新方面开展合作，成了产学研合作的典范。

杨力，山东省农业科院研究员，曾任公司农化服务项目技术总监，主要负责农化服务、试验示范、推广培训工作，1982年毕业于山东农学院，2001年享受国务院政府特殊津贴，被评为山东省优秀科技工作者，记二等功。同时担任中国植物营养与肥料学会理事，山东省农业工程学会常务理事兼副秘书长，山东植物营养与肥料学会常务理事，山东省农业干部管理学院教授，山东人民广播电台农业专家顾问团成员，山东省注册咨询专家，山东省司法鉴定专家。主要从事土壤改良、植物营养与施肥、新型肥料研制等方面的研究。先后主持省级课题3项，参与国家级课题2项，省级课题2项。先后获得省科技进步二等奖3项（主持），农业部科技进步三等奖1项（主要完成人）。在《土壤学报》《土壤通报》《山东农业科学》等刊物上发表论文50余篇，主编《作物营养与施肥丛书》三卷37册。

陈清，中国农业大学资源与环境学院教授、博士生导师，德国Hohenheim（霍恩海姆）大学果树、蔬菜及葡萄栽培研究所农学博士学位，发表中英论文66篇，出版专著或教材7部，获得4项专利。2006年，“日光温室建造与无公害蔬菜生产技术标准化研究”获山东省科技进步二等奖；2008年，“协调作物高产和环境保护的养分资源综合管理技术的研究与应用”获国家科技进步二等奖；2010年，获农业部农业技术推广成果二等奖，“蔬菜高效灌溉施肥技术研究与推广”排名第六；2011

年，获山东省科技进步三等奖，“集约化蔬菜生产水肥调控关键技术研究与应用”排名第二；2012—2013年，“菜田水肥一体化精量控制关键技术研究与应用”获中华农业科技奖科学研究成果三等奖；2013年，“设施菜地连作障碍综合控制技术的集成与示范”获天津市科学技术进步三等奖……他于2014年起任金正大集团技术专家，同时任养分资源高效开发与综合利用国家重点实验室主任。

金正大不遗余力地拓宽界面与专家合作。走出国门的金正大，将人才招募的眼光也投向了国门之外，让世界人才和专业领先技术能够为我所用，为中国乃至全球市场所用。

2014年7月20日，金正大集团向挪威的凯文·莫兰博士（Kevin Moran）、加拿大的罗伯持·伦尼博士（Robert Rennie）颁发了聘书，国际顶级专家“花落”金正大，助推我国肥料产业升级与新型农业发展。

凯文·莫兰博士被聘为金正大集团的首席技术官，他曾在挪威雅苒公司（全球最大的矿质肥料生产及供应商，年生产和销售各种优质化肥2 000多万吨）任首席技术官等职务，有30多年缓控释肥等新型肥料研发、生产和市场推广的经验，在国际肥料业界有很高的知名度、影响力。罗伯特·伦尼博士被聘为金正大集团的生物技术研发与应用特聘顾问，他曾在两大著名的上市公司——加拿大加阳公司和斯帕尔资源公司担任高管，具有多年新产品开发和商业运营的成功经验，在缓控释肥、硝基肥、生物肥技术研发、产业转化等方面有30多年经验。

2016年被聘为金正大顾问的欧洲社会协会执委会（ESAE）主席Luc Maene（卢茨 · 梅纳）也是一身光环。1971年至1980年，他先后任尼斯INAT讲师、马来西亚农业大学土壤科学系讲师（UPM），与比利时政府合作开发项目。1982年至1987年任联合国粮农组织（FAO）亚太肥料开发信息网络咨询团队领导，从1987年开始，担任了25年国际肥料工业协会秘书长，在1988年至1998年还任国际肥料开发中心（IFDC）副董事长。

金正大聘请一大批国际顶尖专家加盟，既掌握了国际肥料先进生产工艺，又建立起了世界先进水平的生产线，生产出世界级的高端肥料产品。更重要的是，可以通过国际合作形成更广阔的视野，借助其广泛的国际关系及合作网络，掌握国际最前沿的肥料动态，并将国际先进的管理方法和理念带入金正大的团队，培养一批既具有开放视野，又兼具创新思维的队伍，使金正大在规模、质量、品质、服务、管理等各方面成为国内领先、国际比肩的国际化企业。

为什么一个小小的临沭能够吸引并留住这么多的人才？在采访和调研的过程中，我不止一次思考这个问题，万连步给出了一个朴实的答案："他们都是明白人，都是聪明人。大家到了一起，认为老万这个人可靠，感觉金正大做的这个事值得做，感觉这个事有未来。同时，大家在一起相处也比较愉快。金正大的这帮人虽然智商都很高，但是思想都比较简单，一心想着干活，这是一个共同的特点。”果然，聚沙尚可成塔，更何况这群汇聚一堂的精英人才呢？他们有共同的价值观，愿意把自己的聪明才智奉献于农业事业，一起拼搏奋斗，这成就了金正大，也成就了他人，更成就了自己。

第二节 平凡与伟大

市场就是战场

金正大有庞大且强大的营销队伍，每一位在市场一线摸爬滚打成长起来的金正大员工，都有说不完的故事和感悟，而金正大营销队伍的特质，也在他们的故事和感悟里一一呈现出来。

官宇坤，金正大长沙销售一公司经理，2007年加入金正大集团，2015年负责长沙市场。经过一年多的奋斗，让长沙市场从最初险些被客户放弃到重新赢得客户信赖，让发货量提升到700多吨。

来到长沙之初很多客户都不是很认可金正大，甚至有的老客户已经放弃了金正大。通过不断地摸排走访二级网点，发掘出客户的核心需求，收集到重要作物数据，较快速清晰地了解市场。他们根据不同作物找出金正大产品在该作物上的核心优势，打造差异化，突出卖点，这也是成功开发新客户的重要因素。

在公司三大专案的有效推进下，长沙市场有了飞速发展的支撑点，极大地调动了二级经销商的积极性，提高了公司及产品在该区域的知名度。大量示范观摩会的成功，也让金正大的美誉度在田间广为传播；公司新型营销战略创客模式让渠道更加多元化、扁平化，更多认同金正大且有资源的人通过金正大这个载体，享受到金正大产品给他们带来的价值和丰收的喜悦。

“套餐肥，一个引爆市场的核武器。”自公司套餐肥推广开展以来，套餐肥作为重中之重在市场中推广，常态化的推广让客户接受和认识了套餐肥的优势。长沙市场主要区域经济作物有水稻、大棚西瓜、草莓等。详细了解农户对作物的用肥习惯、用肥水平、用肥关键点后，才能结合作物生育期需肥特点和公司产品特点帮助农户制订全营养肥水解决方案，才能因地制宜、量身定做用肥方案。他们的这些方法引起了该市场的强烈反响，赢得了广大用户的认可，极大地改善了大户只用进口品牌的局面。

采访中官宇坤分享道：“长沙市场跟别的市场不一样，主要以水稻等大田作物为主。一开始市场对金正大的认可度并不高，部分老客户思维更新较慢，开发难度较大。深入了解市场特性后，我们选择了通过开发新客户寻找突破口。在这个过程中，有人冷言拒绝，有人热情相待。我们全身心为客户服务，及时跟客户对接公司政策，交流营销思路，做好细节的服务，用心帮助客户开发基地客户，建设营销团队，一步步赢得客户信任。我们不给客户夸大目标，实事求是，能做到的百分之百完成，做不到的不胡乱承诺。我认为在营销的任何过程中，诚信都是非常关键的。你欺骗客户一次，再多的努力都白费了。”

诚信是君子之道。莎士比亚曾说过，失去了诚信，就等同于敌人毁灭了自己。在营销之路上，要做承诺的践行者，拒绝空头支票。对客户诚信相待，赢得的不仅仅是市场的认可，还有对手的尊重。

尤灏，2007年进入金正大，这一年，也是金正大异地扩张的头一个年头，公司发展的同时他自己也得到了成长。

在团队里，尤灏起着一个带头作用："我干团队就要干，如果我不干了，团队可以不干，如果团队不干了，那么我上面的人对我们也是该淘汰就淘汰了。”管理经销商软硬结合，结合公司的营销方式，跟着营销思路走。但不是每一个客户都会跟着公司的方向走，对于不配合的客户，主要做的工作是引导，不合格的就要淘汰。

“只要干活就会犯错误，对待我们所犯的错误，尤灏第一时间电话联系我们，让我们马上进行整改，并且让我们独立思考，想想我们在哪方面犯了错误，并且随时提醒我们。”尤灏下面的业务员说道，“他总是告诫我们不能总在同一个地方摔倒，细节决定成败，有时候我们提报客户需求计划时，经常不写产品的品种，就统写金正大复合肥，这样既给我们的内勤工作人员带来了不便，需要打电话再一次确定产品品种，降低了工作效率，又给我们销售人员带来了不必要的麻烦。所以我们每一次提报计划时，尤灏经理都要求我们抄送一份给他，然后在微信中告知，如合格则直接请内勤帮忙开票，及时地送财务及物流。如不合格，则立马要求我们重做，直到我们不再犯同样的错误才放心。”

天行健，君子以自强不息。尤灏刚刚到这一片市场时，首先拜访了不同乡镇的经销商，无论是竞争对手的芭田还是史丹利，都一一进行拜访，了解其他厂家的动态、该市场区域的种植结构及用肥习惯。通过走访乡镇市场，发现金正大客户、沃夫特客户存在的一些问题，就提出几套切实可行的方案，让经销商认识到自己的不足及需要进一步提升的空间。

在塑造产品品牌上结合当地方法，比如：四川的经销商和广西的经销商思路不一样，结合本地的现有营销模式，最主要的是结合公司的营销思路，融入本地的思维方式，引导客户配合。

菏泽公司营销中心农化科的王江昌每天都会在清晨打开微信，分享一篇励志短文，用他自己的话说，他希望做一个“传递正能量的人”。菏泽公司市场部以新人和年轻人为主，他们在职业生涯的初期，最需要有人鼓励和支持增加他们的信心，作为一个过来人，王江昌自感责任重大，他希望同事们在清晨醒来的第一时间就能收到来自自己的正能量，让他们在一天的工作中信心满满，昂首迎接一切挑战。

农化科的工作，是一个集调研和指导于一体的工作，也是一个集专业与创新于一体的工作，更是一个需要不断学习同时又要不断释放自己能量的工作。作为农化科的负责人，王江昌一直致力于营销工作的推动，他的讲课视频、开发课件等资料如今均已成为业务人员的行动秘籍。公司的每一次培训都少不了他的身影，其发布的“每周一邮”更是及时为业务人员提供了最便捷和实用的专业指导。

农化科的工作绝对没有那么轻松，集团已经全面开启由“中国领先”向“世界领先”的新征程，要建立大农化服务部，要实现“世界领先的植物营养专家和种植业解决方案提供商”的新愿景。农化科责任重大，成绩的取得不是靠在办公室里喝喝茶上上网，没有亲身经历就没有发言权，出差就成了家常便饭。他们不停地在田间取土试样，只为制订出最适合当地土壤的施肥方案；他们不断地穿梭于棚内林间，只为找出最适合当地作物的种植方式。白天，当别人坐在装有空调的办公室里敲打键盘的时候，他们已经背上沉重的行囊汗流浃背地寻找下一个车站的入口；晚上，当别人站在自家阳台欣赏夜空美景的时候，他们却在某个宾馆里埋头做着第二天要讲的课件报告。

长期在外的工作性质，决定了他们不可能过上正常人朝九晚五式的生活，更多的时间都是在田间地头，陪家人的时间就更少了，偶尔拖着沉重的行李回家休息，一个月的差旅艰辛也会让他们倍感疲惫。只是每当想到农户因为用了金正大的肥料喜获丰收时，他们的心里就像喝了蜜一样甜。虽然辛苦，但乐在其中。

曾经是中学音乐老师的王江昌多才多艺，真的在金正大得到了施展空间。随着公司对“会议营销”的重视，他再一次“转型升级”，接下会议主持的重担。结果证明，他不负重托，名气大增且好评如潮。

会后，当地经销商握着王江昌的手，万分感谢、激动不已，一场会完成了他下半年的销售任务，一场会的收入顶之前半年，能不激动吗。每次看到经销商如此喜悦，王江昌都打心底里高兴，能够在自己的职业生涯中帮助那么多人，他很荣幸，也很骄傲。所以对于会议主持这个身份，他给自己做了一个定位，那就是：没有主持不了的会，没有控制不了的场，没有收不上来的款，没有销不出去的货。其实这样说，并不是夸海口，多年的主持经验终于用在了“刀刃”上，他很珍惜这些机会，敢给大家许下这个承诺，是他多年对自己严格训练和不断培养的结果。

会议结束了，业务人员拖着疲惫的身体早早地进入了梦乡，而王江昌的工作却还没有结束，会议报道还需要他亲自撰写，公司的微信公众平台有“24小时新闻发布制”的规定，所以每次报道都需要在第一时间撰写，“每周一邮”还得连夜加班做出初稿，赶着明天发出去，而他负责的另一个宣传板块《菏泽公司市场月刊》，也到了刊印的时候了，得再一次增删、修改和定版。等把这几样工作忙完后，已是夜阑人静、月上梢头。

金正大的营销人员四处奔波劳碌，披星戴月，却从未轻言辛苦。他们对客户秉持诚信，让团队保持弹性，紧跟客户，发挥专长，把市场当作战场，“不管风吹浪打，胜似闲庭信步”。

家在心里

集团生产技术中心基建项目组共有7名成员，承担着集团各小基地建设的土建监工任务。2015年时主要负责新疆、辽宁、广东、安徽项目的建设工作。在“大干一百天”活动中，大家尽职尽责，努力进取，克服困难，圆满完成了各项施工任务。从阿克苏、清河到长丰、英德，从西北到东北，从华东到华南，从戈壁大漠到崇山峻岭，基建项目组的7名员工一直在路上。他们跟随着集团事业的飞速发展，足迹踏遍全国各地。在2016年的“大干一百天”的活动中，每位监工人员更是风餐露宿，东奔西跑，以火车为家，哪里需要就在哪里出现。

当时刚入职的沈怀庆报到当天就踏上了去新疆的列车，炎炎夏日，行囊里背着的是棉衣，行走之日就下定工程不完工不回家的决心。初到新疆，种种困难摆在眼前。语言沟通困难，饮食不适应，时差不适应，加之三天两头的风沙天气，这些困难都被这位50多岁的山东汉子一一克服。经过快速适应之后，他和张守朋在施工单位的管理中严格按照施工规范进行监管。由于工期紧、任务重，他俩每天都加班加点，经常是两头不见太阳，有时甚至通宵不眠。夏季的新疆最高温度达到40摄氏度，而且气候干燥，经常起风沙，沙尘暴有时能达到七八级以上，他们都坚持在施工现场，经常是嗓子里、鼻子里都是沙子，沙尘暴一停下来立即投入到紧张的工作中去。现在的新疆项目建设正在如火如荼地进行着，他们为实现10月试车投产的重要目标积极工作着。

在工地上，大家恪尽职守，紧靠现场，和时间赛跑，积极协调设计、施工、监理、勘探等各个相关单位，解决各类问题，保证了项目建设的顺利开展。工期滞后时，他们挑灯夜战，重新梳理施工计划；设计图纸有问题时，他们即刻驱车前往解决。施工过程中，他们深入施工现场，帮助施工方组织人员、改善施工工艺、更新施工方法、提高工作效率。一年年，他们经历狂风暴雨，备受酷暑高温煎熬，奋战严寒冬夜，却毫无怨言。漂泊不定的生活让大家饮食不适，休息不好，大部分人都患上了胃炎、神经衰弱等疾病，有的甚至得了糖尿病，但他们依然在路上。

古玉祥，2011年7月入职，自入职以来，先后在辽宁、广东基地负责现场管理工作。2012年4月，作为独生子的他第一次离开生他养他的故乡，心中装满了父母的嘱托和牵挂。4月的山东万物复苏、百花盛开，但是在辽宁却还是寒风凛冽、冻土层深厚，这些不利因素给他们的施工造成了相当大的困难。为尽可能保证工程快速推进，确保按计划投产，经汇报，领导决定有冻土层的部分基础加深，这样一来，就不用等到冻土层解冻，冻土施工困难的问题也迎刃而解，大大缩短了工期。2012年10月，在辽宁项目建设的紧要关头，古玉祥为了项目建设，结婚一周后就离开了心爱的妻子，投入到项目建设中。2014年8月27日，古玉祥的儿子出生，但是在儿子出生三天后，因辽宁项目需要，他需要立即出差，他告别了产床上的妻子和儿子，毅然踏上去东北的火车。虽然心中满是对家人的不舍，但在工作中一丝不苟，工地进展有条不紊，在开工晚、土地有纠纷的情况下，加快施工进度，比原计划提前完成项目。

广东项目建设经历雨季，施工单位技术力量又薄弱，监理人员李晓斌亲自与施工单位制订施工计划，冒雨在现场指导安装预埋件。2015年夏天，李晓斌的儿子生病，当时正是广东项目工期紧的时候，为了赶工期，他忍痛让妻子辞去了工作，一个人陪孩子在济南住院，直到项目不是太忙的时候他才踏上回家的列车。想想自己的妻儿在陌生城市中的孤独和无助，心中的愧疚无以言表。在短暂的治疗后，孩子的病情得到了控制，孩子住院期间每天都在问："爸爸，你什么时候能回临沭工作啊？"这个时候，这位七尺男儿露出了苦涩的笑容。尽管心里装着对家的不舍，但为了金正大的异地发展，他们选择了奔向远方。

王猛，2012年5月入职，先后去过贵州、河南、德州、广东、安徽基地，2015年9月中旬，在广东施工现场的他接到一个去安徽的指示，当天就买了去安徽的车票。2014年5月，面临着定亲结婚的人生大事，因项目建设需要，只在家休了几天假就告别了新婚的妻子，妻子怀孕期间也无人照顾。2014年12月，王猛的女儿出生，他也只是在家陪伴了几天，就又匆匆踏上了返回的列车。剖宫产的妻子需要照顾，椎间盘突出的妈妈需要照顾，还有尚在襁褓的女儿，虽然放心不下她们，但是他知道，项目建设施工现场更需要他。现在越来越多的项目建设者舍小家、顾大家，他们不是在外基地，就是在去外基地的路上。

还有，有着十几年工龄的张效军、张守朋，他们家中的父母年事已高，正是需要人照顾的时候，为了公司的项目建设需要，他们常年奔波在施工现场。2011年的农历腊月的一天，正在安徽施工现场的张效军接到了老父亲去世的消息，他当即泪流满面，连连念叨：连父亲的最后一面都没见到。为了金正大项目建设需要，舍小家、顾大家的例子数不胜数，正是因为有了像他们这样的金正大人，才有了金正大今天的大发展。

白色娘子军

在发展新技术的过程中，金正大始终坚持自主创新，走产学研相结合的道路，建立了业内领先的科研平台和研发体系，取得了丰硕的科研成果。现有科研创新人员400余人，科研场所20 000余平方米，拥有各类先进研究实验仪器360余台及中试设备40余台（套）。截至目前，已拥有专利206项，其中发明专利196项，并荣获国家科技进步二等奖2项、山东省科技进步一等奖3项，国家重点新产品3项、中国驰名商标2个。金正大参与起草了9项行业、国家和国际标准，并先后批准实施。

金正大的临沭公司质管部化验室里，有一支美丽的队伍。她们没有华丽的辞藻，没有惊艳的服装，唯有一身白大褂下柔弱的肩膀和坚韧的意志，共同挑起了“质检人”责任的大梁。

这支娘子军或许并不是称职的母亲。由于工作的性质，三班倒的工作时间制，使得她们不能像普通家庭的母亲那样尽责，陪伴着自己的孩子。有的人牺牲自己的休息时间多做工作，加班加点为公司创造效益，却忽视了陪伴孩子，她们的孩子没有家长陪着做作业，周末出去游玩散心，她们的孩子备战高考，甚至不能吃到一顿母亲为他们准备的可口的饭菜，相信多年以后他们会理解自己的母亲。

这支娘子军用脚步丈量化验室的每个角落。简单推算下来，每个人每天在化验室步行里程超过10千米，几乎每天穿梭在各个房间。“我刚刚入职的第一天，需要经常来回跑。一天下来，小腿都是肿的，所以每天都穿上大一点儿的鞋子，这样就不至于一天下来脚肿得穿不进自己的鞋子。这项工作真不容易啊，但自己学到了好多知识，同样也为化验室其他辛苦的同事点赞！我们深知这忙碌的背后是对化验数据负责，是为产品质量严格把关。我们不仅负责临沭公司所有的正常开机项目的检验，其中南园区、北园区，新型肥料、水溶肥料等，这些数据的出具，它们凝聚着全体工作人员的劳动成果，我们必须认真对待，确保数据准确无误。更重要的是新项目的检测也是非常烦琐的，需要边学习边检测，需要给车间最直接的数据参考，我们不仅要认真探讨检测方法，而且要确保准确的化验结果并耐心地解答疑惑。”一位新加入的娘子军队员如是说。

每次审核或遇到临时任务，办公室加班就如同家常便饭一样，化验办公室的工作人员准备各种数据报表，确保审核顺利通过。多少次夜班来接班时，她们办公室的灯还是亮着的，休息不了几个小时，揉揉惺忪的眼睛，第二天接着工作。国庆期间为了迎接检查，娘子军全体人员直接取消了休班，全身心地投入到工作中来，一天都没有休息。

“巾帼不让须眉”，这支白色娘子军不仅拥有女性特有的细致和认真，更有不输男性的智慧和技术。除了在日常工作中准确出具样品化验结果，她们还要积累很多技术上的“绝活”。比如，可以修电炉，制作实验的简易仪器，甚至要通下水道换水管。公司对环境指标要求非常高，这支娘子军就需要爬上爬下找烟囱，检测尾气，确保各个车间的尾气排放不超标。

在这些工作中，专业化理论知识和熟练的技能固然重要，但是，还要学会在忙碌中注意到细节，细节非常重要。忙中有细活，这主要体现在化验工作中，化验的处理程序严格按照国际标准执行，过程烦琐但有条不紊，除了确保实验结果准确无误，实验垃圾还要回收并进行环保处理，因为金正大的企业精神就是要制造环境无污染绿肥，而对于污染环境的垃圾便要“铁腕治理”并且严格要求。

这群白色娘子军都是平凡的金正大员工，她们认真负责，尽职尽责，不恪守成规，善于发挥集体力量，每个人实实在在地去做好每一件小事，小事构成了平常工作的点滴，点滴小事累积便能诞生伟大。

第三节
推开幸福的门

致敬勤学者

“学而时习之，不亦说乎？”“学而不思则罔；思而不学则殆。”2 500年前的山东圣哲如此勉励学习，余音回响后世，在齐鲁大地的金正大，发扬学习精神，坚持创建学习型组织，提倡在学习过程中提高工作能力，在工作过程中提高学习水平；将学习与工作融为一体，学以致用，通过学习持续提升个人、团队和企业的能力，以比别人学得更快一步的心态不断打造核心竞争力。

“学习工作化”就是把学习看作工作任务，做到有目标、有计划、有措施、有落实；善于向合作伙伴学、向竞争对手学、向国内外先进企业学，做到学以致用，不断发现工作中的短板，实现绩效的持续改善。

“工作学习化”则是提倡把所从事的工作当作学习研究的对象，把工作的过程看成学习的过程；任何先进的管理方式方法、成功的工作经验都是学习的内容；任何合理化建议都是要研究的课题；善于提炼，强调共享，通过对工作成效和工作过程的反思进行学习。

一个企业要想保持持续的创新优势，其内在动力一定是形成了一个良好的创新文化，并通过不断学习保持创新的活力与动力。

为创建真正意义上的学习型组织，金正大以“创学习型企业，建学习型团队”为目标，提出学、习并重，不仅要学，学到知识，而且要习，运用学到的知识提升能力，形成良好互动，将学习转化成生产力和创新力。董事长万连步说：“一个企业的竞争优势其实就是由这个团队不断学习促成的，真正有生命力的企业就是那些善于学习并能将知识转化成生产力和竞争力的企业。只有比对手学习得更快、更好，才能在机会均等的条件下抢得先机，才能持续引领行业发展。拥有一支学习型的优秀团队，这是金正大永葆可持续发展活力的秘诀。”

多年来，金正大以“创建学习型团队、争做知识型员工”为载体，推进学习文化建设。通过创建学习型组织，建设创新型团队，实施人才强企战略，推进员工素质工程，引导员工不断提高学习创新能力和竞争能力，为公司创新发展引进源源不断的“活水”。在具体实施过程中，金正大采取多种形式，通过多种途径培养员工积极向上、不断进取、不断超越自我的学习氛围，实现工作学习化，学习工作化。在金正大，良好的学习文化氛围随处可见。漫步金正大各角落，各楼层宣传栏之间，最醒目的莫过于“职场加油1+1读书活动”“每月一本好书推荐”的宣传图片，而各楼层之间的休息室最显眼的物品要数书报摆放栏。

如今，工作学习化、学习工作化，成了金正大的一种常态。许多员工在工作中养成了不懂就问的习惯，养成了“打破砂锅问到底”的精神；还有的员工在学习中不断钻研技术，攻克生产技术难题，成了公司生产技术骨干，工作岗位成了员工提升能力和素质的良好平台。

学习贵在应时而变。在肥料行业面临整合与转型升级的背景下，为了进一步提高全体人员的管理创新水平与学习能力，提升整个组织应对变化的创新能力，该公司内外结合齐发力，全力构建学习型组织。

公司筹建“金正大商学院”，并致力于把商学院打造成行业领先、国内一流的商学院机构，成为企业和人才发展的助推器。为使员工学习进一步常态化，金正大商学院下设E-learning学习平台，每季度都有一个学习主题，定时考核，整合社会资源，汇集内部优秀经验，构成强大的师资力量，把内部员工打造成为农化领域领先的营销和管理人才。同时商学院建成后还致力于对经销商、种植大户进行营销、管理与农化知识等方面的培训，使经销商成为营销管理人才，种植户成为农化专家，真正使金正大商学院成为公司内部助推器、外部推动器。

金正大还积极寻求通过“外脑”来帮助员工获得知识的提升。金正大与国内外知名院校、研究机构联合办学、联合培训。与清华大学、中国农业大学、山东农业大学、美国佛罗里达大学、挪威生命科学大学等高校签署相关合作培训协议，使企业各类型人才培养得到有益的补充和提高，为创新提供强大支撑。同时，金正大积极走出去，与知名咨询公司和优秀企业交流合作，引进并优化企业经营管理模式，结合公司内部实际，消化吸收，真正为我所用。

创建学习型组织，已成为金正大持续创新的重要手段与“源头活水”。而细化到个体，每个人的情况殊异，特别是碰上有困难的员工家庭，又该如何激励学习？

金正大在做好企业运营的同时，始终高度重视教育发展与人才培养，通过助学金、奖学金与研究基金的助学方式，让员工子女、高校学生与高校教师实现自己的梦想。

2010年8月27日，公司第五届职工子女爱心助学金发放仪式

如何让金正大员工子女不会因为家庭困难而上不起大学是金正大首先要考虑的重要事情。为此，自2006年开始，金正大设立“金正大爱心助学金”，只要在金正大连续工作满十个月就有资格领取，按专科4 000元/年、本科5 000元/年、硕士

6 000元/年、博士10 000元/年的标准资助员工子女，直至完成学业，以减轻员工生活压力。截至目前已资助近800位员工子女，资助费用高达300多万元，其中400多名学生顺利完成学业，踏上了工作岗位，有30余名学生考上了硕士，4名学生读上了博士。

金正大在内部设立爱心助学金，助力员工子女上学梦，这一行动赢得了所有员工的真心称赞，也赢得了他们热爱企业、忠于企业、奉献企业的激情。2006年，金正大生产一线上的工人班书严遇到了令他高兴又发愁的事情，两个孩子同时考上了大学，加上之前已经考上大学的孩子，家里三个孩子先后考上大学令人羡慕。但三个孩子一年仅学费就要1万多元，这笔不菲的金额让老班一筹莫展。恰逢此时，金正大筹建了爱心基金，并举办了第一届爱心助学金发放仪式，三个本科生每人5 000元，老班一下子就领到15 000元，一片愁云顿时散去。2005年，一年一度的高考升学过后，几家欢喜几家愁，对于家庭相对贫困的李婷婷来说，大学圆梦后的学费问题成为她最担忧的事情，学费为这颗年轻却上进的心蒙上了一层阴影，正在她打算辍学时，在金正大工作的父亲为她带来了一个意想不到的好消息，公司为她承担部分学费，面对来之不易的幸福，李婷婷抱着知恩图报与永不言弃的信念，从专科、本科、硕士一路考上来，直到以第一名的成绩考上北京中医药大学的博士，公司的爱心助学金也陪伴她走过8年。每每提起她的求学路，她对公司的感激之情溢于言表，她说是公司的爱心为她点亮了求学路上绵延不熄的明灯。

铺设爱心路，更重要的是将爱心铺到员工的心坎里去。在金正大像老班一样的工人还有很多，爱心助学金是金正大贴近员工办实事，贴近基层搞服务，是服务生产大局、努力构建和谐企业的具体体现。爱心助学金对于金正大来说不仅仅是金钱上的资助，更是企业履行的一份责任和一份承诺。金正大党委书记张晓义认为，要打造和谐的金正大之家，要通过“助学工程、帮扶工程、亲情工资、安居工程”等一系列福利工程建设，真正做到让爱心进厂到家，让公司员工后顾无忧，增强员工的认同感与归属感。

在助学工程建设方面，金正大关注的目光既向内也向外。在内部设立爱心助学金后，金正大又在多所高校设立奖学金，助贫困孩子圆大学梦。自2006年起，公司在临沂大学、山东农业大学设立“金正大奖学金”，旨在帮助大学优秀贫困学子早日成长，又先后在中国农业大学、青岛农业大学、西北农林科技大学等设立“金正大奖学金”，为贫困学生排忧解难，为优秀学生提供激励，以资助品学兼优的大学生顺利完成学业。

同时，金正大与山东农业大学、中国农业大学、中国科学院南京土壤研究所、国家杂交水稻工程技术研究中心等多家科研院所设立了科研基金项目，为教师科研提供经费资助，为行业研究贡献一份力量。如2008年，金正大与山东农业大学所设立的“金正大科研基金项目”，就是公司为进一步深化校企合作，促进产学研深层次发展而专门设立的。设立多年来，公司出资百万元以供山东农大多位教师进行科研开发，旨在进一步对缓控释肥进行试验研究，通过试验确定不同作物的缓控释肥养分最佳配方、最佳施用量、施用方法和施用时期，解决普通化肥肥效不高、资源浪费及环境污染等问题。此外，项目基金的设立还为部分青年教师科研提供了经费资助，对于促进教师深入农业生产第一线，帮助青年教师尽快成长、提高业务素质发挥了重要作用。

和谐工程

2013年，金正大对企业文化进行了梳理和修订，其中核心价值观修订为“创新为魂，和谐为本”。企业发展的最终目的是什么？万连步给出的答案是让员工过上“健康、快乐、超小康”的幸福生活，而健康则是放在首位的。

为此，金正大成立了颇具特色的“健康管理办公室”，专门负责管理全员健康服务与咨询。于是，在金正大公司的办公楼里经常可以看见一个个健康提醒牌，有关季节性健康保养的小知识，有关疾病预防的小常识，有关心灵正能量的激励语……每一个健康牌的右下角都标注着“健康管理办公室”。

这只是明显处可见的行动，健康管理办公室更多的是关注全员职业健康管理，针对公司不同性别的人员、不同性质的工作岗位，设立了具有针对性的健康计划，并落实到个人，针对每个人都有具体的硬性健康指标，并组织开展各类健康活动，包括新员工入职体检、中高层年度体检，发现问题及时复检、就诊，并建立了员工健康档案；不定期邀请专家进行健康讲座；开展“营造绿色躯体环境指导”系列健康培训活动，请专业老师进行辅导；开展常规性的健康操、眼保健操、各类体育比赛等活动。此外，金正大充分利用公司网站、邮箱、电梯、各办公区的宣传栏、公共区域等资源普及健康小常识；开设健康专线、健康讲座、问卷调查，有的放矢地进行相关服务；发放各类健康书籍，以提高公司全员的健康意识与健康状况。

在生活中，金正大更是提供细致周到的后勤管理服务，让员工吃得放心、住得舒心、工作得安心。金正大有能容纳1 000余名员工同时就餐的食堂，有7条班车路线畅达临沂与临沭全城。

除了软环境的建设，金正大还实实在在建设硬件设施，为员工打造一体化健康生活的整体环境。金正大建造了3 000多平方米的员工康乐中心、高标准的员工食堂、生产园区员工洗浴中心、塑胶灯光球场和文化休闲音乐广场。为改善员工居住环境，打造温馨舒适的金正大之家，2012年公司又投资新建完工56 000多平方米的员工公寓楼，员工宿舍配有电视、空调等生活电器和书桌衣柜等家居用品。通过实施标准化、统一化管理，打造温馨舒适的“金正大之家”，让员工工作和生活都能够舒心、安心。

为了更好地陶冶情操，放松员工身心，金正大在员工紧张工作之余，开展丰富多彩的文体生活，经常利用节假日组织举办各种体现员工凝聚力的文体活动，增强员工的归属感。

“三八”妇女节、五一劳动节、元旦、春节等重大节日，公司都会组织开展文体健身活动，一方面让有才艺的员工展示自我，另一方面，也使员工们互相沟通、互相了解、互相配合，员工的精神面貌也潜移默化地发生了深刻的积极变化，幸福感日益增强。

金正大人认为最好的企业不仅是利润最大化，更应该是幸福最大化，因为幸福感才是企业终极的核心竞争力：幸福企业才能幸福中国。

金正大为员工贴心打造“生日伙伴祝福计划”，只要是公司员工，在生日当天，公司赠送一个生日蛋糕和一份生日礼物，让员工切实感受到来自公司的问候与温暖。金正大认为，公司的和谐与幸福，不仅是公司员工个人的幸福，而且应该是员工家庭的幸福，幸福的范畴应该包含员工的子女、父母及家属。针对员工父母，公司每年给员工发放第13个月亲情工资，作为孝心工资，使员工的成长能让家长有切身感受，共同分享收获与奋斗的喜悦。

万连步认为：“作为一个负责任的公司，发展最终要落实到每个员工个人的发展上，公司要切实解决好员工最关心、最直接、最现实的利益问题，合理的薪酬待遇才能提高员工的归属感和向心力，从而才能让员工生活得更好、更有尊严、更有幸福感。”为了实现让员工生活得更好、更有尊严、更有幸福感这一目标，金正大坚持企业发展成果与全员共享、企业发展成果要惠及全员的理念，每年都会在公司员工原工资基础上提高薪资待遇5%~25%，实现了薪资待遇在同行业与当地具有较强的竞争力，保障了员工的生活水准，解决了后顾之忧。

员工生日活动

值得一提的是，2008年全球金融危机中，我国化肥行业被卷到了风口浪尖，许多企业纷纷停产、限产、减薪、裁员。面对市场波动，金正大向社会公开承诺不裁员、不减薪。同时，金正大化危机为机遇，以此为契机“苦练内功”，分期分批对生产、营销、后勤等系统的人员进行能力提升培训，并组织500名优秀员工到井冈山进行革命传统教育，公司通过一系列措施，锻炼了队伍、赢得了人心、开拓了市场，实现了逆势增长。

金正大认为和谐不应仅仅停留于公司这一小单元范畴，只有全民、全社会的和谐，才能真正带来公司的和谐与员工的幸福，为此公司积极投身于各种社会公益活动，努力为和谐社会贡献一份力量。

2009年1月，金正大百万“亲情工资”献父母

金正大多次号召全体员工用爱心做事业，以感恩之心做人，用实际行动为构建和谐社会尽一份力量，这得到了全体员工的积极响应。公司员工每年自发开展慈心一日捐、爱心书包捐助活动。此外，在社会救助事业方面，公司积极开展社会救助帮扶体系，在公司开展帮扶工程、在社会开展帮扶活动，与地方贫困村落与居民建立一对一帮扶救助机制，为帮扶对象送去资金，送去知识与希望，尽力帮助困难员工早日脱贫致富。多年来，公司积极投身于社会公益事业，坚决做一个责任型的企业，扶贫济困、捐资助学、帮助留守儿童、抗震救灾、志愿行动等系列公益活动，累计捐款捐物3 000余万元。

金正大多年来通过健康工程、快乐工程、安居工程、助学工程、帮扶工程、培训工程等努力去实现的“和谐工程”带来了实效，不仅使企业保持了强大的创新力与竞争力，实现了快速、健康、可持续发展，企业的员工也获得了工作能力和生活品质的提升。在奉行“家国同构”理念的中国，能够在企业内部从文化、制度、服务等层面形成“我爱我家，我家爱我”这样的良性呼应，诚为幸福将临，国家之幸。

第六章

大时代当有大梦想

不要怀有渺小的梦想，它们无法打动人心。

——歌德

一个人的理想越崇高，生活越纯洁。

——伏尼契

新时代的中国正在回归世界舞台中心，实现中国农民的百年富裕梦，赶超发达国家的工业进程，探索人与自然的和谐共生，这些宏伟的梦想如今已有了实现的可能。

金正大是中国农业领域的标杆性企业，它的发展可谓与国家的进步同频共振，伴随金正大前行的脚步，企业家万连步的“中国梦”也日渐清晰。

作为一个农民企业家，万连步有着抹不去的乡土情怀；作为一个现代农业企业的掌舵人，万连步率领金正大进军全球市场，问鼎技术巅峰；而万连步自己更愿意从一个普通人的视角，反思人与土地的关系，尝试以“亲土种植”的方式，建构中国农业的和谐生态。

第一节
农民富裕梦

乡土情怀

深秋时节，从枣庄下高铁往临沭方向，一路尽是开阔的田野。汽车在笔直的高速公路上疾驰，路旁茂盛的植物迅速映入眼帘，又迅速消失于身后。我将视线投向远方的天际线，不由得感慨，当新生物蓬勃向上生长时，天穹其实并不遥远。

临沭是临沂下辖的九县之一，临沂古称琅琊郡，诸葛亮、王羲之、颜真卿等一众名士皆出于此，如今它是山东省人口最多、地域最广的城市。大约两个半小时以后，车辆已转入临沭的兴大西街，复合肥高塔、巨型金属储罐、高耸的烟囱、成片的厂房——大工业的滚滚热浪扑面而来，金正大的总部就坐落于此，这片曾经的中华文明发祥地，成了今日中国的大工业产业园。

虽然临沭已是全国最大的复合肥生产基地，但在外人看来，临沭毕竟是个小县城，人才、科研等资源有限。很多人曾不止一次问过万连步，为何不把公司总部搬到北京去？每次他都笑笑说，这里就是我的家，是我的根，其他哪里我都不去。作为一个土生土长的农民企业家，在万连步的心里，他的根始终是农村。在这里，有他熟悉的父老乡亲，有他眷恋的故土，更有他热爱的“三农”事业。

穿梭于金正大的厂房、办公区和生活区，不时能看见一些外国人士，不难感受到这个创办于山东偏远县城的企业，早已是一家业务遍布海内外的大型跨国公司。走进办公楼大厅，几个“奥运缶”格外抢眼，“有朋自远方来，不亦乐乎”，言犹在耳。

一行人在会议室入座不久，几个身材魁梧的男士同时踱步而来，其中两位是外国专家，万连步与之相谈甚欢，金正大近年连续收购了几家欧洲企业，产品、技术、产能都有了质的飞跃。他接着与我们谈到了他的创业初衷，谈到了“帮助农民增收，促进农业发展”的心愿，还略富诗意地表示要“继续扎根于大农业，做永恒的麦田守望者”。言语间流露出一个齐鲁能人的实干气质，又不乏企业家的广阔视野。

不过，让我们最好奇的是万连步年轻时担任农业技术员的经历，当回忆起中国农民当初的艰难生活，他几度唏嘘。当然，我们也不妨从一个亲历者的角度，重温那段岁月，回望农业技术为农民生活带来的改变。

20世纪80年代，改革开放的春风吹到了广大农村，一些农业领域的新技术、新产品开始出现，然而如何让农民转换思维方式，接纳新事物，却是万连步等一线农业技术员所面临的难题。比如推广杂交玉米一事就有不少波折。当时，种子公司告诉农民杂交玉米虽然产量高但不能自己留种，第二年播种需要重新购买。不少农民舍不得再花额外的钱购买种子，就悄悄留下一部分尝试播种，看看自己留的玉米种子和买的杂交玉米到底有什么区别。结果当年的玉米种得很好，第二年当作种子再种下去的时候，产量一下子萎缩为原先的1/3。

那时还是农业技术员的万连步立马成了“救火队长”，他几乎是挨家挨户地跟农民解释，终于慢慢消除了许多农户的成见，避免了农户不必要的损失。其实，杂交玉米也好，杂交水稻也好，都不能留种，和小麦、大豆、花生不一样。后来，杂交玉米大幅增产带来的效益也让农民获得了实惠，杂交玉米推广工作随之得以顺利展开。

除草剂的推广也历经周折。除草剂种类很多，有些是用于单子叶植物的，所谓单子叶植物就是玉米、小麦之类的作物，种子不分瓣，双子叶植物诸如花生、大豆。用在这两种植物上的除草剂是完全不同的，混用反倒会伤害秧苗，所以得分别购买。

当时好多老百姓不听这一套，除草剂不就是除草的吗，还跟庄稼有关系？结果有些人买回家以后，也不分辨，本应用在大豆、花生上的除草剂打到了玉米地里，把玉米都烧死了，甚至一个村几十户种的上百亩玉米都被除草剂打伤了。

老百姓犯了难，更急坏了万连步，他赶紧拿出图纸画上不同子叶的植物图谱，分发到农户手里，亲自去给农户们讲解，这个方法倒是很管用，农民一看就明白了。此后，很少听说误用除草剂的事件发生，大家也逐渐接受了除草剂科学使用的观念。

毋庸置疑，长年担任农业技术员的经历让万连步对“三农”问题有着更深入的理解，他成了一个“接地气”的企业家。而金正大也像是一株扎根大地的大树，与农民有了一层特殊的联系。

2018年1月31日，万连步再次当选全国人大代表，这已是他第二次第六年担任人大代表了。他曾经多次就耕地质量保护、农业技术推广、绿色农业发展、农村道路交通改善、新型职业农民培训、化肥供给侧改革等关系农民切身利益的问题递交提案。今年，在我国农业供给侧改革的关键期，在中央大力实施乡村振兴战略的背景下，他又一次提出发展农业生产性服务，为农民提供专业化的培训，以期引导更多资本、技术、人才等要素向农村流动，提高农业创新力和竞争力。

服务“三农”，并非只是纸上谈兵，万连步是这么说的，也是这么做的。

自履职以来，他就肩负起了一名人大代表应有的使命与职责，从农民中来，到农民中去，脚步从未停歇。座谈、走访、考察、调研，一年365天，他有很大一部分时间都是在一线度过，不论是田间地头、示范大棚，还是农户的家里，都有他风尘仆仆的身影，而这些地点都随时可能成为他的“办公室”。他调研的时候，每到一个地方，总会与乡亲们聊聊庄稼，唠唠家常，谈谈如何种地施肥，了解他们的困难，认真记下需要解决的问题，最后把来自农民群众的呼声和愿望带到大会上。

“我是一位农民，为‘三农’尽心尽职服务，是我一生的事业与心愿。当代表不为人民办点事，对不起人民。”一字一句，掷地有声，万连步成长于农村，他对农民的情感总是要比一般人更为恳切。

中国有一个现代农业梦，金正大有一个农民富裕梦，在万连步的心里，服务中国农民的梦想早已埋下，而现在金正大已是中国举足轻重的化肥企业，他的梦想有了坚实的支点，接下来所要书写的画卷正徐徐展开。

社会企业家

万连步曾说过：“我们所有工作，最终可以用两个字来概括：民心。”他说，信誉高于利益，企业的一切经营行为最终目的是让农民满意。

眼下，金正大已建立了业内领先的“农化知识传播体系、测土配方施肥服务体系、现场服务指导体系”的专业农化服务体系，并通过服务模式创新，把产品、技术、服务工作落村入户，为农民提供植物营养、植物保护、作物栽培管理、种植安全乃至农业金融、农产品加工销售等一揽子服务解决方案。

其中，职业农民培训成果斐然，金正大依托现有的“农化服务中心”，与农业部共同建立“农民田间学校”，承担农业种植管理诊断、专业农技知识培训、机械化种植服务、测土配方施肥、实验示范等，让技术、产品、服务下沉到田间地头。2017年底，已建起几十所示范带动能力强的农民田间学校，每年培养农民技术员超过5 000余人次，带动示范农户5万余户。

对于当地技术部门资源，金正大则通过示范田现场观摩培训、科技大讲堂、示范推广万里行、万村千乡科技入户工程等形式，开展肥料选择、施用、病虫害防治、栽培管理等方面的培训，满足农民在作物种植过程中的技术需求。

金正大还定期选送规模种植户等职业农民到山东农业大学、中国农业大学、清华大学、中国人民大学等知名学府进行短期培训，系统学习作物种植、农业经营管理等专业知识。经常性组织大规模职业农民赴国内外培训，仅2012—2017年间，已组织了上万人次赴欧洲、美国、韩国、以色列等农业发达地区参观学习经营模式和种植经验。

实践永无止境，学习亦永无止境，迄今为止金正大已携手专家学者编写出版了《作物营养与施肥丛书》《作物营养与施肥技术问答》《新型肥料无风险施用》《中微量元素肥料的生产与应用》等农技科普书籍，免费发放300万册给各地农民。

此外，金正大一直在主推种肥同播和水肥一体化等先进种植技术。

在种肥同播方面，金正大通过对先进施肥技术的培训与推广，以农机农艺相结合的方式开展大规模的种肥同播服务。仅在2011年至2015年间就投入种肥同播机80 000台。并且，每年启动“万名机播手培训”活动，发放《机播手应知手册》培训教材3万册，年均培训机播手数万人。

在水肥一体化方面，针对我国水资源紧缺、水肥资源利用效率低下等问题，金正大也做出了不遗余力的努力。2015年，金正大启动滴灌设备赠送活动，向全国的农民合作社、种植大户、普通农户捐赠10万套水肥一体化滴灌设备，并提供全程技术服务指导。在金正大的影响下，相当一批科研机构、企业、经销商、农技推广人员也一起加入推广活动，“政府推动、技术驱动、企业拉动、规模带动”的互动格局逐渐成形。

“水肥一体化可以使中国农业告别‘面朝黄土背朝天’的传统场景。创新是发展的动力源，企业是自主创新的主体。我们要由‘中国制造’向‘中国智造’转变，坚持创新发展，推动农业发展方式从要素驱动转向创新驱动，从依赖规模扩张转向提高质量效益。”在万连步眼里，水肥一体化的重要性非同一般。

如今的金正大不断由经营产品向经营客户、为客户创造价值转变，由制造向“制造+服务”转变，由单一的产品销售向为作物提供全程营养解决方案转变。以土壤修复、品质提升、减肥增效和全程营养为核心理念，帮助种植户实现土地的有效利用和作物的高效产出。

一言以蔽之，金正大的事业，是把专业的农业服务带进千家万户，打通“科技到田”的最后一公里。当农业向专业化转型，农民走向了职业化，距离百年的富裕梦就更近了一步。

万连步的作为似乎已超出了“商业企业家”的范畴，戴维·伯恩斯坦在《如何改变世界》一书中提出了“社会企业家”的概念，相较于前者，“社会企业家”是那些为使命驱动、有创造力的个体，他们开拓新机遇、改造旧秩序，最后要重建一个更美好的世界。在这个意义上，万连步不失为一名既有经营才干又有情怀和理想的“社会企业家”。

第二节
工业进行时

重置“世界时间”

法国年鉴派历史学家布罗代尔曾提出“世界时间”的概念：人类文明并非同步演进，能够代表人类最高水准的文明只会出现在地球上两到三个地方。其余的大部分地点都是默默无闻，被抛弃在世界历史进程之外的。按照这种说法审视中国的文明史，大概在15世纪以前中国文明还是当之无愧的“世界时间”的载体，但15世纪以后，中国文明被抛弃在世界历史进程之外。

中国如此，中国企业亦然。如何重新夺回“世界时间”，改变7亿件衬衫才能换回一架波音747的窘境，昂首阔步走向世界，是这一代中国企业的使命，也是金正大不能回避的问题。

金正大一度处于追赶国外先进企业的状态，为了明确自我定位，与世界接轨，万连步常常出国考察，亲身体验中外的差异，那些曾经触动他的场景至今挥之不去。

2002年，万连步陪同临沭县的领导前往欧洲考察，在法国的某日，结束了一天的公务，万连步打算出去买点东西，他找到一家大超市，然后习惯性地径直走向农化陈列区，他看到了缘悭一面的“缓控释肥”——一种被誉为“施肥技术的一次革命，21世纪的绿色环保肥料”的新型肥料，其售价竟然是自己生产的化肥价格的10倍！万连步又惊又喜，联想到缓控释肥不仅收益高，还节约资源，每使用一吨缓控释肥，就可以减少一吨传统化肥的用量……后来有机会接触到这家化肥企业时，万连步希望能够去参观一下这个企业，并希望向对方了解一下缓控释肥的产品特性、应用情况，结果事与愿违，万连步吃了“闭门羹”，对方压根儿不愿意接待，更不想谈缓控释肥产品和技术，三言两语就敷衍过去了。

缓控释肥是世界上极其尖端的一种肥料，面市40多年来，这种技术一直被世界上少数几家公司垄断着，它们享有高额的利润，却对中国等其他国家进行严密的技术封锁。

“企业要做大做强，不能跟在别人后面打市场，产品必须要有科技含量，不断创新，必须走在行业的前列，掌握市场主动权，否则只有死路一条。”回国以后，万连步在公司内部的会议上对全体金正大人提出了大力开展自主创新，赶超世界一流品牌的要求。

另一次是发生在德国，考察康朴公司的过程中。万连步发现它们有的产品其实很简单，但在质量控制上，德国人的工匠精神堪称一丝不苟。康朴的车间并不大，设备也不是最先进、规模最大的，但自动化程度非常高，制作流程极为精细。同样是做肥料，人家的车间就是一尘不染。万连步不由得感慨，康朴在特种肥料的细分市场做到欧洲第一的确是实至名归。中国人不仅要向世界领先企业学习技术、学习管理，还要学习它们的价值观，要“换脑子”。或许这就是金正大后来收购康朴公司的缘起。

如果说万连步是通过大量的田间调查，细致地了解了种植户们种地施肥的真实情况，那么，他也正是通过经常性的国际考察，充分掌握了国外知名化肥企业的领先之道。了解客户，了解对手，万连步心里有一把标尺，精准地丈量着金正大前行的脚步。就在大量中国企业如金正大般奋起直追外国同行之际，“世界时间”已开始向中国转移。

话语权在中国

2016年4月和2017年5月，国际标准化组织（ISO）颁布了《控释肥料》国际标准和《脲醛缓释肥料》国际标准，这两项标准的颁布实施填补了全球空白，两项标准均由金正大主导制定。正如人民网的评论所说，这既是中国肥料实现技术领先的标志，也是中国化肥企业在国际舞台上话语权和影响力的充分展示。

缓控释肥最早由西方发达国家研发应用，我国的缓控释肥的研发和推广后发先至，经过十来年的发展，已成为世界上最大的缓控释肥生产国，不仅成功实现了缓控释肥产业的从小到大，还实现了从追随者到领跑者的转变。

过去的发展经验表明，中国企业“走出去”的难点不在技术而在标准。主导国际标准的制定，也就意味着我们可以提供满足标准的产品设计、工程建设和装备制造等一整套“交钥匙”服务。所以这不仅是中国标准的国际化，而且是我国整个肥料产业链技术国际地位的提高。

万连步就曾表示，要以缓控释肥国际标准的颁布实施为契机，加快标准、技术的宣传与推广，让更多的人认识、了解这项技术，并向国内企业输出缓控释肥技术，促进化肥产业的转型升级；未来，金正大要在全球范围内建设10个样板工厂，展示技术和产品，发出“中国的声音”。

制定行业标准是中国企业掌握国际话语权的标志，金正大的国际影响力更有其世界性产业布局的支撑。

在国际化战略上，金正大的一系列举措也可圈可点。2006年以来，金正大相继在美国、以色列、德国和日本成立了研发中心，开展新型肥料、土壤、植保、现代农业等的研发和创新，紧跟国际先进技术，整合全球创新资源。更为出彩的是金正大的国际合作与并购策略，从与以色列利夫纳特集团、耐特菲姆公司，德国巴斯夫、意大利赛迈·道依茨法尔集团等达成商业合作，到收购德国康朴公司、以色列艾森贝克、荷兰Ekompany和西班牙Navasa公司等国际知名农化企业，短短几年间，金正大让世界看到了中国农业企业的崭新形象。

在多轮并购以后，金正大引进国外最先进的农业技术和产品，从农业设施、肥料产品、种植指导等全产业链服务中国农业，开展有针对性的落地行动：比如，美国的富朗技术专注土壤改良，通过全系产品线，提供系统的土壤解决方案，能够为作物和土壤提供360度的保护；以色列的诺贝丰水肥一体化技术，推动优质的水溶肥和水肥一体化技术在中国的应用；德国康朴公司全新系列化肥产品将面世，提升产品效率的同时，也让产品使用更为便捷……

观察金正大近些年突飞猛进的势头，人们总会好奇为何金正大从名不见经传的山东小县城起家，一跃而成为具备世界级影响力的行业巨头？我们无法做出简单明了的解释，但不妨从金正大的创新资源整合能力上窥探一二。

首先是2009年10月国家缓控释肥工程技术研究中心的成立，它是经国家科技部批准，以金正大为依托组建的，集缓控释肥基础研究、工程技术转化、质量检测、标准制定、新产品开发及应用示范为一体的创新平台，也是我国缓控释肥行业唯一的国家级研究中心。当时，杂交水稻之父袁隆平还特意为之题词。

“杂交水稻之父”袁隆平院士为国家缓控释肥工程技术研究中心题词

初次到金正大的研发中心参观，一抬眼就看到门口的10块标牌，那是金正大的十大研发平台，其中有7个属于国家级技术创新平台。此外，金正大依托在全国各地的生产基地网络，在山东、河南、贵州、广东等地建立了多家省级创新平台。

有赖于此，金正大汇聚了强大的科研力量，为产品创新提供了持续的动力。今天，金正大拥有肥料行业最全的新型产品矩阵，产品有缓控释肥、硝基肥、水溶肥、液体肥、增效肥、微生物肥、土壤调理剂等新型肥料。

万连步曾说，肥料供给侧改革的核心之一便是增加中高端供给，现在金正大的缓控释肥已在全国118个市县36种作物上大面积应用，累计推广面积超2亿亩，基本覆盖了我国主要区域的大田与经济作物，为农民节本增效上千亿元。

2010年1月，经科技部批准，金正大牵头成立了缓控释肥产业技术创新战略联盟，2017年1月，经农业部批准，由金正大集团牵头的高效复合肥料国家农业科技创新联盟正式成立。两个联盟涵盖了近50家国内高校、研究院、生产企业和推广单位，旨在建立以企业为主体、市场为导向、产学研用相结合的创新机制，集聚行业优势创新资源，突破行业发展关键重大技术，推动我国新型肥料产业的快速、健康发展，为我国化肥使用零增长、粮食安全和农业可持续发展提供科技支撑。

在科技平台强有力的支持下，金正大先后承担了“十一五”“十二五”国家科技支撑计划和“十三五”国家重点研发计划、国家星火计划、国家火炬计划、国家重点新产品计划等40余项国家级和省级重大科研项目。

“首先可以肯定的一点是，我国农业不缺技术，缺的是推广。”万连步在2018年两会期间接受记者提问时这样回答道。他表示我国的缓控释肥技术、水肥一体化技术和种肥同播技术等在国际上是具有影响力和竞争力的。五年内，我国新型肥料生产技术与产品研发水平在国际上是先进的，甚至可以说是领先的。

万连步的回答看似云淡风轻，却有着十足的分量。

万物生长

财经作家吴晓波曾用“激荡十年，水大鱼大”来形容中国过往的十年历史。在这十年里，中国的经济总量增长了2.5倍，一跃超过日本，位居世界第二。人民币的规模总量增长了3倍，外汇储备增加了1.5倍，汽车销量增长了3倍，电子商务在社会零售总额中的占比增长了13倍，网民数量增长了2.5倍，高铁里程数增长了183倍，城市化率提高了12个百分点，中国的摩天大楼数量占到了全球总数的70%，中产阶层人口数量达到2亿，每年出境旅游人口增加了2.7倍，中国的消费者每年买走全球70%的奢侈品，而他们的平均年龄只有39岁。

中国这个世界经济的火车头依然势不可当，对世界经济的贡献率高达30%。以至于2017 年11月发布的美国《时代》周刊，除美国本土版外，杂志封面都用中文和英文两种语言写着“中国赢了”（China Won）。据封面文章作者伊恩·布雷默介绍，这是《时代》周刊封面第一次出现两种语言。在内文《中国经济是如何赢得未来的》中，作者布雷默指出，如今，中国已经成为全球经济中最具实力的国家。

在这十年里，中国公司的体量也发生了巨大的变化，在《财富》世界500强（2017）的名单中，中国公司的数量从35家增加到了115家，其中，有4家进入了前十；在互联网及电子消费类公司中，腾讯和阿里巴巴的市值分别增加了15倍和

70倍，闯进全球前十大市值公司之列；在智能手机领域，有4家中国公司进入前六强；而在传统的冰箱、空调和电视机市场上，中国公司的产能均为全球第一；在排名前十的全球房地产公司中，中国公司占了7家。全球资产规模最大的四大银行都是中国的。

十年间，金正大的发展也有了质的飞跃，从一家偏居一隅的中小型企业，成长为中国农业产业化龙头企业之一。2007年金正大的营收不过26亿元，第一个异地基地尚未建成；2017年金正大营收已达到198亿，并在山东临沭、山东菏泽、安徽长丰、河南郸城、河南驻马店、辽宁铁岭、贵州瓮安、云南晋宁、山东德州、广东英德、新疆阿克苏、湖北潜江、新疆阜康、陕西大荔、云南寻甸、云南曲靖等地建有16个生产基地，在德国、拉脱维亚、意大利、荷兰、西班牙等国建有10个工厂，在美国、德国、以色列、日本建有4个研发中心，在澳大利亚、挪威、巴西、印度、泰国、越南、新加坡等地设有10余个分支机构。

在观察金正大的过程中，我们发现很多中国的大企业其实在全世界的企业之中已经没有了参照物，这时候企业所需要的是什么，就是敢为天下先。这句话放在20年前，一定是非常虚妄的，无论是从中国的企业规模、全球行业的排名，还是从中国企业家的成熟度而言都是不成立的。而今天，这已经是一个迫在眉睫的话题，这个时候的中国，特别需要一批有着离经叛道思维，有着敢为天下先精神的企业家，能够在一个没有对标的时代，继续前行。

作为全球最大的缓控释肥生产商，金正大的目标是成为“世界领先的植物营养专家和世界种植业解决方案供应商”。万连步在2017年的工作会议上阐述了他对金正大未来的规划，他表示要加快“创新型、服务型、平台型、国际化”的金正大建设，借助技术、资本、品牌、人才与机制优势，积极转变增长方式，通过商业模式创新，全面拓展新的业务发展领域，着力打造“肥料制造、土壤修复、联合协作、海外市场、农业服务”五个业务方向，推动公司由制造向“制造+服务”转变，实现由“中国领先”到“世界领先”的跨越，成为有国际影响力的受人尊重的农业服务商。

这家中国农业领域的标杆企业最终将开拓出怎样的全球版图？大抵谁也无法定义一座正在喷发的火山到底有多大的威力。

第三节
守望家园

灰犀牛将至

“它们生活于非洲草原，体型笨重、反应迟缓。人们常年看得见成群结队的犀牛在远处吃草，从不担心它们靠近并造成伤害。然而，当灰犀牛受惊狂奔时，却是致命的杀手。”这是美国作家米歇尔·渥克在其代表作《灰犀牛：如何应对大概率危机》[1]中对灰犀牛的描述，她用灰犀牛事件来指代那些“大概率且影响巨大的潜在危机”。

那么中国农业存不存在“灰犀牛”？应该说长期深耕于农业领域的金正大是有发言权的。万连步曾经数次在两会发表提案，就耕地质量提升、农业技术推广、发展节水农业等事项，建议政府加强相关领域的管理与立法工作。

耕地是最宝贵的农业资源和生产要素，耕地质量事关农业的可持续发展。我国人均耕地数量少，耕地资源紧缺，人均耕地面积仅为世界平均水平的45%左右，人多地少的国情，使我国的农业生产一直坚持高投入、高产出模式，耕地长期高强度、超负荷利用，造成耕地质量下降。据统计，我国三大粮食作物产量的地力贡献率为52%，比欧美国家低约20个百分点，因此，必然要靠增加投入保障粮食安全，我国使用了占世界1/3的化肥，仅生产了占世界1/5的粮食，在低质量的耕地上发展农业生产，永远避免不了高成本、低效益和高污染的问题。

近年来，随着城镇化、工业化进程的加速，耕地数量减少的趋势难以逆转。与此同时，耕地承载的压力进一步加大，质量问题日益凸显，区域性耕地退化问题越来越严重。从整体上看，耕地地力后劲不足，土壤养分失衡，生态功能变差，污染

① 《灰犀牛》简体中文版已于2017年3月由中信出版社出版。——编者注

日趋加剧。

在造成耕地质量下降的相关因素中，肥料的不合理使用亦不容忽视。

肥料不同于一般的工业产品，是重要的农业生产资料。肥料通过施入土壤或喷施植物叶面，为农作物提供营养。肥料质量的优劣与使用是否得当，不仅影响农作物生长和农产品质量安全，而且事关生态环境的状况。

长期以来，在肥料生产、经营、使用过程中存在着许多严峻的问题：如假冒伪劣肥料坑农害农现象时有发生，严重损害农民利益，影响农业生产；肥料使用不合理，存在重化肥轻有机肥、重氮磷肥轻钾肥、重大量元素轻中微量元素的现象；过量施肥现象普遍发生，导致成本增加，地力下降，耕地退化，环境污染，农产品品质降低，直接影响粮食安全、农产品质量安全和农业可持续发展。

如此种种堪比一头狂躁的灰犀牛，它被彻底激怒似乎只在旦夕之间。要知道1厘米的土壤，要1 000年才能形成，土壤的修复、改良不是一日之功，倘若耕地问题集中爆发，将直接威胁我国的粮食安全、农产品质量安全和农业可持续发展，造成“灰犀牛事件”的最终爆发，化危为机已迫在眉睫。

所谓“亡羊补牢，为时未晚”，金正大既然有先见之明，就有应对之策。考虑到耕地作为一种特殊资源，一旦被破坏很难修复，就算修复也需要耗费大量的人力物力财力，并且修复周期很长。万连步主张从国家层面立法，建议国家借鉴世界各国的先进经验，将《耕地质量管理法》纳入立法计划，明确由农业部牵头开展立法调研，组织起草法律条文，细化现有法律规定，明确农业部门管理耕地质量的责任主体，建立耕地质量建设投入机制、耕地质量护养机制、奖惩机制，规范耕地质量保护、建设、监督管理等活动，强化对破坏耕地质量行为禁止性规定。

面对耕地质量问题，立法固然必不可少，作为中国农业领域的先行者和实践者，金正大也正在通过推广缓控释肥、水肥一体化技术、土壤改良技术及"亲土种植"的理念，助力中国绿色农业的发展。

亲土种植

近年来，土壤保护成为全球性问题，发展中国家的耕地土壤质量普遍存在严重的失衡，这已经成为制约农业可持续发展的瓶颈。我国耕地土壤面临着两"大"两"低"问题，即退化面积大、污染面积大、有机质含量低、土壤地力低。2018年中央一号文件提出，"开展农业绿色发展行动，实现投入品减量化"。习近平总书记更是明确指出，耕地是我国最宝贵的资源，必须把关系十几亿人吃饭的大事的耕地保护好，绝不能有闪失。

作为扎根大地的企业家，万连步早就开始思考这一问题，很早就把土壤调理产品及土壤改良技术作为金正大种植业解决方案的核心战略之一，通过和全球顶尖土壤问题专家、院校合作，在开发新型生物能技术和土壤调理系列产品等方面走在了世界前列，并积极响应国家政策，率先提出了“亲土种植”的理念和技术方案。万连步说，所谓“亲土种植”理念，就是通过采取对土壤“亲和、友好”的方式来开展种植作业，以作物优质高产和耕地质量保护提升为双目标，保障农业的可持续发展。具体而言，“亲土种植”倡导优质的种植从土壤改良开始，通过生物科技等对环境友好的科技手段实现环境改善，帮助收益更好增长。与此同时，“亲土种植”还倡导减肥增效所带来的品质提升，通过产品增效技术、精准施肥等解决方案，有效减少化肥、农药、地膜等使用量；同时也提倡顺应土地集约化趋势，实施全程科学管理服务和机械化种植的推广。

2018年1月31日，万连步再次当选为十三届全国人大代表，在十三届全国人大一次会议上，他提交了《关于提升耕地质量，夯实农业生产能力的建议》等4项建议。建议国家倡导“亲土种植”理念，并把每年春分时节的3月21日设为“亲土种植日”。3月21日，就在“两会”闭幕的第二天，金正大与农业部耕地质量监测保护中心举行战略合作签约仪式，双方将结合国家乡村振兴战略，围绕耕地质量保护提升、亲土种植、试验示范、技术培训等展开合作，探索政企合作服务新机制。在签约仪式上，农业部耕地质量检测保护中心、世界亲土种植联盟、高效复合肥料国家农业科技创新联盟、金正大集团、金丰公社等单位，以及参会专家，积极响应万连步的建议，共同发出了《关于设立“亲土种植日”的倡议》。

关于设立“亲土种植日”的倡议

万物土中生，有土斯有粮。土壤是农业发展的命脉，是乡村振兴的根基。长期以来，我国农业以高投入高产出的超负荷模式运行，耕地承载压力巨大，调节修复能力下降，长期处于“亚健康”状态，发展土壤“亲和、友好”型亲土种植势在必行。

一年之计在于春。春分是农业生产的重要节气，每年3月春分前后，是春耕备播的大忙季节。同时，每年3月，相关的国家农业政策、重点推广技术和项目等都已确定，正是需要宣传贯彻落实的时候。因此，我们倡议把每年春分时节的3月21日设立为全国“亲土种植日”，通过开展丰富多彩的技术研讨和宣传推广等活动，普及“亲土种植”理念，从源头上保护耕地质量，提升作物品质，推动农业绿色发展，实现乡村振兴战略目标。

以设立“亲土种植日”为契机，我们呼吁从四大方面推动亲土种植落地：

一是倡导改土养地：亲土种植，从耕地土壤改良开始，对酸化、盐渍化、退化、有机质含量下降、受污染耕地进行改良、培肥、修复治理，保证土壤健康，提高耕地质量。

二是倡导减量增效：通过科学施肥用药，应用高效环保肥料和农药，发展节水农业，有效减少化肥、农药、地膜等用量，减少对耕地的破坏。

三是倡导品质提升：通过全程作物营养，实现作物品质和产量提升，推动农业由总量扩张向质量提升转变。

四是倡导综合服务：顺应土地流转、集约种植趋势，倡导科学种植管理，推广机械化种植等现代农业技术服务，让生产效率和耕地保护得到有效提升，帮助农民增收。

为保障亲土种植落地实施，我们呼吁政府、行业协会、高校和科研院所、涉农企业、新闻媒体，以及社会各界联合行动，投身到亲土种植公益行动中。通过示范田建设、服务站打造、技术培训、公益基金设立等举措，推广新产品、新技术和专业服务，以实现千县万村种植模式升级、培育千万新型职业农民、守护亿亩良田的宏伟目标。

保护和提升耕地质量、推动亲土种植，不仅仅是一个人、一个区域、一个国家的事业，更是整个人类的事业，需要我们每一个人、每一个社会组织加入其中，贡献一份力量。让我们携起手来，从我做起，从今天设立“亲土种植日”开始，积极推广普及亲土种植，共同为农业强、农村美、农民富的新时代农业中国梦努力奋斗，让“绿水青山就是金山银山”的美好愿景早日成为中国农村的现实图景！

2018年3月21日

万连步说，金正大利用自身的产品、技术和服务优势，以及20年来对中国广袤土地的耕耘与坚守，已经开始了对“亲土种植”这一理念的积极践行。

第一是改土养地，保证土壤健康和土壤肥力是亲土种植的基础和前提。为此金正大创新研发了拳头产品——“亲土1号”系列，该产品专注土壤改良技术，与全球最前沿的生物能科技同步,通过全系列产品，系统解决土壤酸碱失衡、有机质低、土壤板结、肥力不足、根际微生态环境恶化引起的连作障碍等问题，为作物和土壤提供全方位保护。在保障农民增产增收的同时，保护农民赖以生存的土地，以实现土地可持续的利用与发展。

第二是减量增效。对此，金正大提出了“25+10＞50”的减肥增效方案，即使用25千克新型稳定性肥料加上10千克缓控释肥，凭借总计35千克的肥料，保证了无论是作物产量还是品质，都优于50千克等养分含量的传统肥料效果。“25+10＞50”减肥增效方案可以说是“减肥增效”工程的最佳实践,目前在玉米、小麦上取得了非常稳定的效果。此外还有种肥同播技术、水肥一体化技术、药肥一体化技术等，目的都是减少肥料、农药、地膜等的使用，减轻对土壤的破坏。

第三是品质提升。在“亲土种植”理念的指导下，吸收、引进并推广全球顶尖的种植业相关技术服务于中国农业，把科技转化为高品质的产品和服务。同时，通过高效精准的种植业解决方案，让化肥使用量持续降低的同时，实现作物产量与品质双提升。

山东菏泽成武县张楼乡前李村的李清瑞，亲眼见证了亲土种植带来的变化。他的大棚西红柿使用亲土种植解决方案后，不但果实比以前大，产量高了，而且成熟也快，可以提前上市卖个好价钱。

贵州省瓮安县江界河镇的果农张以帮，也感叹新时代、新技术的好。前几年，他种植柚子的农地出现了土壤板结、酸化的问题。在金正大农化专家的指导下，他用亲土种植产品在果园建了两亩示范田。一年后，土壤又恢复了松软，柚子产量和质量都有明显提升。

不过，像李清瑞和张以帮这样乐于尝试的农民仍是少数，相当一部分的农民不懂技术、忧心成本、不愿改变，为了化解这个难题，万连步表示，亲土种植还要通过推广现代农业服务，直接帮助农民实施全程科学管理服务和机械化种植技术推广，让生产效率和土壤保护得到有效提升，进一步推动农业绿色发展，实现乡村振兴战略目标。

这便要讲到第四点综合服务。此前，金正大已经在全国多地建设了多家农化服务中心和近百家作物研究所，并联合世界银行、华夏银行、亚洲开发银行共同投资成立了中国首个现代农业服务平台——金丰公社。

万连步计划设立千家以上县级金丰公社，它们将与种植户签订托管合同并提供从购买种子、肥料和农药等农资产品，到实地改土、播种、施肥、打药及收割的全程服务。用广泛的全球资源、专业的农机手、科学的种植管理技术和现代化农业机械，让亲土种植惠及全国农民。

“让世界为你种田，这是金丰公社对中国农民做出的承诺。”万连步的这句话登上了《人民日报》，他说金丰公社要做农民信赖的组织，是农民的管家，农民有尊严生活的承载者。

金正大的全称是“金正大生态工程集团股份有限公司”，其中“生态工程”四个字意义重大，它是一种愿景，也体现了万连步的前瞻性和预见性。万连步“亲土种植”的理念，源于金正大生态工程建设实践的经验总结，既有利于绿色农业的发展，也有助于乡村振兴战略，是一场农业的“认知革命”，推动着人与土地和谐生态的形成。

在希望的田野上

“问渠那得清如许？为有源头活水来”，自然是人类生存之本、发展之基。发展必须处理好人与自然的关系，从无节制单向索取，转向有度有序利用自然，促进人与自然和谐共生。“天育物有时，地生财有限，而人之欲无极。”人类只有遵循自然规律才能有效防止在开发利用自然上走弯路，人类对大自然的伤害最终会伤及人类自身，这是无法抗拒的规律。

国家“十三五”规划提出，坚持绿色富国、绿色惠民，为人民提供更多优质生态产品，推动形成绿色发展方式和生活方式，协同推进人民富裕、国家富强、中国美丽。这是生态文明建设的本质要求，体现了对中华民族永续发展的历史责任，对全球生态安全的中国担当。

金正大的亲土种植理念可谓和“人与自然和谐共生”的国家倡议不谋而合。毕竟农业生产与环境保护的关系，归根到底是人与自然的关系。发展绿色农业，其本质是如何处理好人与自然的关系问题，让农业生产与环境保护相辅相成。健康的农业生产环境更有利于农业高效生产，而健康的土壤是高品质农产品的生产前提。

怎样协调人与自然的关系，也是世界性的议题。亲土种植的全球化，万连步不能缺席。2017年11月13日，新华社客户端出现了这样一则报道——《金正大向全球首推创新“减肥增效”工程》：在德国波恩召开的第23届联合国气候变化大会上，万连步以国家缓控释肥工程技术研究中心主任、金正大集团董事长的身份发表主题演讲，介绍了目前中国及中国农化企业推动减少碳排放的创新养分管理方案和创新服务模式。特别是“25+10＞50”减肥增效新理念引起了会议的热议。万连步介绍，在近年的示范种植中，使用25千克新型稳定性肥料加上10千克缓控释肥，总计35千克肥料，无论是作物产量还是品质，都优于50千克等养分含量的传统肥料效果，是“减肥增效”工程的最佳展示。这一“减肥30%”的方案目前在玉米、小麦上取得了非常稳定的效果。联合国气候变化首席政策官和项目主管马丁 · 弗里克由衷感叹：“农业领域前所未有的改变正在发生，而推动这一进程加速并加深的解决方案已经存在。”

紧接着，万连步又赶往美国，推广他的“亲土种植”理念。12月5日是联合国的“世界土壤日”，当天，由联合国粮农组织（FAO）、联合国防治沙漠化办公室（UNCCD），以及泰国、荷兰、哥伦比亚、莱索托等国常驻联合国代表处联合发起的世界土壤日主题活动在联合国总部大楼召开。多位官员和专家围绕今年世界土壤日的主题“关爱地球，从土壤开始”展开讨论。万连步作为本次大会唯一来自中国，也是现场唯一的企业代表，介绍了金正大在中国的耕地土壤保护经验和实践工作，与全球有志于土壤改良的伙伴交流了土壤保护议题。据悉，这不仅是中国企业首次出席世界土壤日的主题活动，更是中国农化企业首次在联合国平台上就耕地土壤改良问题发声。“我们认为，土壤退化、土壤污染等问题已经成为制约农业可持续发展的重要因素，关爱土壤健康已经成为全球共识。”万连步讲道，“我们非常愿意和世界同人分享金正大的技术和经验。”当天，由全球多家土壤、种植业相关机构和企业、行业学（协）会、专业研究机构和专家共同发起的“世界亲土种植联盟”在联合国总部宣布成立，这是全球种植业首个致力于推广先进土壤种植理念，实施土壤保护行动的国际性公益组织。万连步表示，金正大将成为“世界亲土种植联盟”的积极参与者和推动者，并发出倡议，愿意在中国及全球，与政府、行业协会、科研机构、企业、种植户等一起合作，推动农业可持续发展。

亲土种植任重而道远，2018年开春，金正大又在这条通往未来之路上迈开了一大步。

“亲土种植 · 富养天下”，这是2018年3月21日，金正大与农业部耕地质量监测保护中心达成的战略合作中，为双方共同组织的系列公益活动确立的主题。双方一致表示将结合国家乡村振兴战略，围绕保护提升耕地质量、生产绿色优质农产品等，通过试验示范、技术培训、专家论坛和专题调研等公益行动，把亲土种植产品、技术、服务落入田间。

在建设亲土种植服务试点和示范田方面，双方也将因地制宜采取措施。针对东北黑土地、西北盐碱地和南方酸性土地等不同地域特征，力争通过3~5年的努力，形成集耕地质量保护与提升、种植业结构调整、绿色优质农产品生产于一体的，与山水林田湖生态平衡系统构建相适宜的耕地质量保护与提升的技术模型和操作办法。

2018年3月26日，由农业农村部种植业司指导，农业部耕地质量监测保护中心、中国植物营养与肥料学会、世界亲土种植联盟主办，金正大承办的“亲土种植 · 富养天下——守护亿亩良田，践行乡村振兴”大型公益行动启动大会在北京举行。金正大将联合百家科研院所、百位知名农业专家，在全国上千个农业重点县，通过示范田建设、服务站打造、田间技术培训、带头人培养、公益基金设立等举措，让亲土种植产品、技术及服务在田间地头落地。此举被称为金正大的“百千亿行动”，体现了万连步和金正大对农业、对土地的一片赤诚热爱。土壤改良和耕地保护不仅仅是一个企业、一个行业的事情，而且是一个国家的事情，它直接关系到全人类安身立命之本，中国更需迎头赶上。只有不断普及和深入践行亲土种植，让中国传承千年的耕作文化以更优良的方式传递下去，才能为子孙后代留下更肥沃的土壤、更美丽的乡村、更持续的立命之基。

大时代当有大梦想、大担当、大情怀，在2017年度的总结讲话中，万连步有一段话真情流露，现将它抄录如下：

“……第一要有家国情怀。大地是我们的母亲，是人类赖以生存的家园，我们没有理由不呵护她，守护她，这是金正大生存的理由，又是我们的使命。而农业是立国之本，也是我们生存的根本，这是我们责任所在，也是金正大发展的历史机遇。身处这样一个伟大的时代，从事服务三农这样一份伟大的事业，是崇高而神圣的。我想，不热爱三农的人，从事三农工作是做不出成就的。只有对大地充满深深的敬畏，对三农充满无限的热爱，我们的事业才有希望，才有未来。”

万连步进一步解释说，“亲土种植”已经上升到金正大战略发展高度，面对全球农业绿色发展新趋势和中国实施乡村振兴战略的历史性机遇，农化行业正迎来一个前所未有的黄金时代。未来10年，金正大将继续做好新型肥料的研发和推广，把化肥减施的方案、化肥增效的技术进行推广；另外还将围绕土壤修复、耕地质量提升、农业服务等开展工作，这比单纯的肥料业务更有意义、更有前景，要围绕着种植业，种前、种后、销售等，提供一揽子种植业的综合性服务，真正成为“世界领先的种植业解决方案提供商”。

万连步说，在金正大的第二个十年里，举公司全力把缓控释肥推向全球，打造出缓控释肥第一品牌。比如建设了国家缓控释肥工程技术研究中心，主导制定了《控释肥料》国际标准和《脲醛缓释肥料》国际标准，缓控释肥技术向荷兰、德国输出，以及北美的化肥企业借鉴采用了金正大首创的缓控释肥掺混配伍技术（缓控释肥与速效肥掺混使用，可减少化肥使用成本，全程有效）、同步营养技术（肥料养分释放与作物吸收基本一致，可提高肥料利用率、提高作物品质和产量）、机械化种肥同播技术（缓控释肥与种子同时使用，不仅节省劳动力，还可提高肥料利用率），等等，这是非常值得自豪的事情。在金正大的第三个十年里，金正大将把“亲土种植”的理念和技术推向全球。我们完全有理由相信万连步说到做到，并且期待这一天的早日到来。

后　记

陈宏坤

自我2004年加入金正大，到今天已经整整14年了。至今我还清楚地记得14年前的那个夏天乘坐K51次列车到达临沂的情景。其实那是我第三次到金正大了，之前的两次都是过来考察交流，探讨是否加入，犹豫了近半年的时间，终于下决心试一试。之所以迟迟没有下决心，不仅因为离家太远，而且那时候的金正大还很小很小，条件异常艰苦：办公室是简陋的工棚式平房，十分拥挤，全公司只有一个能容纳15人左右的会议室，遇到大一点儿的活动都得到县里四处借会议室；部分车间还是作坊式的，连个叉车之类的自动化设备都没有；刚到金正大的前半年，吃饭、洗澡，甚至上厕所都极不方便……之前的工作经历和生活环境，与这里反差确实非常非常大！

物质上的艰苦也许不算什么，文化、工作习惯的差异更需要努力去理解、去克服、去适应，然后再逐步改变。7天工作制让很多外来的人望而却步，很多老员工无法理解每一天都带着电脑上班的新同事：到底有多少材料需要打印？劳动合同和社保缺失，招聘面试的时候说不清楚工作职责、地点和汇报对象，等等，这些在创业初期的企业很普遍的情况，在金正大都毫不例外地存在。但是，热情、厚道、宽容和简单的金正大人，已经把“吃苦耐劳、大胆务实、艰苦创业、超前实践”的朴素的企业精神，深深植入每一个人的心中，大家都在热火朝天的事业中寻找自己的位置和机会，根本就没有时间去考虑什么是艰苦、什么是文化差异！

在这快速发展的14年中，我非常有幸参与了其中的许多重要的工作。比如外方历时半年多的尽职调查，反复沟通，最后耗时18小时的艰苦谈判，终于引进外资2 000万美元；历时3年多认真准备、严厉且苛刻的审核及路演，经历了惊心动魄的变化起伏，最终成功实现公司IPO；从山东走向全国、走向全球的多个新基地建设和并购扩张，调研、论证、谈判，以及整合，都有学不完的知识和技巧；促成公司和40多家国内外高校、科研院所及政府部门的重大政产学研合作，得到了一批顶级专家的支持；从几乎为零的研发基础到建成七大国家级创新平台，两次获得国家科技进步奖，多项国家重大研发项目的实施，经历了无数次的申报、答辩、评估和验收；

两项国际标准的制定，通过了辩论、学习甚至妥协；与中国邮政的服务三农合作，走向田间地头的试验示范、技术培训，更了解广大农民的需求和他们的不易；无数次绞尽脑汁起草公司文件、组织公司的会议……在这个过程中，金正大甚至推动了一些国家产业政策的出台，推动了行业技术进步和产业发展！这是一个极为难得的学习机会和成长平台，也是极为宝贵的经历和财富。

金正大从100万元起步发展成为200亿元的企业集团，从一个作坊式的破旧工厂发展成为在全国有16个现代化生产基地、在国外有10个工厂、4个研发中心和10余个分支机构的国际化企业，从一个靠“模仿偷艺”的小公司到行业领跑者……和其他任何一家企业一样，金正大的发展，深深地带上了企业一把手的烙印。万董事长超前的思维、对技术的偏执、对市场的敏锐、与合作伙伴共赢的理念，以及对人才的渴求等，都成为行业的典范，也是促使金正大快速发展的最重要的因素。直到现在，我们依旧喜欢听万董事长讲他过去的故事，比如书中提到的折腾山楂苗发了第一笔财，贩卖苹果，在北京注册文化公司，收集身份证到深圳买股票、炒期货，办食品厂和上海镇江企业联营等，这些经历为他后来经营肥料企业积累了宝贵的经验。万董事长是金正大最重视学习、最善于学习的人。他熟悉农业、热爱农业，了解农民的需求，又熟悉快消品等行业的经营思路和理念，这使得他较为容易地不断制定和完善金正大的发展战略，在行业里独树一帜。但是，由于他特别低调，很多行业之外的人并不大熟悉和了解金正大，因此，金正大在行业内被称赞为隐形冠军。

金正大特别重视和谐文化、家文化的建设，书中提及了不少有关员工关爱、客户成长的例子。正是因为有了这样的文化氛围，金正大拥有了一批优秀的员工，不论是创业的元老，还是后期陆续加入的大学毕业生和职业经理人，都深深认同金正大的文化，愿意追随万董事长一起创业，并肩作战，一同摧城拔寨，一起分享成功的喜悦，一起流泪面对失败，甚至是一起喝得酩酊大醉……由于篇幅的限制，本书中没有能够采访和展示更多的员工，这些同事一直是金正大最为宝贵的财富。由于开疆拓土和市场销售等需要，很多金正大员工常年奔赴在外，陪伴家人的时间少之又少，为了支持金正大的工作，家人承担了更大的家庭重任，付出了更多的时间和精力，贡献巨大，他们同样是金正大的宝贵财富。金正大有一大批10年、15年和20年的客户、供应商等合作伙伴，有不少客户伴随金正大的发展逐渐成长壮大，已经从小个体户成为当地有影响力的农资企业，有些客户成为金正大资本层面的合作对象，成了一家人。

坚持科技创新，走政产学研合作道路，是金正大最大的特色，也是核心竞争力所在。在这些年的合作过程中，我们有幸结识了一大批国内外行业知名专家，从学习请教，到交流讨论，一起做科研项目和市场服务，他们知识渊博、治学严谨、态度谦虚、为人热情，在金正大的发展过程中贡献了不小的力量。在许多政府部门、行业协会、新闻媒体等的鼎力支持和帮助下，金正大不仅成为行业的知名企业，也为行业发展、承担社会责任付出了努力并做出贡献。

蓝狮子的团队为这本书的编写和出版贡献了智慧和汗水。作为最知名的财经出版领域的文创公司之一，蓝狮子为读者奉献了不少经典作品，但是它们在农业领域还是一个空白。在两年多的时间里，我们一起调研、访谈、分析整理、讨论甚至是争吵，终于合力完成了这个成果。蓝狮子团队的专业水平、敬业精神都是我们学习的榜样。

今年，金正大将迎来20周年庆典。过去的20年里中国和世界经济发生了巨大变化，一批批企业出现、成长，也有大批的企业消失。对于要树立百年品牌的企业来说，20年还很短，仅仅走出了一小步。在过去的20年里，金正大从无到有、从小到大，走出了一条独特的发展道路，在清晰而专注的差异化战略、重视技术创新和服务营销、建设和谐文化、稳步尝试国际化发展等方面，都进行了积极的探索，并取得了不错的成绩。记得在2005年公司销售收入过10亿元之后，几个外部专家和地方领导与万董事长讨论，提出金正大要思考百亿目标，当时我们觉得这个目标简直是天方夜谭、遥不可及！但是当2012年金正大的销售收入过了百亿的时候，我们对千亿级企业充满了信心、充满了期待。目前，公司已经提出了新的战略目标，并着手制订具体的行动规划。

我相信，金正大还会继续创造许多奇迹。届时，隐形冠军不再隐形。

祝愿金正大的未来更美好，祝福金正大人的未来更加幸福！

十问万连步

万连步创立的金正大集团是中国化肥行业的标杆企业。从山东临沭县城的一家小企业，到并购荷兰、德国、西班牙、以色列等国际知名化肥企业的大型跨国公司；从生产最初级的化肥产品，到主导制定化肥行业的国际标准。金正大通过20年的发展，目前已成为世界上最大的缓控释肥生产商。万连步也从一名基层的农业技术员，成长为具备全球视野的行业领袖。

以下是本书创作团队与万连步先生的对话内容摘录，精练为十个问题，以飨读者。

在我国深入推进农业供给侧改革的关键时期，随着专业化、规模化、现代化进程的加快，我国农业迫切需要回答好“谁来种地”“如何种好地”的问题。当前，我国新型农业经营主体已初具规模，但“如何种好地”的难题越发突出，这就需要通过发展专业、系统的农业生产性服务来解决。您认为应当如何推动农业生产性服务？

万连步：首先，由于提供农业生产性服务的主体构成多元化，需要进一步细化完善相关政策体系建设，尽快明确各类农业服务组织的功能定位，规范农业服务组织发展。特别是对农业经营性服务组织和提供肥料、种子等农资统配统送的服务组织，可以设立准入门槛或进行资质认证。同时，农业服务的标准化、规范化也要求进一步保障农户权益，推动质量兴农战略规划的实施。

其次，涉农企业在农业科技与农业服务中具有优势和实力，如果能够通过资金、用地和科研等扶持政策，吸引龙头企业参与建设农业经营性服务组织，发挥其技术与服务优势，以及现有的服务网点和人才优势，通过政府采购、定向委托、承担项目等方式，参与建设农资、农技、农服“一站式”农业服务平台、示范基地和各类现代农业产业园、农业科技园等工程。将有效突出企业服务主体地位，发挥企业对小农户的带动作用，充分吸纳小农户进入现代农业产业体系，发展各类联合和合作模式。制造型企业与各类服务组织也应该加强合作，推动服务链条横向拓展、纵向延伸，促进各主体多元互动、功能互补、融合发展。

再次，政府对于可以形成一体化服务体系的服务联合体或服务联盟等新型组织形式，应在示范区建设、高标准农田建设、新型农业技术推广等项目或专项补贴中予以倾斜。对于能够提供农资区域性集中配送、农产品集中收储运输的农业服务组织，建议给予用地、物流及水电等补贴。对于有实力指导农户采用测土配方施肥、有机肥替代化肥等减量增效新技术，推进肥料统供统施服务，加快推广喷灌、滴灌、水肥一体化等农业节水技术的企业参与以上服务。

最后，公益性服务机构和农业经营性服务组织的融合发展也很关键。比如，农技推广机构人员通过派驻、挂职等方式，为农业服务组织提供服务、技术指导，但需要规范其服务方式、内容、报酬等。还有依托PPP（政府和社会资本合作）项目、政企共建等形式，让有资质的市场化主体从事可量化、易监管的公益性农技推广服务。这样的话，有条件、有实力的农业服务企业和经营性服务组织就能在特色农产品产区建立示范田、示范园，发挥示范引领作用。

您曾经多次就耕地质量问题在两会提交议案，能否谈谈目前我国耕地质量的状况，以及耕地质量恶化的原因？

万连步：我们对耕地保护虽然也很重视，但是没有把耕地质量的提升和农产品安全、食品安全联系到一起。现在还是仅仅关注一些污染土壤的治理、污染土壤的修复，还没有把基本农业耕地质量提升这个事儿和未来要抓的粮食或者食品安全紧密地联系在一起。我们希望稍微提前呼吁呼吁，并不是仅仅受污染的土壤要受到关注，没有受污染的土壤也要关注它的健康，关注耕地质量提升，这个在国外都是很正常的事情。

土不好，长不出好庄稼，同样，土不好，产不出太多的粮食。在农业领域有一句口头禅，“土壤不改良，施肥也跟不上”。现在这种种植方式再持续多少年，可能后果是不论施多少肥，用多少药，庄稼也不长了。土壤恶化到一定程度的时候，不是靠肥、水、药能解决的。

2018年中央一号文件明确提出“开展农业绿色发展行动，实现投入品减量化”。您在今年的两会上递交了关于减肥增效的技术创新及促进农业提质增效的提案，您能否详细谈一下？

万连步：化学肥料的施用对我国粮食增产贡献巨大，但近年来化肥过量施用、盲目施用的问题很突出，化肥平均利用率连40%都不到，这就导致土壤生态平衡、养分平衡出现问题，同时肥料的流失也造成环境污染。

我的建议主要是从政府、企业和农化服务体系三方面进行阐发。首先希望加大政策、资金扶持力度，推动减肥增效技术发展。目前政策、资金支持力度不够，建议国家统一规划，改善多部门管理各自为政的现状。

企业层面，需要加强产学研合作，充分结合高校及科研院所的研发能力、肥料和农业装备企业的产业化能力、技术推广部门的示范推广能力，达到产学研用紧密合作。当然，还有肥料企业与农业装备企业融合的问题，只有发挥各方优势，共同进行新产品、新技术的研发，才能形成耕作模式与肥料配套的统一体系，共同推动行业发展。

至于农化服务体系建设，政府引导、市场主导是比较理想的模式，然后在全国范围内建立一些高标准的减肥增效技术示范基地，发挥示范带动作用，为大规模应用推广奠定基础。农化服务应当以企业为主体，通过政府购买等方式引导企业建立专业化、社会化的农化服务体系，通过试验示范、技术讲座、田间学校、入户指导等方式，逐级开展技术培训和服务，提升农化服务水平，以促进减肥增效技术的普及和推广。

金正大经过了20年的快速发展，总部还是设在比较偏远的临沭县，您是通过什么方法让大批行业精英加盟金正大的？

万连步：近些年来，金正大吸引了一大批优秀人才加入，但我没有忽悠他们，这是第一点。我说这一点的意思是，他们都是明白人，都是聪明人，觉得这个事值得干，有未来，也觉得这个事做好了很有意义，他们就选择了和我一起做这个事。

金正大虽然从事的是传统产业，但是我们走的是正道，从社会的角度，这个企业还是在做正事，没搞歪门邪道。同时，大家在一起也是相处得较好，金正大的这些人虽然智商很高，但是思想都比较简单，一心想着干活，这是一个共同的特点，下一步希望能继续壮大这个队伍。

近年来，金正大收购了荷兰、德国、西班牙、以色列等国家的多家知名企业，大举进军国际市场，接触、了解国外同行，对金正大的经营产生了哪些影响？

万连步：从荷兰公司开始，到与德国、西班牙、以色列的企业合作。其实我们的目的非常明确，通过资本合作，通过资产的重组，更全面地、更及时地了解和学习海外的先进技术、先进产品、先进的经营理念。不仅仅是交往、交流，还要掌握核心的东西。全资收购了，它核心的东西都是你的。虽然赚钱不多，但是给公司带来的前途，带来的价值，是非常大的。

我们是为这个事情一直在忙着，今后会有一项主要的工作——中外交流。中国基地的负责人、中国的公司，和同级的外国公司进行交流。把德国的康朴变成实实在在的金正大国际合作交流中心。康朴规模虽然不大，但是它毕竟是百分之百德国血统，60年的历史，并且在细分市场上，是欧洲的第一名，它能给我们带来的产品管理方面、质量控制方面的帮助，乃至价值观上的启发。

中国化肥企业目前已面临世界性的竞争，结合金正大的发展，就技术层面而言，中国企业与外国企业还有多少差距?

万连步：如果只是说肥料制造，从尿素制造、磷肥制造，到复合肥的制造，我们的技术和新产品的研发不比它们差的。但是上升到植物营养管理就落后太多了，再朝前走上升到植物健康管理层面，我们甚至没有这个意识。

就跟我们在家里养孩子一样，光个子高不行，光壮不行，得健康。20世纪80年代我们是解决吃饱的问题，弄一大堆米饭吃，孩子长得又高又胖，夸谁家的孩子，一看这个孩子又白又胖的。现在夸谁的孩子说又白又胖就不好听了。真要夸的话，可以说这个孩子比较聪明。

比如说西瓜，长得大的不一定好吃。个头适中，营养合理，口感香脆甜，这才叫好西瓜。我们一评价农业的先进性都是产了多少，到了日本绝对没有这个概念，到欧洲更没有这个概念。它们首先想的是怎么保证质量。

日本人在20年以前就提倡植物健康管理，这相当于一个新学科，把植物当作一个人来看待。为什么在日本人平均每亩的肥料地使用量是我们的1/3，但是植物长得比我们的健康？以一个人的饮食结构打比方，就是我们吃得太单一，营养搭配不合理，偏食了。或者说一些新产品、新概念、新理念，我们不了解。比如大米、馒头、猪肉、鸡蛋，当然也能管饱，但是有好多像维生素、钙，就没有那么精细的管控了。

人需要多种营养，植物也是。我们现在还是把粮食仅仅当成作物，一味让它高产。现在中国的苹果比日本的苹果大，中国的玉米产量、小麦产量也很好，都比日本的高。但是不好意思，我们一箩筐卖人家一株的钱。所以中国农业要再朝前走，所谓粮食安全，这个量的问题解决了，但品质提升、食品安全问题尚未解决。

金正大的发展一直以技术和产品著称，那么作为一家化肥行业的龙头企业，它有什么短板吗？

万连步：长期以来，我们一直聚焦于技术和产品，取得了一些成就，也还是在学，但是对于一个企业来讲，市场营销也很重要，要先把经营做好，这个我也在检讨。

经营一定要按照专业市场化来做，比如刚才说的，金正大怎么转型成为一个服务性的公司，一定是有专业的团队，希望它能承担相应的职责，让市场的手段和机制起到作用。

我要多留点时间，多调动一些资源，关注一下行业的问题。真正的企业做大不能只是单纯靠技术。希望未来几年金正大能够超越产品和技术，这样金正大就有了新的想象空间。

金正大在化肥行业深耕了20年，在激烈的竞争中，成为行业的佼佼者，在您看来金正大的竞争对手是谁？

万连步：竞争分几个层面，如果是化肥销售，我们的竞争对手就太多了，几十家、几百家都在做一个事。想法有很多，其实还没摆脱化肥制造、化肥销售这个圈子。当然我们的目标是希望卖好化肥的同时，多做点服务。如果从服务的层面看竞争对手，我们就不紧张，我们做得不错，找不到比我们做得更认真的了，或者说现在做得比我们更好的。大家喊得都比较响，但是有的只喊不做。可能金正大未来几年，应该在金丰公社品牌上把事做实。不仅仅是一个农业生产资料，更主要的是一个种植方式，要寻找广泛的合作。

金丰公社就是搭建服务平台，广泛地寻找合作伙伴，化肥、种子、农机，包括金融、保险，包括农产品的供销，广泛地邀请合作伙伴。把他们请来，和金正大一起为产业最前沿服务。不管是小农户也好，大农场也罢，不能一家开一个肥料厂，开一个农药厂，开一个拖拉机厂，专业化种植一定是一个趋势。

金正大就做好一个牵头的事，做组织者、服务者，为服务者服务——这是当时我给金丰公社最简单的定位。因为我知道农业技术推广的难度，向农民推广新产品的成本太高了。金正大努力地在农民心目中不断地提升形象，不断地提高农民对我们的信任度。

此外，我们金丰公社还在联系当地的一些农民，做一些劳务服务，做一些机械化的服务。同时再联合国内外的金融机构，给我们的种植户、合作伙伴提供一些金融服务、保险服务。联系一些类似于中粮、正大这样的大企业与农民直接面对面地提供粮食收购服务。

金正大是世界上最大的缓控释肥生产商，拥有化肥行业的核心技术，您怎样看待技术推广和企业经营的关系？

万连步：做好自己的经营，你得持续经营，不持续经营就没有机会做技术。要把技术推广的事变成一个生意，这是一个商业机会，要这么来理解。因为我们不是个公益组织，我们现在还是个小企业，没有太多的能力做这个事。我们现在提出来专门组建一个土壤修复的工程技术服务公司，把土壤修复作为一项业务，作为一门生意，既推动土壤耕种质量提升，又同步实现我们的业务发展，作为一个新的业务板块来做。

其实，一个企业也好，一个人也好，能把公益和生意完美结合，那是非常幸运的事。企业不要刻意谈公益，我们没有这个能力。我们就是实实在在地做，推广技术的过程，变成自己发展的过程，这是最理想的组合。

就个人而言，我就更幸运了，农民出身，对农业技术推广又有点兴趣，是老本行，还能继续干这个活，能把自己的兴趣和业务很好地结合。同时这个业务还是政府支持的业务就更幸运了。做了一件有意义的事，又在市场上得到认可。能做大更好，做不大能维持，觉得对得住自己，这是我不后悔的。

说实话到了这个年龄的人，如果说为了赚钱，心里会不安定，做不了。安定的事之前也没做过，实话实说，我唯一能自我安慰的事，就是没做过损人利己的事，没有能力做，也没有这个愿望。

如今，金正大已经站在了行业发展的最前沿，在您的构想中，未来10年金正大还需在哪些方面进行重点布局？

万连步：金正大未来努力的方向，我们希望能够提供一套种植业的解决方案，就是亲土种植，实实在在从源头抓起，慢慢地帮助我们的种植户，帮他们把品质做好。这个事情是未来10年金正大要做的，同时我们做肥料的，要把肥料新品种做起来，推动减肥增效。

我们现在提出一个“25+10＞50”方案，我们希望能在全球把这个方案推一推。10年前跑到美国推广缓控释肥，我们自己做得不怎么样，却已经把这个产业推动起来了。哪天我们退休了，自己想一想金正大的存在，帮着全球的化肥产业实现了一个技术的升级，全行业的一次升级。由普通肥料升级到了大面积或者是大比例地使用缓控释肥，我认为这是前10年金正大说起来有点自豪的事情。未来10年把这个事情做得更好一点，做成一个方案，而不是单一前提、单一技术，把一系列的新产品、新技术打包成一个减肥增效的系列方案，能够在全世界推广，实现“25+10＞50”，也就值了。

附录 1

万连步讲话选

十年砺金，百年树尊

万连步在公司十周年庆典上的致辞

尊敬的各位领导、各位来宾、女士们、先生们、朋友们：

大家上午好！

今天，金正大人满怀喜悦而自豪的心情，迎来了金正大公司十周年的庆典。在这个特别值得纪念的喜庆日子，我谨代表金正大公司全体同人，向一直关心帮助金正大公司成长的各级领导及各界朋友，表示热烈的欢迎和衷心的感谢！

岁月匆匆，韶华流逝。回首金正大过去的十年，我们走过了一条充满艰辛与执着、拼搏与奉献、希望与梦想的创业道路。借此机会，向大家做一个简要的回顾。

一是经过十年的努力，金正大人在“吃苦耐劳、艰苦创业、大胆务实、超前实践”的创业精神指引下，获得了生存的空间，步入了健康发展的道路。十年前，我们在杂草丛生、一片荒凉的废弃砖窑厂里，开始了艰苦的创业历程，随着2002年工业园的开工建设、2005年缓控释肥项目奠基及2007年菏泽项目开工建设，金正大公司从一个年产肥料不足万吨的作坊式小企业成长为年生产能力160万吨、销售收入近40亿元的国家重点高新技术企业和亚洲最大的缓控释肥生产基地，步入了全国同行业的前列。

二是坚定不移地走产学研结合的道路，实施科技创新战略，致力于新型肥料的开发与推广，勇做行业科技先导者。回顾十年来的发展，金正大最大的特色就是走产学研结合的道路，树立行业科技先导者形象。公司先后与国内外20多家单位建立了紧密的合作关系，它们为金正大的快速健康发展提供了强有力的技术保障，提高了金正大的产品和技术开发能力。我们还在全国农技推广中心的指导下，开展了缓控释肥的示范推广，先后承担了“十一五”国家科技支撑计划、缓控释肥国家标准、国家星火计划等20多项国家和省级科技项目，增强了公司的科研实力。

三是在十年的创业过程中，我们注重创建学习型组织，形成了独特和领先的人力资源体系，初步打造了一支优秀的经营团队。公司能够走向成功，一个最大的前提就是有一批有着共同理想、有着不懈追求的人才。我们的员工对金正大充满了感情，做出了杰出的贡献。经过十年的努力，金正大培养和吸引了一批懂技术善经营的创业团队、高学历高素质的职业经理人队伍、充满激情的大学毕业生，以及具有丰富理论知识和技术背景的外部技术专家顾问团队，这些都成为金正大的核心竞争力。金正大就是依靠这样的团队协作、乐于奉献的精神才一步一步走到今天，在激烈的市场竞争中求得了生存和发展的机会。他们在各自的岗位上默默拼搏、耕耘，用自己的心血、汗水和聪明才智，谱写出金正大一曲曲动人的乐章！

四是在十年的创业过程中，金正大一直践行“讲诚信、负责任、谋共赢”的诺言，积极营造和谐的企业文化氛围。诚信是金正大十年来创业和立业的根本，是金正大最大的财富，正是凭借着诚信，金正大得到了社会各界和广大客户的认可。负责任是我们的庄严承诺，负责任已成为金正大人的生存方式。十年来，我们一直努力做一个对股东、社会、客户、员工负责任的企业，守法经营，重视新产品、新技术的开发，真心服务三农、造福农民。我们设立了爱心基金、奖学金和科研基金合计约5 000万元，积极参与各项公益事业，尽管我们对社会的贡献还很小，但我们从未放弃努力。谋共赢是金正大追求的目标。我们一直坚持与客户共赢、与股东共赢、与合作伙伴共赢、与员工共赢。我们的朋友和合作伙伴越来越多，是对我们“讲诚信、负责任、谋共赢”的最好肯定和鼓励。

滴水之恩，当涌泉相报。十年来，我们遇到过很多困难，但始终有领导和朋友们的理解、支持和帮助，从而使我们不断地去战胜困难，走向成功。今天是十周年欢庆的日子，更是金正大感恩的日子。我们以一颗感恩的心，向十年来给予我们关心、支持、帮助的领导和朋友们表示深深的感谢！同时，向为企业发展做出贡献的员工及家属们致以最崇高的敬意！

十年来，我们历览肥料行业的潮起潮落，我们清醒地认识到：发展不会天然地永远与一个企业相伴，稍有懈怠，企业就会落后甚至被淘汰。冷静地审视我们面对的现实和未来，虽然我们相比于十年前实力已有了很大增长，但我们今天和未来面临的形势将更为严峻、竞争对手更加强大、任务更为艰巨。金正大人不容有半点懈怠，居安思危、防患于未然才是生存之道。

未来十年，我们将继续坚持“帮助农民增收，促进农业发展”的经营宗旨，围绕缓控释肥等新型肥料的开发和推广，致力于建设“创新、和谐、国际化”的金正大，让金正大的员工过上“健康、快乐、超小康”的幸福生活。

建设创新的金正大，就是要让金正大真正成为行业科技的先导者，引领行业技术进步。创新是金正大发展的主旋律，是金正大发展的动力和源泉。未来十年，我们将通过新型肥料的研发、国家重点项目的建设、加强与国内外科研机构合作等措施，加大科技和研发的投入，坚持产品和技术的创新，强化管理、体制和理念的创新，实现经济增长方式的转变。

建设和谐的金正大，就是要形成公司、员工、社会之间和谐共赢的局面，承担更多的社会责任。和谐发展是金正大的主题，是“讲诚信、负责任、谋共赢”理念的最好体现。今后，金正大的发展将转变为追求一定的企业效益和价值最大化的社会效益，以多种方式回报社会和员工。

建设国际化的金正大，就是要实现公司全方位与国际接轨，增强金正大的国际竞争力。公司的发展已经融入了国际化的背景，国际化是金正大今后发展的最大机遇。我们将通过资本、市场和人才的国际化，逐步实现管理的国际化。

十年砺金，百年树尊。对金正大来说，十年不仅是一段历史的总结，更是一个新的起点。回顾过去，我们豪情满怀；展望未来，我们信心百倍。未来三年，我们将努力实现销售收入过百亿的目标；在下一个十年，我们将再造十个金正大，实现为中国创一个世界名牌的愿望！一个创新的、和谐的、国际化的金正大将展示在世人面前！

困难与希望同在，挑战与机遇并存。沧海横流，方显英雄本色。让我们同舟共济、齐心协力，以一颗感恩之心，以一腔回报之情，乘风破浪，奋勇向前，为建设创新、和谐、国际化的金正大而共同奋斗！

2008年8月26日

新起点，新跨越

万连步在公司上市仪式上的讲话

尊敬的各位领导、各位来宾：

今天，是一个值得特别期待和铭记的日子，金正大即将在A股上市，这是金正大发展历史上的一个跨越。在此，我谨代表金正大公司董事会和全体员工，对见证这一历史时刻的各位领导和嘉宾表示热烈的欢迎！向长期以来对金正大予以关心和厚爱的各级政府、社会各界和广大投资者表示衷心的感谢！

金正大从1998年成立以来，始终以“帮助农民增收，促进农业发展”为己任，致力于新型肥料在我国的推广应用。作为中国第一家规模化生产缓控释肥的企业，我们通过承担国家科技支撑计划、参与制定国家标准、筹建国家工程技术研究中心，以及牵头成立全国缓控释肥产业技术创新战略联盟等，亲身经历了中国缓控释肥行业的快速发展，并为推动这个行业的技术进步做出了我们的努力和贡献。

公司上市，是金正大发展历程中一个最为重要的里程碑。今后，我们将继续坚持“诚信、创新、责任、共赢”的理念，进一步完善公司治理，规范公司运作，提升公司技术优势，强化品牌建设，建成全球最大的缓控释肥生产基地，全力打造一个治理规范、决策科学、技术领先、品牌优势显著的上市公司。企业的发展离不开各级政府、主管部门、社会各界，以及广大投资者的关心和支持，恳请大家一如既往地关心和支持金正大。我们也将以百倍的信心和努力，全力打造中国资本市场又一个优质的上市公司。金正大将在新起点上展开更具眼光、更富前景的新一轮战略布局，抓好转型升级，实现跨越发展，金正大前行的步伐必将更加坚实！

2010年9月8日

力量源自责任与使命

万连步在公司上市一周年活动的讲话

各位同事：

今天，是公司上市一周年的美好日子。在此，我谨代表公司董事会向付出辛勤劳动的全体员工，表示衷心的感谢和诚挚的敬意！

此时此刻，站在时间的节点上，回眸我们上市一年来走过的路程，思绪万千，感慨颇多。

感谢历史给予我们的机遇。与改革开放同步，我们从无到有、从小到大，用短短的13年时间就走在了行业发展的前列。

感谢这个伟大的时代，让我们有机会在资本市场上纵横驰骋。

然而，上市一年来行业内外发生的巨变，让我们清楚地意识到，在接下来的新一轮竞争中，面对行业重新洗牌和大整合时代的来临，面对来势汹汹的全球变革浪潮，我们深知，只有最优秀的企业才能在未来的竞争中赢得生存与发展的机会。

究竟靠什么赢得新一轮竞争？是人才、科技、资本，还是战略？这是我们全体金正大人应该深思的问题！人才可以造就，科技可以创新，资本可以积累，战略可以谋划。因此，在未来真正赢取胜利的不仅仅是这一切，还有源自我们内心的责任感与使命感所迸发出的无穷力量！

正是源自责任与使命，我们金正大人牢记服务三农的宗旨，始终兢兢业业、奋发有为，在过去短短13年的时间里刷新了一项项行业纪录，占领了行业科技发展的制高点，引领了我国缓控释肥产业的发展。

正是源自责任与使命，我们才能一路披荆斩棘，用智慧、意志与实力叩开资本市场的大门，赢得股东和广大投资者的认可。

正是源自责任与使命，上市一年来，围绕着“三大”转变，我们积极实施“大投入、快发展”战略，在资本运作、人才建设、技术创新、服务升级等各方面都取得了长足发展，实现了业绩的稳步增长。

一、综合实力明显增强

在全体金正大人的共同努力下，今年1~6月，公司共实现销售收入37.76亿元，同比增长52.54%，实现净利润2.25亿元，同比增长56.98%。

二、加快资本运作，推动全国布局

上市一年来，公司通过新建、合作等多种方式，在河南、安徽、贵州、辽宁新设5个公司，快速实现全国的生产布局。

在掌控上游磷资源方面，公司将斥资59.6亿元在贵州省瓮安县建设磷资源循环经济产业园项目。在渠道建设方面，公司与河南邮政共同出资成立合资公司，从事肥料生产经营和农化服务等业务，充分发挥河南邮政的渠道优势，利用其密集的网点渠道及高效的物流配送体系，在河南省实施密集开发，掌控终端。在服务网络建设方面，公司通过在辽宁铁岭建设基地，加强服务网络建设和农化服务升级活动。

通过以上努力，逐步形成“资源有依靠、技术有优势、服务有特色”的纵深一体化产业发展态势与格局，并使公司逐渐由单纯的二次加工型企业向具有资源、渠道与服务优势的一体化综合化工企业转变。

三、人力资源优先投入，支撑企业快速发展

上市之后，公司提出了“人本和资本并重，人力资源优先投入”的指导思想，着力打造一支专业型、创新型、国际型人才队伍。一年来，公司新引进各类人才1 200多名，其中专业技术人员487名，进一步优化了人才结构。同时，为全面支撑战略发展的需要，公司加快实施了人才培训工程。

四、坚持技术先导，提升核心竞争优势

上市一年来，公司坚持“技术先导、服务领先”的理念，在技术创新与科研开发方面取得了重大突破。目前，国家缓控释肥工程技术研究中心主体工程建设与装修基本完成；公司与国家红壤改良工程技术研究中心、临沂大学、齐鲁师范学院等建立了产学研合作关系；这期间，公司相继主持了“十二五”国家科技支撑计划项目和1项行业标准、2项省科技攻关计划项目，5项省级科研成果也落户公司；新增授权专利达到20项，新增已受理专利10项；同时公司还荣获“山东省科技进步一等奖”“国家创新型企业”“山东省产学研合作创新突出贡献企业”

等荣誉。

未来，公司将在做好缓控释肥研发、推广的基础上，以服务于节水农业为出发点，重点做好水溶性肥料及硝基肥等肥料的研发生产，并在磷加工过程中，按照循环经济的模式，实现磷清洁生产无排放，持续引领行业技术进步，做一个有社会责任感的企业。

五、持续推动营销变革，确保销售目标实现

上市一年来，公司积极建设以“渠道下沉、驻点营销和农化服务”为重点的营销服务模式，实施密集分销、种肥同播等一系列市场组合动作，取得了喜人的成绩。

上市以来，公司品牌知名度大幅提升，渠道竞争力大大加强，销售业绩节节攀升。

为了进一步推动公司的营销与服务工作上新台阶、达到新水平。近期，公司将出台相关激励管理制度，推进营销系统内的公司化运营，逐步建立起“经营重心下移、分级管理、各负其责”的管理模式。

未来，公司还将进一步加快营销变革，加大农化服务中心和服务升级的投资力度，从而确立并保持公司“服务领先”的独特优势。

六、加强基础管理，提高运营效率

上市一年来，公司管理工作以“实现由粗放式管理向专业化、规范化运作转变”为目标，开展了全面的管理提升活动，建立健全了相关规章制度，梳理优化了管理流程，全面推行了预算管理，较好地控制了各项成本，不断提升了运营效率和执行力度，使基础管理逐步向着规范化、科学化、制度化、标准化方向发展，为公司加快转型升级、实现跨越发展夯实了基础。

各位同事，无数国内外成功企业的经验证明，只有那些在成功时还能不断开拓进取，不断超越自我，超越过往成功的企业，才能长盛不衰。

在未来的道路上，我们可能不会一帆风顺、一路坦途，因此，我们丝毫不能麻痹、不能懈怠，全体金正大人仍需谨记：责任，是我们的生存方式。

我们身处在一个急遽变革的时代，多种价值观正在市场的旋涡中决一雌雄。在这场旷日持久的变革中，公司上下都要意识到每个人对公司来说都是重要的角色，不轻视自己，更不轻视他人，用崇高的责任感、使命感将我们的愿望化为立即的行动，以一种全新的更具生命力的方式卓有成效地开展工作。

过去已成为历史，梦想与光荣属于未来。我们坚信，历史是由那些充分利用时代赋予的机会不断开拓创新的人写就的。让我们继续秉承“诚信、创新、责任、共赢”的核心价值观，用我们的激情、智慧和汗水成就我们的事业，实现“成为世界级高端肥料供应商和受人尊重的农业服务商”的愿景。这不仅是历史赋予我们的责任和使命，也是我们对社会、客户、股东、投资者以及全体金正大人的庄严承诺。

2011年9月8日

成为一家受人尊重的企业

万连步在公司过百亿发布会上的发言

尊敬的各位领导、各位来宾：

今天，市委、市政府在这里举行金正大公司过百亿元新闻发布会，并给公司颁发了奖牌，我们无比激动和自豪。首先，请允许我代表金正大公司对各位领导、各位来宾的光临表示热烈的欢迎，对国家发改委、工信部、科技部、环保部的各位领导，对市委市政府、县委县政府和各级职能部门、社会各界的关心、支持与厚爱表示衷心的感谢！

此时此刻，站在这一时间节点上，回顾金正大14年的发展历程，我们百感交集。从1998年的100万元起步，发展到今天的百亿级企业，金正大每一点进步、每一次发展，都倾注了领导和朋友们的心血与汗水，让我们永远铭记在心。

在14年前金正大创建的时候，为几十名国有企业职工另找一条出路是我们的首要任务，生存是我们面临的最大困难和压力，解决这一问题我们用了4年的时间，直到2002年金正大工业园在临沭开发区率先破土动工。在这一段艰难的历程中，各级领导为金正大的生存奔波忙碌并给予全面而有力的支持，成为我们前进的动力和精神支柱。

2005年，当我们销售收入迈上10亿元台阶的时候，县委县政府专门为我们召开庆祝会，鼓励我们确定新的发展目标——向百亿级企业冲刺！并在项目建设等方面，给了我们很多支持。

2007年，市、县主要领导鼓励我们开展国际合作，积极帮助我们引进外资，使我们完成了第一次成功的资本运作，也开始走上了国际化的发展道路。2010年，正是在市委市政府、县委县政府促进企业上市快速发展政策的背景下，公司在深交所成功上市。

我们不会忘记，在金正大加快科技创新、促进企业转型升级的道路上，正是各位领导的一路相扶，我们才能在2009年、2011年分别获准筹建国家缓控释肥工程技术研究中心、复合肥料国家工程研究中心这两个代表行业和国家科技发展水平的研发平台，公司成为科研国家队的一员，才有了金正大主持10多项国家级科研课题、起草6项行业与国家标准、拥有124项发明专利等一系列科研成果。当我们走进庄严神圣的人民大会堂，手捧由国务院颁发的国家科技进步奖证书那一刻，我们领悟到了领导鼓励企业创新的深刻含义。

金正大上市后，市、县领导鼓励我们积极进行结构调整和产业升级，并鼓励我们立足临沂、走向全国。由此，我们以更高的境界、更宽广的视野、更大的气魄，更加坚定了延伸产业链的信心，建设了化工产业园项目，并在不到两年的时间里实现了全国8个生产基地的布局。

每一个项目的建设，每一次的快速发展，各金融单位都给了我们充裕的资金支持和服务保障，促进了金正大的快速发展。

金正大之所以走到今天，一个最大的前提就是有一批有着共同理想、有着不懈追求的优秀人才。我们的员工及其家人对金正大充满了感情，做出了杰出的贡献。金正大就是依靠这样的团队协作、乐于奉献的精神才一步一步走到今天，在激烈的市场竞争中求得了生存和发展的机会。他们在各自的岗位上默默拼搏、耕耘，用自己的心血、汗水和聪明才智，谱写出金正大一曲曲动人的乐章！

我们更不会忘记，每当金正大出现困难和挫折时，市委市政府、县委县政府和相关职能部门的领导总是在第一时间出现，为我们排忧解难；当我们的工作出现失误甚至给政府带来麻烦时，领导们不是批评，而是帮助我们积极协调和帮助改进，使我们渡过危机和难关。

我们需要感谢的人还有很多，全国经销商和供应商伙伴、新闻媒体的朋友、行业内外的专家教授、各兄弟单位的朋友等，都为金正大的发展贡献了重要力量，我们也在合作过程中培养了深厚的友谊与感情。在此，我们要说一声，谢谢你们！

今天，市委市政府在这里举行金正大过百亿新闻发布会。让我们再一次深深体会到了领导对我们的关爱与鼓励，我们深感幸福、深感自豪，全体金正大人倍受鼓舞！

风雨多经志弥坚，关山初度路犹长。成绩只代表过去，站在新的起点上，我们自豪但决不自满、自信但决不自大。我们将永远心怀感恩，砥砺前行，努力成为一个受人尊重的企业。

站在新的起点上，我们将继续秉承“诚信、创新、责任、共赢”的核心价值观，坚持以人为本，努力改善员工福利待遇，积极承担社会责任，构建和谐共赢的企业文化，让员工过上健康、快乐、超小康的幸福生活。

站在新的起点上，我们将继续坚持“技术先导、服务领先”理念，继续保持行业关键性、前瞻性技术开发研究的领先地位，建设服务型企业，承担起引领行业技术进步的重任，把金正大建设成为世界级高端肥料供应商与受人尊重的农业服务商。

站在新的起点上，我们将继续坚持“人本和资本并重，人力资源优先投入”的指导思想，努力打造一支专业型、创新型、国际型人才队伍，建设学习型组织。

站在新的起点上，我们将牢记“为临沭增光，为沂蒙添彩”的使命，勤奋工作，努力拼搏，力争未来三年实现销售收入翻一番，为建设创新、和谐、国际化的金正大奠定坚实的基础。

雄关漫道真如铁，而今迈步从头越。过去已成为历史，梦想与光荣属于未来。我们将以归零的心态，把成绩当成新的起点，把鼓励当成新的要求，在市委市政府、县委县政府及各有关部门的正确领导下，乘势而上，加快发展，再创佳绩，为建设大美临沂做出新的贡献！

2012年12月16日

同心跨越，相约未来

万连步在公司 15 周年庆典联欢晚会上的致辞

尊敬的各位来宾、各位同事：

大家晚上好！

今天，在这个特殊而美好的日子里，我们相聚一堂，共同庆祝金正大成立15周年！我们怀着无比激动、无比兴奋的心情，同15年来给予金正大帮助和支持的各位专家、各位合作伙伴、来宾朋友以及为公司发展付出辛勤劳动的全体员工及其家人一起，分享属于大家的光荣与梦想。

15年风雨坎坷，15年创新跨越，15年的并肩携手成就了金正大的今天。金正大始终以“帮助农民增收，促进农业发展”为己任，始终专心做好肥，奏响了追逐梦想、创业创新、科学发展的恢宏乐章。

15年来，经过艰苦创业和转型升级，金正大的综合实力明显增强。金正大从作坊式企业起家到全球最大缓控释肥生产基地的建成，从临沭一个生产车间到布局全国的十大生产基地，从100万元起步到成为百亿级的上市公司，从行业的“追赶者”到成为行业的“领跑者”，从名不见经传到产品产销量连续4年居全国第一位……历经15载，金正大厚积薄发，不仅实现了规模与实力的跨越，更展现了金正大人勇担重任、追求卓越的远大理想和广阔胸怀！

15年来，通过自主创新与产学研相结合，金正大的技术创新实现了赶超和跨越。金正大坚持走创新驱动的发展道路，从复混肥起步，陆续开发出缓控释肥、硝基肥、水溶肥等新型肥料，形成了较为完整的高端产品线，并确立了在此领域的技术领先地位。我们与国内外40多家高校和科研单位建立起紧密的科研合作关系，先后建立起两个国家工程研究中心等国家级研发平台，取得了百余项专利成果，参与制定了8项行业、国家和国际标准，两次荣获国家科学技术进步奖，这一切都被认为是行业科技创新的典范，形成了金正大的核心竞争力。创新引擎的提速发力，促进了金正大15年的快速发展，并为行业技术进步和产业升级做出了积极贡献。

15年来，我们注重团队建设，培养了一支忠于事业、勇于创新、乐于奉献的人才队伍。金正大从15年前几十人开始创业，发展壮大到今天7 000余人的大家庭，之所以能够走到今天并取得了一些不错的成绩，最重要的因素就是培养了一批有着共同理想、乐于奉献、敢于创新和勇担责任的人才队伍。我们的员工队伍，恪尽职守、兢兢业业，多年来大家并肩作战、风雨同舟、患难与共、团结如一，成为推动金正大快速前进的无尽动力和中流砥柱，我们的员工是金正大最为宝贵的财富，我为你们骄傲！我为你们自豪！

15年来，我们一直坚持“和谐共赢”的理念，金正大的魅力文化逐步形成。我们通过实施健康工程、快乐工程、培训工程、助学工程、安居工程、帮扶工程、亲情工资、员工生日祝福计划等一系列文化工程，大大提升了员工的幸福指数。同时，我们参与公益事业，勇担社会责任，良好的企业形象得到了社会各界的高度评价。以开放、创新、包容、共赢为核心的企业文化增强了员工的归属感和凝聚力，增添了金正大的魅力，让金正大成为肥料行业一道亮丽的风景，成为最具活力、最有朝气的企业之一。

15年成长之路，虽然风雨不断，但金正大目标始终如一！

15年发展之路，虽然历经坎坷，但信心一直与我们相伴！

在公司发展过程中，上千家经销商、供应商对金正大不离不弃、和金正大荣辱与共，保证了金正大的业绩年年持续攀升，面貌年年焕然一新。

在技术创新的路上，一大批行业专家给予金正大极为重要的智力支持和最前沿的科技信息，让金正大的科技实力一直遥遥领先。

在重大项目建设过程中，各金融单位都给了我们大力支持和热心的服务，确保了金正大一次次地快速发展。

金正大的成长得到了媒体的高度聚焦，你们以独特视角报道了金正大快速崛起的成长过程，展现了客观、真实的金正大形象。

同样让我们感动的还有金正大7 000多名员工，多年来辛勤地付出、无私地奉献，还有我们的家人，一直默默支持而毫无怨言，是金正大最坚实的后盾与最强有力的脊梁。

回首15年，金正大的每一点成绩、每一次进步，都离不开各位朋友的关爱、信任和支持，每当想到这些，总让我们心存感激，力量倍增。在此，我代表金正大公司，向15年来给予我们关心、支持、帮助的各级领导、各位专家、各位合作伙伴表示深深的感谢！向为公司发展做出杰出贡献的全体员工及家人致以最崇高的敬意！谢谢你们！

15年，经历过数次肥料行业的风起云涌、潮起潮落，我们看到了一批企业的成长壮大，也看到太多的企业倒下和消失，我们绝不能有任何的自满或松懈。因为我们还有更远大的目标要实现，还有更远的路要走。站在新的起点上，我们怀揣梦想，整装待发。在这一难得的历史发展机遇面前，我们有信心、有能力再次创造属于我们的光荣与梦想！

人类因梦想而伟大，企业因文化而繁荣。我们深知，十年企业靠机会，百年企业靠文化。15年来，金正大不断进行变革与创新，但我们心中对“诚信、创新、责任、共赢”核心价值观的那份坚守一直未变，我们对“帮助农民增收、促进农业发展”的庄严承诺一直未变，我们对“成为世界级高端肥料供应商和受人尊重的农业服务商”的执着追求一直未变。在未来的新征程中，我们将继续扎根于大农业，做永恒的麦田守望者，与亿万农民共同耕耘天地间，为我国农业现代化梦和农民富裕梦不懈努力。

未来5年，我们将继续保持全球最大缓控释肥生产基地的地位，并努力建成全国最大的硝基肥基地和全国最大的水溶肥基地，力争实现产能超过1 000万吨、年销售收入300亿元的目标，使公司成为世界级高端肥料供应商；到公司成立三十周年时，争取使公司成为有国际影响力的受人尊重的农业服务商。

为实现上述目标，我们将积极贯彻“转型升级、跨越发展”思路，继续全力建设“创新、和谐、国际化”的金正大。

一是坚持“人本、资本并重，人力资源优先投入”原则。要提高员工福利水平，建立核心人员的长期激励机制，大力弘扬金正大文化，用文化凝聚发展正能量，打造优秀的团队，让金正大的员工成为最受尊重的员工，让金正大员工过上体面的、有尊严的生活，实现“健康、快乐、超小康”的生活目标。同时，充分发挥公司资本运作的优势，积极推进全国的合理布局和产业链的适当延伸，提高抗风险能力和赢利能力，确保公司持续健康发展。

二是积极实施“大联合、大协作”战略。合作发展将成为金正大未来5~10年发展的主旋律，我们将加强与农口国家工程中心及各科研单位的合作，广泛与上下游企业、同行业企业，以及其他相关企业建立利益共同体和战略联盟，实现优势互补，合作共赢，跨越发展。实现公司发展模式的大转变。

三是继续贯彻“技术先导、服务领先”的方针。金正大将继续专注于新型肥料的研发和推广，走差异化发展道路，瞄准国际最前沿、最高端的技术和产品，建成国际一流的研发平台，巩固技术领先优势；打造业内最富战斗力的营销团队，学习和借鉴国际先进农化服务模式和理念，突破营销瓶颈，推进产品高端化、服务专业化，在细分市场上获得技术、规模和品牌优势，实现公司向“制造+服务”的转变。

四是积极探索国际化发展道路。要稳步推进与国际知名企业的战略合作，通过优势互补提升国际影响力；适时推进对外投资，形成新的增长点；逐步实现资本、市场、人才、技术研发和管理的国际化，提升国际竞争力。

各位来宾、各位同事，今天是我们共同的生日，是属于我们大家的盛会，我们一同分享了15年成长的快乐。我们相信，5年、10年以后会有更多新朋老友相聚一堂，共同见证金正大的腾飞与梦想；我们相信，一个创新、和谐、国际化的金正大一定会展现在大家面前！

2013年8月26日

战略引领，梦想远航

万连步在2017年度总结表彰大会上的讲话

各位同事：

律回岁晚冰霜少，春回大地人欢跃。在人们喜迎新春、祖国大地充满一派喜庆祥和的节日氛围中，大家从四面八方汇聚到这里，来到自己的家，一起总结过去，展望未来。过去的一年，是极其不平凡的一年。一年来，全体金正大人牢记使命，勇于担当，敢于亮剑，在“中国领先”到“世界领先”的征途上留下了一串串闪光的足迹，创造了一个个新纪录。作物全程营养管理方案的推广和金丰公社的创立，又一次开创了行业发展先河，持续引领了行业发展，我们由此走上了世界气候大会舞台、走进了联合国总部，向全世界推广亲土种植理念和“25+10＞50”新理念，开启了亲土种植新时代。

“问渠那得清如许？为有源头活水来”。在金正大人的胸膛里永远流动着大胆务实、超前实践的热血。在此，我提议，请大家为我们自己过去一年的精彩拼搏鼓掌喝彩！借此机会，我代表公司董事会和总裁办公会，衷心感谢过去一年来海内外全体同事的辛勤付出，对各位同事家人给予我们事业的理解、支持与关爱表示由衷的感谢，并致以美好的新年祝福！

各位同事，今年的总结表彰大会，对会议的形式、内容和会期都进行了创新调整。两天半的会议，内容充实，讨论激烈，反响热烈。白总（白瑛）和各相关负责人2018年的工作报告，为我们清晰地描绘了公司2018年及今后一段时间的发展思路、目标、举措及实现路径，会议达到了统一思想、凝聚共识、振奋精神、鼓舞干劲的目的，吹响了营销突破、决胜2018年的响亮号角。

刚才，公司对2017年涌现出的各类先进集体和个人，以及科技创新成果进行了奖励，尤其是对营销系统和生产基地中销售业绩与经营绩效突出的单位和个人进行了重奖。这次营销系统长期激励基金加上半年竞聘的长期激励大红包，总计达7 800多万元，这意味着，三年后，将有一批百万、千万富翁在我们当中诞生！

今后，公司将进一步加大激励机制导向作用，聚焦营销突破。公司鼓励、支持、引导非营销系统人员走向市场一线、经营一线，通过全员聚力服务，推动营销全面转型。下面，我再讲三个方面的工作。

一、当前的形势和我们未来的任务

2018年，我们将迎来中国改革开放40周年，同时也将迎来金正大成立20周年。20年来，我们秉承“创新为魂、和谐为本”的企业核心价值观，牢记“帮助农民增收、促进农业发展”的经营宗旨，发扬“吃苦耐劳、艰苦创业、大胆务实、超前实践”的企业精神，坚持“人本、资本并重，人力资源优先发展”的方针，意气风发、斗志昂扬地行进在“创新、和谐、国际化；健康、快乐、超小康”的道路上，取得了一系列令我们自豪的成就。

回首过去20年走过的路，有艰辛有坎坷，但更多的是自信、坚定与百折不挠。过去20年，尤其是近10年来，靠着战略领先、文化引领、创新驱动，我们开发出了缓控释肥、硝基肥、水溶肥、液体肥、叶面肥、生物肥和种肥同播、水肥一体化等10余项涵盖“土、肥、水”三大领域的、行业领先的新技术新产品，拥有七个国家级研发平台、两大国家创新联盟、两项国家科技进步奖、两项国际标准，并借助资本市场的力量，在国内布局建设了15个生产基地，在海外成功并购了德国康朴等4家企业，筹建了美国、德国、以色列、日本4个研发中心，金正大跨越发展和国际化之路由此发生了翻天覆地的变化，企业的综合实力、社会美誉度和国际影响力发生了质的变化，为公司未来10年持续发展新一轮创业创富注入了强劲动力，提供了强有力的支撑。

当前，我国正处在决胜全面建成小康社会的关键期，中央将“乡村振兴战略”作为今年的一号文件。指出要通过实施乡村振兴战略，让农业成为有奔头的产业，让农民成为有吸引力的职业，让农村成为安居乐业的美丽家园。这预示着我们又将迎来新的黄金十年。身处这样一个伟大的时代，从事这样一份神圣的事业，我们没理由不珍惜，不奋发图强。

一个企业要获得持续发展，必须要有一个清晰的发展战略，金正大过去的发展靠的是正确的战略选择与指引，未来的发展，更要靠正确的战略指引和坚定的战略执行。只有始终坚持战略领先，保持战略定力与战略自信，方能成就未来。

未来10年，我们将进一步加快“创新型、服务型、平台型、国际化”金正大建设，借助技术、资本、品牌、人才与机制优势，积极转变增长方式，通过商业模式创新，全面拓展新的业务发展领域，着力打造“肥料制造、土壤修复、联合协作、海外市场、农业服务”五个业务方向，推动公司由制造向“制造+服务”转变，实现由“中国领先”到“世界领先”的跨越，成为有国际影响力的受人尊重的农业服务商。

具体分三步走。

第一步：力争利用三年的时间（2018年—2020年），巩固现有肥料制造板块，全面启动土壤修复和农业服务板块业务，加快推动联合协作、海外市场两大业务发展，实现销售收入500亿发展目标。其中，经作区销售收入200亿，大田区翻一番。

第二步：再利用三年时间（2021年—2023年），力争“肥料制造、土壤修复、联合协作、海外市场、农业服务”五个业务板块再增加500亿销售收入，公司销售收入达到1 000亿，并实现培养100名子公司总经理的发展目标。

第三步，再经过5年的奋斗，到公司成立30周年的时候，实现由“中国领先”到“世界领先”的跨越，成为有国际影响力的受人尊重的农业服务商，全体金正大人过上健康、快乐、超小康的幸福生活。

要实现上述目标，我们必须进一步加快“创新型、服务型、平台型、国际化”金正大建设。

1.加快创新型金正大建设。我们要登高望远，持续开展国际水准的创新，实现技术水平由中国领先向世界领先跨越。通过加快海外4个研发中心和100个作物研究所的建设，将研究院建设成为世界级创新中心，把农科院打造成中国一流的具有国际影响力的应用研究院。

2.加快服务型金正大建设。全面启动三力营销建设，推动传统营销向技术营销转变，建设一支全行业最强大的技术型营销服务团队。输出技术服务于全球同行业，做全行业的服务者。加快金丰公社服务模式的探索与打造，通过汇聚全球资源，开展从种到收一体化服务，打造中国最具竞争力和影响力的农业服务组织，成为中国农业服务的标杆。

3.加快平台型金正大建设。要坚持开放互利、合作共赢的发展理念，全力推进各领域的联合协作，全力寻求与国内外上下游企业横向合作和种子、农药、农业智能装备等企业的纵向联合，积极利用合资、并购、租赁、技术和品牌输出等方式，支撑公司新业务领域的开拓，深入开展政产学研合作，争做政府农业升级的推动者。通过广泛开展联合协作，发挥市场协同作用，形成资源共享、优势互补、多方共赢的产业链生态圈，形成产业链发展新优势。

4.加快国际化金正大建设。要抢抓机遇，积极参与全球竞争，深入拓展国际市场。积极引进世界一流新技术、新产品、新服务，推动公司新技术、新产品走向全球，做大进出口业务，做出世界影响力。引导、鼓励、支持海外公司走向全球，不断提升海外公司的全球竞争力。进一步加快南美、东南亚等海外市场布局和业务拓展，全面推进人才、资本、技术、产品、服务与管理的国际化，推动公司国际化向纵深发展，将金正大打造成具有全球影响力的国际化企业。

新时代抢抓新机遇，新蓝图谱写新篇章。面对新形势新任务，我们必须始终坚持战略领先、文化引领、使命感召、创新驱动，抢抓未来10年发展黄金机遇期，实现新发展，成就新未来。

一是面对新形势新任务，要始终坚持文化引领。每一个走向卓越的企业，都离不开价值追求的指引，每段砥砺奋进的征程，都需要精神力量的支撑。金正大要实现自己的梦想，更要靠文化引领。面对发展新机遇，我们必须始终坚持文化引领，坚定理想信念与梦想追求，坚守企业的核心价值观。衡量一个人是不是合格的金正大人，首先要看他是不是认同并认真践行金正大的核心价值观和企业文化。在公司转型发展的道路上，我们必须始终秉承“创新为魂、和谐为本”的核心价值观，突出创新的力量，彰显创新的魅力；必须始终发扬“吃苦耐劳、艰苦创业、大胆务实、超前实践”的精神。

二是面对新形势新任务，要始终坚持使命感召。人有信仰就有灵魂，有精神就有力量，有梦想才会有永不衰竭的前进动力和光明灿烂的未来。当前，我国既面临农村人口老龄化、农民脱贫致富、土壤改良修复、农产品品质提升以及谁来种、种什么、怎么种等问题，又要解决将中国人的饭碗始终牢牢端在自己手中，不断满足人民对美好生活向往的问题。这是我们的历史使命，也是金正大存在的意义。因此，全体金正大人必须以时不我待、只争朝夕的紧迫感、使命感，全面开展以“改土养地、减量增效、品质提升、综合服务”为一体的亲土种植理念的推广，加快金丰公社服务三农新模式的打造，让大地重焕生机，农民更加富有，百姓生活更加幸福美满。

三是面对新形势新任务，要始终坚持创新驱动。要切实以满足客户需求、为客户创造价值和快速响应市场为原则，促进组织的平台化、扁平化，达到授权充分、自我驱动、灵活高效的目的。让整个组织变成所有人成长发展的平台，让每个人在顺畅的流程中尽情地释放自己的潜能，展示自己的才华。公司梦想与追求的实现，需要大批优秀人才的支撑。激发人才干事创业的激情与活力，责任与担当，需要建立科学合理的共创共享机制。通过机制体制创新，全面激活全体员工干事创业的激情、活力与战斗力。要建立健全“选人、用人、育人、留人”制度，加强理念信念教育和各类专业技能培训，充分挖掘每一位员工的潜能，激发每一位员工的激情与活力，使命与担当，打造一支有理想、有信念、有追求、敢想敢干、勇于担当、敢于亮剑的优秀人才队伍。

二、关于 2018 年的核心工作

2018年的工作，白总已经做了充分的阐述，我总结核心工作就是“一个中心五个关键词”。

一个中心是指营销突破。

要聚全公司之力，奋力实现营销突破，公司所有资源、政策要向营销倾斜，营销突破指标要实行一票否决制，未达成指标的要果断淘汰；非营销系统的绩效指标，未突出体现服务营销的，要立即调整岗位；指标未达成的，要及时调走。

五个关键词是指准、快、稳、强、深。

一是传统业务要精准打击。围绕着未来三年经作区销售收入200亿，大田区翻一番的目标和2018年经营指标，全员全力聚焦经作区突破，通过三力营销，全面推动作物全程营养管理方案、“25+10＞50”减肥增效方案和水肥一体化技术方案的高效落地。

二是亲土种植理念全球启动。要加快推动“亲土1号”落地方案在全球的启动，全力做好“亲土1号”示范推广、形象店建设、线上线下大传播、主题推广活动的策划实施及考核监督等各项工作，确保“亲土1号”推广开好头，起好步，迅速提升“亲土1号”的社会知名度、美誉度和影响力，努力达成年度销售目标，推动营销转型的突破。

三是金丰公社业务要稳步推进。万事开头难。农业生产性服务既是一个朝阳产业，也是一个新生事物，没有成功的模式可以学习借鉴，金丰公社的业务开展务必要脚踏实地，稳中求进，稳中求快。要认真制订金丰公社未来三年发展规划，明确2018年经营思路、目标与举措，做好经营预算的编制与各项工作的风险管控，努力探索出一条适合金丰公社可持续发展的现代农业服务新模式。

四是联合协作要强力推动。要坚定信念，迎难而上，全面推动联合协作。要持续推进与上游及相关企业的联合协作，构建行业共创共享生态圈，成为行业转型升级的引领者。要深入开展政产学研合作，积极介入政府农业产业化升级、高效生态农业建设、现代农民培训、农业扶贫、土壤改良修复等项目，做农业升级的推动者。要积极拓展租赁、代工、并购等业务，支撑公司新业务的发展要努力推动与种子、植保、农业智能装备、军垦农垦、种植企业、食品加工等涉农企业横向合作，发挥市场协同作用，构建资源共享、优势互补的农业产业化发展联合体，形成产业链发展新优势。

五是国际化要深入开展。要坚持走出去，引进来，努力汇聚全球一流的新技术、新产品、新服务服务于中国农业现代化；要努力向全球推广亲土种植理念，向海外输出金正大的新技术、新产品、新服务。充分利用国内国际两个市场，积极引导和全力支持德国康朴、以色列艾森贝克、荷兰Ekompany、西班牙Navasa等海外公司、分支机构开展全球业务，鼓励和支持海外公司加快中国业务拓展，不断提升海外公司的全球影响力与竞争力，不断提高海外公司的经营水平与业绩，推动公司国际化不断进入新领域，实现新高度。

同时，要创新工作方式方法，按照既定目标认真做好运营管理、安全环保、质量提升、预算管理、市值管理、风险管控、审计督查、信息化建设、项目改造等各项基础性工作，不断开创各项工作的新局面，进入新境界。

三、实现2018年目标任务的期望与要求

沧海桑田，变化的是时空，不变的是心灵，是人们对美好生活的追求与向往。在这样一个变的时代，没有人可以成为旁观者，任何一个犹豫或怠惰，都可能会被淘汰。因此，要实现我们的目标，成就我们的梦想，全体金正大人就要有使命情怀、责任担当和奋斗精神。

一要有家国情怀。大地是我们的母亲，是人类赖以生存的家园，我们没有理由不呵护她，守护她，这是金正大生存的理由，又是我们的使命。而农业是立国之本，也是我们生存的根本，这是我们责任所在，也是金正大发展的历史机遇。身处这样一个伟大的时代，从事服务三农这样一份伟大的事业，是崇高而神圣的。我想，不热爱三农的人，从事三农工作是做不出成就的。只有对大地充满深深的敬畏，对三农充满无限的热爱，我们的事业才有希望，才有未来。当前，最迫切最重要的就是要全面开启亲土种植新时代，为让大地重焕生机，让农民更富有，贡献力量。

二要有奋斗精神。“吃苦耐劳、艰苦创业、大胆务实、超前实践”的企业精神，引领着我们克服了一个又一个困难，闯过了一个又一个难关，创造了一个又一个奇迹。今天，我们要夺取营销突破的决定性胜利，更需要大家时刻牢记我们的企业精神，将它融入我们的灵魂，变为我们在营销突破征途上奋勇拼搏的无穷力量。我们要在面临压力、考验、困难和挫折时，始终坚守企业核心价值观，发扬企业精神，咬定青山不放松，不放弃，不抛弃，不断挑战自我，不断超越自我。要把那些不认同公司核心价值观的人拒之门外。要开展好理想信念教育，使大家在公司价值观引领和使命驱动下，做到人人心中有理想，精神有力量，行动有结果。

三要有责任担当。我们要始终牢记，责任是我们的生存方式。企业有责任担当才能发展久远，个人有责任担当才不会被时代淘汰。要取得胜利，就要坚持事业导向，人人都自觉成为发动机，自我开发，自我激励，全身心地投入到营销突破中来。要比别人付出更多，别人在睡觉的时候，我们在工作；别人在自满的时候，我们在自我批判，永不满足。要用责任点燃工作的热情，要竭尽全力、尽职尽责地做好工作，充分发挥个人主观能动性与创造性，明知困难重重也要坚决执行，把寻找借口的时间用在解决问题上，以发现问题就是发现财富、解决问题就是创造财富的理念去积极主动地发现和解决工作中的问题。要把不能承担责任、不敢承担责任的管理人员及时调整，把明哲保身或技能不足的人员，及时从管理岗位上调整下来。保持整个队伍始终满怀激情、奋勇争先地前进在奋斗的路上。

各位同事，2018年，我们将迎来公司20岁生日。20岁，对一个人来说，正是英姿勃发、风华正茂的年龄，是一个心怀梦想，充满着无限激情与活力的年龄，拥有着无限光明灿烂的未来。值此时刻，我们将以什么的精神风貌，什么的行动和业绩去迎接公司20岁生日？这是每个金正大人都应该认真思考并做出响亮回答的问题。

相信，在时代的召唤下、在公司的期盼中，全体金正大人一定会坚守理想信念，以逢山开路、遇水架桥的闯劲和水滴石穿的韧劲，开创一个新时代，创造一个新世界，去赢取属于我们的喜悦与荣光！

最后，在新春佳节来临之际，恭祝海内外同事新春愉快、万事如意！同时，请恩格斯特先生、阿维先生捎去我们对康朴和艾森贝克同事的新春祝福！

谢谢大家！

2018年2月13日

附录 2

万连步人大代表建议与回复

〔人大代表建议〕

关于支持国家农业科技创新联盟建设，推动现代农业发展的建议

高效复合肥料国家农业科技创新联盟理事长、金正大生态工程集团股份有限公司董事长　万连步

长期以来，我国农业科研体系存在着机构设置和布局不尽合理、创新力量分散、低水平重复等问题，导致农业科技资源得不到合理配置和充分利用，科技创新工作难以形成规模效应，整体科研效益和国际竞争力都与发达国家存在较大的差距。当前，我国正处于加快推进农业现代化的关键时期，稳粮增收调结构、提质增效转方式，对农业科技创新提出了更新更高更迫切的要求，迫切需要建立一种协同高效的农业科技创新组织模式，集中优势创新力量、提高创新效率，充分发挥科技创新的核心驱动作用。在此背景下，为顺应创新驱动发展战略的新要求和农业科技发展的新需要，农业部2014年牵头建立了

国家农业科技创新联盟。

实践表明，国家农业科技创新联盟从试点起步，在探索中不断成长，在创新中不断发展，推动了区域性、行业性科技协同创新，形成了统筹优势资源、搭建共享平台解决重大问题等方面的工作方案，部署实施了农产品绿色增产增效技术集成模式研究、区域农业发展重大问题协同创新行动等一批重大科技任务，增强了农业企业在技术创新中的主体地位，促进了农业产业核心竞争力的提升，推动了政产学研在战略层面的紧密合作。这些成绩充分说明，联盟建设是因势而为，将有助于凝聚全国优势农业科技力量，引导创新要素向优势企业集聚，发挥机制灵活、纵向到底、横向到边等显著优势和独特作用，有利于保障科研与生产紧密衔接，实现创新成果的快速产业化，有利于形成布局合理、开放流动、共建共享、高效运行的技术创新体系，为加快农业科技进步注入创新活力，为推进农业现代化提供有力支撑。

但是，联盟的建设工作还处于探索阶段，社会对联盟的认识还需要进一步深化，联盟在政府规范化指导、自身运行效率、法律保障、经费投入等方面仍需加强，在机制创新上还要继续完善，在重大协作攻关的作用上仍需进一步发挥。

为使联盟更好地为国家农业科技创新服务，推动现代农业快速健康发展，提出以下建议。

一、制定相关指导意见或管理办法，规范联盟建设运行

国家农业科技创新联盟创建发展至今，在联盟的具体内涵、应具备的基本条件、应承担的主要任务、所要达到的效果以及如何构建与管理等方面还未出台规范性的文件。建议政府主管部门尽快出台关于支持国家农业科技创新联盟建设的指导意见或管理办法，指定专业机构对联盟建设进行监督指导，使联盟建设标准有据可循。同时，建立联盟运行效果责任追溯制度，保证投入和产出达到科学、实效要求，保证联盟建设真正有效落地。不断制定与完善有关联盟建设与发展方面的法律法规，解决联盟法律身份问题，推动联盟规范化建设与运行。

二、探索联盟建设的有效模式和路径，完善联盟运行机制

目前国家农业科技创新联盟的建设还处在探索阶段，运行机制仍需不断完善。建议政府主管部门制定相关政策，鼓励各有关行业主管部门、行业协会围绕本行业的重大技术创新问题，充分发挥组织协调、沟通联络、咨询服务等作用，推动本行业重点领域联盟的构建，探索多种、长效、稳定的产学研结合机制；鼓励各领域联盟、研究机构等深入研究国家农业科技创新联盟建设发展的内在规律、运作机制和利益分配机制等，积极学习、借鉴国外或国内联盟建设的成功经验，结合各领域实际情况，探讨建立有效促进自身联盟建设发展的科学路径和方法，制订因地制宜的发展规划，不断完善构建联盟的工作布局，突出重点，明确目标。通过不断实践与研究，探索出一套有效的、可复制的联盟建设模式与运行机制。

三、加大政策、资金等支持力度，鼓励联盟承担国家农业相关科技项目与部分公共服务职能

联盟要想得到发展，离不开政府在资金、项目、政策等诸多方面的引导与扶持。建议财政部设立专项资金支持联盟发展，建议科技部、农业部创新国家农业科技计划管理方式，有效融合管理机制和资源配置，挑选联盟重点联合攻关任务纳入国家重点研发计划等国家重大科技项目，给予联盟直接向科技部、农业部申报渠道，并鼓励联盟申报和承担该类项目，以建立财政资助联盟发展的新机制，引导形成产学研紧密结合的长效机制；此外，将原属政府行使的部分公共服务职能转移或委托给联盟，让联盟承担部分政府公共服务工作，如，赋权联盟承担农业技术培训与服务工作、牵头制定行业相关标准等。

四、加强对联盟的报道宣传，提升联盟的社会影响力

有效的宣传对联盟的建设与发展起着重要的作用。建议政府主管部门或联盟自身广泛利用各类媒体或创办内部刊物对联盟和成员单位在联合发展过程中的典型经验、特色模式等及时宣传报道，鼓励联盟成员以及其他合作单位之间加强合作，提高联盟的知名度和信誉度，加强农业相关企业对构建农业科技创新联盟重要性的认识，提升政产学研的合作积极性。

〔对建议的回复〕

万连步等5位代表：

你们提出的“关于支持国家农业科技创新联盟建设，推动现代农业发展的建议”收悉。经商财政部、科技部，现答复如下。

建设国家农业科技创新联盟，是贯彻落实习近平总书记关于科技创新系列重要讲话精神和中央创新驱动发展战略的一项重要举措。2014年底，我部启动了国家农业科技创新联盟（以下简称“联盟”）建设。三年多来，共组建了基础性、行业性、区域性农业科技创新联盟50多个，参与联盟建设的单位和企业上千家，逐步形成了中央与地方、科研院所和高等院校与企业齐抓共建的格局。

今年以来，围绕服务和支撑我部重点工作，解决制约节本增效、质量安全、绿色环保、区域发展的重大共性关键技术问题，我部重点打造了20个标杆联盟，组建了225个创新团队，凝练了117项创新任务，遴选出40余项核心成果，在全国41个县（市、区）进行示范应用。

一、关于制定相关指导意见或管理办法，规范联盟建设运行

3年来，我部会同中国农业科学院（以下简称“中国农科院”）不断加强联盟运行管理和规章制度建设，主要开展了以下工作。

一是构建联盟组织体系。成立国家农业科技创新联盟领导小组，联盟实行领导小组下的理事会管理体制。联盟理事会设在中国农科院，理事会下设秘书处，设在中国农科院科技局，秘书处是联盟日常科技任务的执行机构。各专业联盟受国家农业科技创新联盟理事会和秘书处的指导。二是明确联盟各方职责。在联盟现有组织架构基础上，农业部负责统筹协调、规划布局、跟踪督导；地方农业行政部门负责协调组织本地任务实施、条件保障；各联盟牵头单位负责本联盟年度计划制订、创新任务设计与实施、管理制度建立等；各参与单位承担相应的创新任务。三是规范联盟备案制度。

拟组建的联盟首先需要制定章程、拟订方案、建立管理制度，明确联盟的创新目标、创新任务、资金筹措、考核重点等内容，由联盟提出申请，理事会受理联盟组建申请，并审核备案。

下一步，我部将围绕规范联盟运行，不断借鉴国内外创新联盟管理经验，加强与我部“五区一园四平台”等中心工作对接，出台加强联盟规范运行管理办法、联盟建设若干意见等政策措施，促进联盟规范化发展。

二、关于探索联盟建设的有效模式和路径，完善联盟运行机制

联盟是在不改变现有管理体制的前提下，探索农业科技协同攻关和转化应用的重大机制创新。经过三年建设，联盟内部初步建立了目标一致、优势互补、产学研用一体、互利共赢、评价激励等机制，有效激发了联盟的发展活力和内生动力。一是聚焦重点、目标一致机制，每个联盟聚焦一个产业重大问题，把不同单位、不同学科、不同领域的科技创新主体聚集在一起，围绕一个产业技术重大科学命题进行联合攻关，围绕共同的创新目标和重点任务，形成创新合力。二是分工协作、优势互补机制，根据联盟内各成员单位各自的科研优势、资源优势和人才优势以及创新链不同环节的任务，处理好分工与协作，处理好基础研究、应用研究和技术开发各创新主体之间的关系，真正实现联盟的强强联合和优势互补。三是集成示范、产学研用一体机制，依托联盟内部成员单位现有试验示范基地和成果转移转化平台，把各项成果放到一个平台上集成示范，把技术成果的研究方、提供方、需求方、使用方集中到一起，把产学研用力量集中到一起会商，做好中试、熟化和集成配套，促进联盟技术成果的落地应用。四是协调共进、互利共赢机制，充分调动联盟集成示范所在地政府及推广部门积极性，明确创新成果收益分配的方式方法，兼顾好联盟参与各方的发展诉求和利益诉求，最大限度调动各方面的积极性，实现各方互利共赢。五是绩效管理、评价激励机制。主要围绕联盟科技任务实施和目标完成情况进行科学评价，通过表彰、补助、动态调整等形式，探索建立联盟激励约束机制。

下一步，我部将不断探索可复制、可推广的协同攻关模式和技术转化模式，系统总结成熟的联盟组织模式、运行管理经验，进一步提升联盟运行水平。

三、关于加大政策、资金等支持力度，鼓励联盟承担国家农业科技项目与部分公共服务职能

3年来，我部多方筹集联盟建设经费，不断拓宽联盟投资渠道，积极探索联盟建设多元投入机制，取得了一定成效。一是多方筹措联盟创新经费。20个标杆联盟以存量带增量、以贡献赢支持，有效整合国家重点研发计划、产业技术体系、重点实验室、企业自筹资金等各类项目和资金5.15亿元，其中国家项目259亿元，地方项目1.17亿元，联盟自筹1.39亿元。二是加强资源统筹配置。在政策允许的范围内，我部在现代农业产业技术体系岗位设置、学科群重点实验室建设等有关工程及项目实施、基地建设方面给予了联盟一定的支持。三是为联盟提供增值服务。积极为联盟发展牵线搭桥，提供及时准确政策、市场、人才、金融等资源和信息服务。支持水稻商业化分子育种、深蓝渔业等联盟积极探索企业自筹投入和引入金融机构、投资公司多元化投入参与联盟建设。

下一步，我部将积极与科技部、财政部沟通，争取将事关全局和区域发展的联盟创新任务列入国家重点研发计划等重点专项的支持范围。进一步拓展联盟投入渠道，引导具备条件的联盟与银行业、保险业等金融机构进行对接，争取风险投资、众筹等社会资本支持联盟建设。将农业技术培训与服务、制定行业相关标准等公益性和社会服务内容纳入联盟工作范围和考核内容，进一步强化联盟在公共服务方面的职能。

四、关于加强对联盟的宣传报道，提升联盟社会影响力

我部在建设好、运行好联盟的同时，着力加强对联盟的宣传报道，提升联盟社会影响力。一是加强舆论宣传。利用各种媒体，宣传联盟展示和推广的技术、产品和模式，如小麦“一喷三防”无人机喷施技术示范、养殖场粪污处理技术模式等，为联盟营造有利的社会舆论环境。同时，定期向领导小组和部内各司局印发联盟简报，加强工作交流和总结。二是强化现场观摩。重点开展小麦赤霉病防控技术、四省区水稻配套栽培技术、抗旱节水小麦品种与高效灌溉、深远海养殖模式等10多项专题性现场观摩和示范，集中展示相关联盟的突破性成果和工作成效，发挥典型引领作用。

下一步，我部将在重大技术创新、推动产业变革、管理模式创新等方面重点遴选一批成效显著、亮点突出、影响较大的联盟典型，加强对内、对外、对上的宣传报道，为联盟发展营造良好环境。感谢你们对农业科技工作的关心，并希望继续对“三农”工作予以关心和支持。

〔人大代表建议〕

关于加强现代农技推广，促进精准扶贫的建议

国家缓控释肥工程技术研究中心主任、金正大生态工程集团股份有限公司董事长　万连步

按照国家的脱贫战略规划要求，到2020年要确保现行标准下的7 000万农村贫困人口实现脱贫。时间紧任务重，脱贫难度比以往增加，要达到这一既定目标，需要动员全社会的力量形成强大合力，来打赢这场扶贫攻坚战。

习近平总书记强调，要提高扶贫措施有效性，核心是因地制宜、因人因户因村施策，突出产业扶贫，提高组织化程度，培育带动贫困人口脱贫的经济实体。农业是贫困地区实现脱贫增幅最直接最便利的产业，实施精准扶贫、精准脱贫的关键是让农民掌握先进的农业生产技术，用产业引导实现其内生式脱贫。习近平总书记提出，要以科技为支撑走内涵式现代农业发展道路，实现藏粮于地、藏粮于技，因此，做好现代农业生产技术推广，促进农业新技术、新产品落地，不仅对实现我国农业现代化而且对我国脱贫攻坚任务的如期完成都具有重要的战略意义。

一、主要存在的问题

（一）贫困地区农技推广资源不足

我国农业服务体系经过改革后，农技推广大部分职能都由乡镇综合管理，农业职能部门相关基层技术推广工作难以有效管理和实施。虽然《农业技术推广法》明确规定了“各级人民政府在财政预算内应当保障用于农技推广的资金，并应当使该资金逐年增长”，但实际上，农技推广经费仍然短缺，技术设备缺乏，一些新的综合配套技术难以引进、试验、示范和推广，乡镇农技推广激励机制缺乏。按照“一主多元”的推广体系建设要求看，政府农技推广职能受限，企业的农技服务和科研单位的科技服务又难以深入偏远贫困地区，三种资源没有得到充分整合，难以发挥最大效能，也使得农技推广工作的效果大打折扣。

（二）农技推广人员缺乏

由于农技推广工作待遇较低，工作条件差，从事农技推广的专业人员呈减少趋势。同时由于缺乏相关激励机制，农技推广人员内动力不足，满足不了各类农业经营主体对农业技术日趋多样化和个性化的需求。特别是偏远贫困地区，高学历、高职称的人员不愿从事农技推广工作，农技推广人员队伍专业素质和能力不强，对一些推广中的专业问题难以解决,出现推广速度慢、效果不理想、服务意识不到位、服务质量不高等问题，降低了农业技术推广的效率，阻碍了农业技术推广的发展。

（三）贫困农户对农业技术推广接受程度较低

农村贫困地区地处偏远、信息落后，为农业技术推广工作带来了一定困难。由于从事农业生产的农民知识储备不够，接受新技术能力差，对新型农作物和现代化种植技术缺乏足够认识，对农业技术推广中的问题和现代化的技术手段难以理解，也使得农业技术推广的效果不理想。

（四）适应贫困地区特色产业的实用性技术和产品供给不足

由于当前我国农业科技研发还没有形成市场导向的机制，导致了农业科技整体发展迅速但实用性技术却供给不足的问题。特别是偏远贫困地区多是高原丘陵沟壑地区，适合发展的农业产业多是量少且种植难度高的经济作物，对这类区域性的、单一作物的技术研发还不足，技术集成度、一体化程度也不高。一些农业技术还缺乏配套的新型农资及装备，加之传统农技推广服务，只重视产前、产中的技术推广服务，而忽视产后的跟踪服务，也使得农业技术的推广效果不理想。

二、关于加强农技推广，促进精准扶贫的建议

（一）坚持“一主多元”农业技术推广体系，鼓励企业建设配套推广服务中心和示范基地

习近平总书记指出，扶贫开发是全党全社会的共同责任，要动员和凝聚全社会力量广泛参与；要坚持专项扶贫、行业扶贫、社会扶贫等多方力量、多种举措有机结合和互为支撑的“三位一体”大扶贫格局。在现代农业技术推广中，也应坚持“一主多元”的推广体系，鼓励各类推广主体广泛参与、分工协作，加大对涉农企业特别是龙头企业的支持力度，发挥其技术与服务优势，通过政府采购、定向委托、承担项目等方式，搭建农资、农技、农服“一站式”农业服务平台和示范基地，通过线上+线下的方式实现对农业生产的全程技术服务，落实资金扶持、税收减免、信贷优惠等政策措施，理顺体制，形成农技服务合力。鼓励有条件、有实力的企业和经营性服务组织在贫困地区建立示范田、示范园，发挥示范引领作用，把公益性推广服务和经营性农业服务有机结合，统一纳入政府相关农业技术推广和扶贫工程中。例如，金正大集团在山东平邑县余粮店村，帮助当地发展特色产业樱桃种植，建设千亩樱桃种植基地，所有的樱桃统一由金正大提供套餐肥和技术服务，由于采用了科学高效的种植技术，使得当地贫困农户家庭收入

翻了几番。因此，应充分利用涉农企业已有的推广网点和技术人才，鼓励农技推广人员参与其中，针对贫困地区特色产业发展，形成全程化农技推广服务，及时推广高效节能绿色农业技术和系列加工、包装、储运等方面的新技术，为农业结构调整和特色产业发展提供技术支撑，促进贫困地区特色产业发展，让农民从中得到更多的实惠，实现产业扶贫的针对性和精准性。鼓励龙头企业和科研单位研发针对贫困地区特色产业的新技术、新产品，实现技物结合，保证农业实用技术供给。

（二）发挥涉农企业技术与服务优势，加强新型职业农民的培训

脱贫致富终究要靠贫困群众用自己的辛勤劳动来实现。治贫先治愚、扶贫先扶技。通过定向开展有针对性的培训，授农以“渔”，帮助贫困农户掌握先进实用的技术，发展各类特色产业，实现精准脱贫。建议通过政府购买服务、政企合作共建“农民田间学校”等方式，分产业、分类型、分层级、分模块实施培训，实现精准培训。整合各渠道培训资金资源，建立政府主导、统筹安排、产业带动的培训机制，鼓励具备条件的农业企业参与，切实发挥企业和经营性农业服务组织培训主体的作用，充分发挥其在技术、师资和基础设施方面的优势，提高农民培训的针对性和实用性，并将其纳入新型职业农民培育工程。涉农企业和经营性农业服务组织在贫困地区承担农业技术

推广培训的，应纳入政府精准扶贫工程中，给予奖励和优惠政策。

（三）落实激励措施，加快对农业技术推广人员的培养

提高农业技术推广人员知识水平和服务能力，加强对农业技术推广人员节水灌溉、水肥一体化、保护性耕作和土壤养分管理等节本降耗、循环利用的现代新型农业技术培训，加强对贫困地区发展特色产业的技术培训。同时落实激励农技人员进村入户、深入田间地头的各项措施，激发其内在动力，开辟农技人员到涉农企业特别是龙头企业技术入股、兼职兼薪的有效途径，取得合法报酬，探索出农技人员为涉农企业特别是龙头企业提供技术服务、技术咨询的有效模式。

（四）建立监督考核机制，加大贫困地区农技推广力度

脱贫攻坚离不开产业发展，产业发展离不开现代农技推广。为了确保农业技术能够持久稳定地推广下去，建议农业部加大对农业技术推广资金、设备和人才的投入力度，特别是在条件艰苦、设施落后的贫困地区。对多元推广主体进行农技推广服务的，应建立监督机制，对资金的流入、人员的绩效、推广的成效等进行监督，保证物尽其用，人尽其职，齐心协力共同完成农业技术推广工作。同时，建议加强对《农技推广法》等相关涉农法律的执行监督力度,对于部分地区执行落实不到位的应要求其整改，保证我国农业技术推广工作的顺利开展。

〔**对建议的回复**〕

万连步等5位代表：

你们提出的“关于加强现代农技推广，促进精准扶贫的建议”收悉。经认真研究，现答复如下。

一、关于建设“一主多元”农技推广体系，鼓励企业参与农技推广服务

近年来，农业部会同各地农业部门认真贯彻落实中央有关决策部署，在相关部门的大力支持下，全面推进基层农技推广体系改革与建设。一是加强基层农技推广机构建设。根据产业特色和区域布局，科学设置基层农技推广机构，全国贫困地区已普遍设立了农技推广机构，明确了公益性职能。围绕基层农技推广机构职能定位，合理设置岗位，完善人事制度，实施骨干人才培养、人员知识更新、定向培养等农技人员培训培养计划，为基层推广队伍注入了新鲜血液，提高了专业水平和学历层次。强化农技推广投入保障，中央累计投入58.5亿元，改善了2.9万个乡镇推广机构的办公条件和服务手段；中央财政每年安排专项经费，支持包括贫困地区的全国农业县开展公益性农技推广服务。目前，基层农技推广机构呈现干事有队伍、工作有场所、推广有经费、服务有手段的良好态势，切实发挥了公益性农技推广服务中的主导作用，加强了对市场化主体的引导、服务和必要的监管。二是推动农业科研教学单位开展农技推广服务。推动农业科研教学单位发挥成果、人才、基地等优势，到基层建设农业试验示范基地，开展农民教育培训，提供技术咨询服务，探索农科教有效结合开展推广服务的新机制、新模式。2015年，农业部、财政部实施科研院校开展重大农技推广服务试点，探索建立了“科研实验基地+区域示范基地+基层推广服务体系+农户”的链条式农技推广服务模式。三是支持经营性组织开展农技推广服务。落实资金扶持、信贷优惠等政策措施，支持涉农企业、农民合作社、供销合作社、专业服务组织、专业技术协会等经营性服务组织开展农资统供、统耕统种统收、病虫害统防统治、农产品统购统销等农业全程服务。支持经营性服务组织参与农业技术推广项目实施。通过政府采购、定向委托、招投标等方式，支持经营性服务组织参与农业技术推广服务供给。目前，以基层农技推广机构为主导，农业科研教学单位、农民合作组织、涉农企业等主体广泛参与，分工协作、充满活力的“一主多元”农技推广体系初步建立，农技推广能力明显增强。

下一步，农业部将继续健全完善“一主多元”农技推广体系，以支撑农业供给侧结构性改革为中心任务，以提高农技推广服务供给质量效率为主攻方向，以新型农业经营主体为重点服务对象，以深化改革为动力，创新农技推广体制机制，精心打造示范服务平台，大力推广绿色高效适用技术，加快培育精干高效队伍，切实发挥科技对农业增效、农民增收和农产品竞争力增强的支撑推动作用。

二、关于发挥涉农企业优势，加强新型职业农民培育

2014年起，农业部会同财政部启动实施新型职业农民培育工程，重点面向种养大户、家庭农场主、农民合作社骨干、农业社会化服务人员和农村创业青年，以提高生产经营能力和专业技能为目标，开展农业全产业链培训，促进农民创业兴业，培养一批爱农业、懂技术、善经营的新型职业农民。农业部注重发挥农业企业和农民合作社等社会资源的优势，共同推进新型职业农民培育工作。一是联合教育部推动成立了中国现代农业校企联盟，按产业类型下设现代农业、现代畜牧业、都市农业、现代农业装备和现代渔业等5个全国性农业职教集团，探索由农业龙头企业牵头，农业职业院校、农业大学、科研单位参与，在高技能人才培养、项目合作、基地建设、国际交流等方面开展校企合作。目前，五大农业职教集团吸纳涉农企业、职业院校、科研院所500余家，有效推动集团化办学，深化产教融合、校企合作，加快构建现代农业职业教育体系。二是支持农业龙头企业履行社会责任，积极承担新型职业农民培训任务。例如，隆平高科与中央农广校、湖南省农委合作，开展农民教育培训和农业指导服务，实现基地基层联动、线上线下互补、育种育人一体。荃银高科在安徽农业大学设立“荃银班”，探索培养本科层次的青年农场主。先正达公司与中央农广校合作，2016年、2018年分两批遴选培育对象，各捐赠125万元，用作资助新型职业农民创业兴业、开展创业辅导培训及相关工作经费。中化化肥、金正大等涉农企业也加强了与农业部门的合作，建设农民田间学校，提供农资、农技等服务，受到农民欢迎。

下一步，农业部将继续大力推进新型职业农民培育工程，推动涉农企业、新型农业生产经营主体进一步参与职业农民培育工作，加大对新型职业农民的培训力度，为现代农业发展提供人才支撑。

三、关于落实激励措施，加强农技人员培养

近年来，农业部会同各地农业部门，在相关部门的大力支持下，加强农技人员业务培训，探索完善激励机制，提升业务能力和服务水平。一是加强农技人员业务培训。依托基层农技推广体系改革与建设项目实施，创造培训条件、丰富培训内容、强化培训管理，建立了基层农技人员分级分类培训机制。通过异地研修、集中办班、现场实训、网络培训等方式，加强农业技术、政策法规、市场信息、质量安全、生态环保、金融保险等多领域知识技能培训，增强了基层农技人员的业务技能和服务水平。2017年起，每年对不少于1/3的基层农技人员进行连续5天以上的脱产业务培训，力争用三年时间对基层农技人员轮训一遍。二是探索农技人员提供技术增值服务获取合理收益的新机制。今年农业部在部分地区开展基层农技推广体系改革创新试点，“农技人员通过提供技术增值服务获取合理收益”是试点的主要内容之一。通过一年时间试点，探索基层农技人员进入家庭农场、合作社、涉农企业，通过技术转让、技术入股、技术承包、技术咨询等形式增值服务，为新型农业经营主体服务并获取收益的有效做法，探索可复制、可推广的经验模式。

下一步，农业部将加强政策支持与有效指导，积极稳妥推进试点开展，总结宣传试点工作进展和成效，适时推广好的做法经验。

四、关于建立监督考核机制，加大贫困地区农技推广力度

农业部会同各地农业部门，在各级人大以及财政等部门的大力支持下，加大农技推广投入力度，加强农技推广绩效考评，完善农技推广法制保障。一是强化农技推广投入保障。中央财政安排农业技术推广与服务资金，积极支持农业技术推广服务工作。从2012年起，中央财政每年安排26亿元，实施基层农技推广体系改革与建设补助项目，支持健全基层农技推广体系，开展公益性农技推广服务，实现了农业县全覆盖，贫困地区都在支持范围。二是加强农技推广监督考核。2016年，农业部加强农技推广补助项目监督考评，委托江苏省农学会对全国31个省、区、市（不含西藏、新疆建设兵团）、黑龙江农垦、广东农垦，以及3个计划单列市承担2016年农技推广补助项目实施情况进行了绩效考核，对10%的项目县进行了实地检查。农业部将继续完善农技推广绩效考评机制，运用科学规范的评价方法，客观公正地对各地农技推广服务情况进行绩效考评，严格奖惩措施，确保目标任务有效落实。三是贯彻落实《农业技术推广法》。农业部定期对各地贯彻落实《农业技术推广法》情况开展调度，推动加快《农业技术推广法》地方法规修订。目前，四川、天津、江苏三省市已完成《实施〈中华人民共和国农业技术推广法〉办法》修订，多个省份已将地方法规制修订工作提上日程。

感谢你们对农技推广工作的关心，希望继续支持农技推广事业发展。

〔人大代表建议〕

关于推进土壤改良修复工程，全面提升耕地质量的建议

国家缓控释肥工程技术研究中心主任、金正大生态工程集团股份有限公司董事长　万连步

耕地土壤是人类赖以生存的重要农业资源和不可替代的生产要素。耕地质量事关我国农业的可持续发展、人民群众身体健康，是我国经济发展和社会稳定的基础核心所在。但是，我国耕地资源紧缺，人均耕地面积仅为世界平均水平的40%左右，人多地少的国情，使我国的农业生产一直维持高投入、高产出模式，耕地长期高强度、超负荷利用，造成耕地质量下降。随之而来的就是农产品产量减少、品质降低，并且污染物超标的土壤中出产的农产品还存在严重的食品安全隐患。净土才有洁食，全面提升耕地质量，形成结构合理、保障有力的农产品有效供给体系迫在眉睫。

近年来，我国政府相关部门针对提升土壤质量开展了大量具体的工作，如农业部从2005年开始实施测土配方施肥工

程，已推广测土配方面积10亿亩以上，累计投入资金92亿元；2006年开始启动耕地保护与质量提升项目，累计投入资金40多亿元；财政部2016年拨发了土壤污染防治专项资金68.7亿元，专门用于土壤污染防治相关工作以及2015年已经启动的重金属污染重点防控区综合防治工作；2016年5月，国务院正式发布《土壤污染防治行动计划》，业内将其称为“土十条”，正式吹响了土壤修复治理的号角。2017年2月，农业部印发《开展果菜茶有机肥替代化肥行动方案》，提出通过有机肥替代化肥的生产运营模式改善土壤贫瘠化、酸化、次生盐渍化等问题。

一、我国耕地质量目前存在的问题

尽管近年来我国政府采取一系列举措提升耕地质量，但由于我国长期缺乏耕地质量保护的有效机制，耕地质量问题逐年累积并日益凸显，已经成为制约农业发展和环境保护的瓶颈。我国耕地质量问题突出表现在以下几个方面。

（一）耕地土壤退化严重，土壤肥力差

据统计，我国酸性土、盐碱土面积占耕地总面积的60%以上，耕地质量退化严重，粮食综合生产能力降低。与第二次土壤普查时期相比，全国耕地土壤pH值平均下降约0.8个单位，全国盐渍化土壤面积约占总耕地面积的25%。根据2014年12月农业部发布的《全国耕地质量等级情况公报》数据显示，一至三等的耕地面积4.98亿亩，占耕地总面积的27.3%；四至六等的耕地面积8.18亿亩，占耕地总面积的44.8%；七至十等的耕地面积为5.10亿亩，占耕地总面积的27.9%。综合

来看，中低产田占耕地总面积的70%以上，耕地土壤肥力差。

（二）农业生产者认知不足，耕地质量持续恶化

尽管政府已经颁布实施了《到2020年化肥使用量零增长行动方案》、“土十条”等一系列防治措施，但从实施效果来看，我国农业面源污染并没有得到有效控制，如当前大部分地区肥料还存在施用过量（特别是蔬菜和果树等过量超标）、施用方式不合理等问题，耕地质量持续恶化，如何把土地流转和适度规模经营、作物种植结构优化、平衡施肥技术推广落实到千家万户仍是一个亟待解决的问题。

（三）耕地污染问题凸显，威胁农产品质量和生态环境安全

土壤是大部分污染物的最终受体。目前，由于固体废物、污水灌溉等多种原因，造成耕地重金属等污染问题加重，耕地污染导致土壤理化性状变差，降低了耕地生态功能和生产能力，严重威胁了农产品质量和生态环境安全。2014年4月环境保护部和国土资源部联合发布的《全国土壤污染状况调查公报》显示，全国土壤总点位超标率是16.1%，其中具体到耕地，中国就有333万公顷耕地因遭受污染而不宜耕种。另外，农田“白色污染”问题也不容忽视，据统计，每年约有50万吨农膜残留在耕地里，在15~20厘米的土层形成不透水、不透气的难降解层，对耕地质量构成了巨大的威胁。

（四）企业扎堆进入土壤调理剂行业，产品技术良莠不齐

在当前土壤污染及土壤酸化、次生盐渍化等退化问题日益

突出的背景下，土壤调理剂行业发展迅速，从事土壤调理剂生产的企业数量迅猛增长，产品种类花样繁多。产业快速发展的同时，也伴随着技术、管理、推广和应用等多层面的问题，比如市场混乱，企业盲目跟着国家项目投入生产，产品扎堆、技术单一、效果不佳等。土壤调理剂产业是否能够健康发展，是影响我国耕地质量提升、农产品质量与安全的重要因素。

二、关于推进土壤改良修复工程，全面提升耕地质量的建议

（一）统筹考虑配套建设，建立土壤修复系统工程

土壤与水、大气甚至整个生态系统都有着紧密的关系，因此，土壤修复和耕地质量提升是一项长期的系统工程，需统筹考虑大气、水等各方影响因素，在顶层政策设计上要统筹考虑、全局设计、整体发力。建议在开展黑土地保护利用试点等重大土壤保护、修复项目中，整体规划设计，明确对灌溉水源、周边企业布局排放的要求，对配套工程建设、农产品质量纳入考核目标，推进耕地、大气、水、农产品质量“四位一体”的保护与提升，建立一系列保护耕地质量的法律法规，达到顶层设计、全面规划、科学管理和强化保护耕地资源的目的，从改良土壤、培肥地力、保水保肥、控污修复等不同层面，全面提高我国耕地综合生产能力。

（二）强化科技在土壤污染防治中的支撑作用

从环境保护和循环经济角度来看，大部分土壤调理剂产品的原料为废弃物，对土壤调理剂产业的扶持，不仅有利于废弃

物消除，也有利于环境保护。建议政府主管部门设立重大专项研发基金和成果转化基金，优先支持一批重大研究课题，鼓励重大创新成果产业化，通过优先试点，以点带面，带动土壤修复行业的发展。同时，建立政策性基金，在具备条件的重点企业建立试点，为农民买单、定点试生产试用，最大限度地改善土壤环境。

（三）完善市场准入制度，鼓励优势企业积极参与土壤修复工程

我国土壤修复行业的产值占环保产业总产值的比重仅为0.5%，而其中仅有7.1%的比重用于修复耕地，土壤修复工程任重道远。目前土壤修复参与模式单一，主要以政府招标采购企业土壤调理或土壤修复产品的形式进行。建议通过进一步完善标准技术体系，研究制定土壤污染修复相关产品标准、检验方法标准、安全评价和应用技术规范等，建立明确的土壤修复产品市场准入制度，为耕地生态环境保护与土壤调理剂企业的规范发展提供依据。完善现有产品招标模式，避免低价低质竞争，鼓励有实力的企业进入土壤修复工程。

（四）通过税收、运价优惠等方式，促进土壤修复产业发展

2015年9月1日起执行的《关于对化肥恢复征收增值税政策的补充通知》，对土壤调理剂产品实行与化肥一样的征收增值税政策；另外，铁路作为土壤调理剂的主要运输途径，《铁路货物运输品名分类与代码表》中没有“土壤调理剂”这一品

名，只能按照“其他有机肥料等”这一品名发运。这些因素给土壤调理剂企业造成很大负担，而土壤调理剂产品大多为废弃物资源化利用类型，因此建议将土壤调理剂列入资源综合利用产品目录，享受资源综合利用产品企业所得税税收优惠政策；建议在铁路货物运输品中增加“土壤调理剂”，并将其列为享受铁路运价优惠的产品。

（五）落实责任主体，建立土壤改良效果责任追溯制度

土壤修复、改良是一项系统工程，需要健全耕地质量保护投入机制与共同责任机制，落实土壤质量保护责任主体。在土地流转中，将耕地质量的量化指标纳入土地经营权证中，土地流转的受让方要履行土壤保护的责任，建立土地流转中耕地质量维护奖惩机制，促进耕地质量的提高。土壤改良是一项长期过程，为了在土壤改良过程中避免出现短期行为，建议建立起土壤改良效果责任追溯制度，保证投入和产出达到科学、实效要求。

〔对建议的回复〕

万连步等14位代表：

你们提出的“关于推进土壤改良修复工程，全面提升耕地质量的建议”，由我部会同发展改革委、科技部、财政部、国土资源部和农业部办理。经认真研究，答复如下：

土壤是构成生态系统的基本环境要素，是人类赖以生存的物质基础，也是经济社会发展不可或缺的宝贵资源。加强土

壤污染防治，事关广大人民群众身体健康和经济社会可持续发展。你们的建议对加强土壤污染防治具有积极的指导意义。

国家高度重视土壤污染防治工作，2016年5月，国务院印发《土壤污染防治行动计划》（以下称“土十条”），这是当前和今后一个时期全国土壤污染防治工作的行动纲领。目前，我部正会同有关部门着力推动落实“土十条”。

一、关于建立土壤修复系统工程

近年来，为保障国家粮食安全，切实加强土壤污染治理和改良修复，农业部主要开展了以下工作。一是开展土壤培肥改良。2005年以来，中央财政累计投入近90亿元，组织实施测土配方施肥补贴项目。目前，已推广到2 498个县（场、单位），基本覆盖到全国所有县级农业行政区，2016年技术推广面积达到16亿万亩次。二是加强土壤环境管理和监测。制定了《农产品产地安全管理办法》《农用污泥中污染物控制标准》《无公害食品蔬菜产地环境条件》等相关法规标准，强化保护耕地土壤，提高耕地综合生产能力。组建了农业环境监测网络，开展土壤环境质量监测评价，初步掌握了重点区域土壤污染状况。三是集成推广土壤改良修复技术。积极推动技术创新，采用工程、生物、化学和农艺措施，进行农田基础设施建设、地力培肥、退化和受污染耕地治理修复。推广应用缓控释肥、水溶性肥料、液体肥料、土壤调理剂等高效新型肥料，集成土壤改良修复技术模式。

二、关于强化科技在土壤污染防治中的支撑作用

“十一五”期间，国家启动“大宗农作物产地污染物防控关键技术与应用”等公益性行业专项项目，推动了我国土壤修复改良进程。“十二五”期间，国家启动实施一批农业面源污染防治科技项目，分别在太湖、洱海、巢湖和三峡库区等建设了一批流域农业面源污染综合治理示范区。“十三五”以来，按照国家科技计划管理改革的部署，启动实施国家重点研发计划“农业面源和重金属污染农田综合防治与修复技术研发”和“化学肥料农药监视增效综合技术研发”两个重点专项，从基础研究、关键技术研究、集成示范应用三个环节针对农业面源和重金属污染农田综合防治问题进行整体化、系统性和全产业链条设计。

三、关于鼓励优势企业积极参与土壤修复工程

根据《中共中央国务院关于深化投融资体制改革的意见》（中发〔2016〕18号）、《国务院关于创新重点领域投融资机制鼓励社会投资指导意见》（国发〔2014〕60号）等文件的要求，2016年12月，国家发展改革委员会同农业部联合印发《关于推进农业领域政府和社会资本合作的指导意见》，明确了农业领域政府和社会资本合作基本原则，重点领域和路径，要求各地在工作中加强项目储备、提高审批效率、合理确定合作伙伴、加强项目监管、适时开展绩效评价、规范退出程序。

发展改革委将进一步推动各地开展农业领域PPP（政府和社会资本合作）项目试点，鼓励各地重点领域，选择适合当地

特点，对农业发展有示范带动作用，需求长期稳定的基础设施和公共服务项目开展试点。同时，及时做好试点项目评价，总结成功经验，形成可复制的模式，逐步推广。

四、关于通过税收优惠方式促进土壤修复产业发展

根据企业所得税法及其实施条例规定，对企业以《资源综合利用企业所得税优惠目录》规定的资源作为主要原材料，生产国家非限制和禁止并符合国家和行业相关标准的产品取得的收入，按90%计入收入总额。目前，综合利用的资源主要是各种废旧资源，如在矿产资源开采过程中产生的废渣、废液（水）等。

对于你们提出的将土壤调理剂纳入企业所得税优惠目录等建议，财政部将会同农业部等有关部门开展调查研究，加强论证，在完善相关财税政策时统筹考虑。同时继续通过已有资金渠道支持农业面源污染综合防治工作，改善农业生产和农村生活环境，提高农产品产地环境质量。

五、关于建立效果责任追溯制度

“土十条”明确规定，按照“谁污染、谁治理”原则，造成土壤污染的单位或个人要承担治理与修复的主体责任，实行土壤污染治理与修复终身责任制，2017年底前，出台有关责任追究办法。

农村土地流转的受让方要履行土壤保护的责任，避免因过度施肥、滥用农药等掠夺式农业生产方式造成土壤环境质量下降。目前，我部正在组织制定土壤污染治理与修复责任追究办法，办法将进一步明确治理与修复相关人员的责任和义务，强化责任管理，明确追责程序和责任形式，全面落实土壤污染治理与修复终身责任制，规范和净化治理修复市场，保证治理修复效果，促进土壤污染治理与修复市场良性发展。

下一步，我部将会同有关部门进一步加大工作力度，完善政策法规，强化执法监管，有序推进治理与修复，确保农用地和建设用地土壤环境安全得到基本保障，土壤环境风险得到基本管控。

感谢你们对环境保护的关心和支持，欢迎继续对我们的工作提出宝贵意见和建议。

附录 3

金正大大事记

1998年

8月

前身“临沂市金大地复合肥有限公司”成立。

10月

第一条年产5万吨的复合肥生产线建成投产。

1999年

9月

年产10万吨的复合肥项目建成投产。

2000年

8月

与中国人民大学联合成立了金大地商学院。

2001年

1月

金大地系列产品被“中国国际农业博览会”评为名牌产品。

2002年

7月

临沭基地工业园一期工程开工建设。

2003年

3月

临沭基地工业园第一条年产10万吨硫酸钾复合肥生产线建成投产。

2004年

11月

引进山东农业大学5项缓控释肥专利技术，开始产业化开发。

2005年

8月

设立北京金正大科技有限公司。

12月

缓控释肥产品被认定为“山东省高新技术产品”。

2006年

3月

第一条缓控释肥生产线正式建成投产。

5月

与中邮物流签署战略合作协议，利用中邮物流系统开展肥料配送业务。

6月

金正大（美国）新型肥料研发中心在华盛顿成立。

被科技部认定为“国家火炬计划重点高新技术企业”。

8月

开启爱心助学工程，每年向在各类统招大学就读的员工子女发放助学金。

9月

美国农业部部长迈克·约翰斯先生接见万连步董事长，金正大缓控释肥产品被纳入美国农业部三个试验站试验推广计划。

10月

山东省科技厅批准公司成立“山东省控释肥工程技术研究中心”。

12月

科技部批准金正大承担“十一五”国家科技支撑计划《树脂包膜控释肥料关键技术集成及产业化》课题。

2007年

2月

成功引进德国投资开发有限公司（DEG）、CRF化肥有限公司2 000万美元外资，成为中外合资企业。

5月

在山东菏泽设立菏泽金正大生态工程有限公司，并于9月开工建设。

8月

与中国农业大学签署战略合作协议。

10月

参与起草的《缓控释肥料》行业标准颁布实施。

2008年

4月

与全国农业技术推广服务中心签约，在全国开展缓控释肥示范推广。

5月

先后与国家杂交水稻工程技术研究中心、中国科学院南京土壤研究所签署合作协议，并聘请袁隆平院士、朱兆良院士为公司特聘顾问。

6月

国家人力资源和社会保障部批准金正大设立博士后科研工作站。

7月

万连步董事长作为奥运火炬手参与奥运火炬“祥云”传递活动。

8月

举办以“十年砺金·百年树尊”为主题的系列文化活动，庆祝公司成立十周年，并举行年产60万吨缓控释肥项目奠基仪式。

11月

与中国农业大学启动“国际型科研、管理人才联合培养”项目，同时与山东农业大学签署新一轮战略合作协议。

2009年

1月

启动百万元“亲情工资”献员工父母活动，自此每逢春节，金正大都会发放亲情工资，弘扬孝道。

7月

山东省科技厅批准金正大成立“山东省院士工作站”。

9月

参与起草的《缓释肥料》国家标准颁布实施。

10月

时任中共中央政治局常委、国务院总理温家宝视察金正大农化服务站。

科技部批准金正大筹建“国家缓控释肥工程技术研究中心”。

12月

与山东农业大学合作的“新型作物控释肥研制及产业化开

发应用”项目荣获2009年度国家科技进步二等奖。

2010年

1月

科技部批准金正大牵头成立“全国缓控释肥产业技术创新战略联盟”，公司成为联盟的理事长单位和秘书长单位。

6月

与美国佛罗里达大学签约，共同成立“中美缓控释肥合作研究中心”。

9月

在深圳证券交易所上市，募集资金15亿元。

10月

“安居工程”菏泽基地公寓楼正式启用。

2011年

1月

在安徽长丰设立安徽金正大生态工程有限公司。

3月

参与起草的《高尔夫球场草坪专用肥和土壤调理剂》行业标准正式实施。

4月

启动“农化服务万里行”活动，投巨资配备1万台种肥同播机，为农民免费提供种肥同播服务。

在河南郸城设立河南金正大生态工程有限公司。

被国家科技部、国务院国资委、中华全国总工会三部委认定为“国家创新型企业”。

8月

与河南邮政公司联手在河南驻马店共同设立河南豫邮金大地科技服务有限公司。

与山东农业大学等单位申报的“土壤肥料资源高效利用国家工程实验室”获得国家发改委批复。

在贵州瓮安设立贵州金正大生态工程有限公司（诺泰尔公司前身），建设磷资源循环经济产业园项目。

10月

在云南晋宁设立云南金正大生态工程有限公司，并收购云南中正化学有限公司。

在辽宁铁岭设立辽宁金正大生态工程有限公司。

11月

国家发改委批准金正大筹建“复合肥料国家地方联合工程研究中心”。

2012年

3月

被农业部纳入2012年全国农企合作推广配方肥100家试点企业。

6月

韩国总理金滉植在首尔接见万连步董事长。

7月

参与起草的《控释肥料》行业标准正式实施。

年产60万吨新型作物专用控释肥项目建成投产，成为全球最大的缓控释肥生产企业。

9月

与新疆农资集团在阿克苏合资成立新疆金正大农佳乐生态工程有限公司。

12月

在山东德州设立德州金正大生态工程有限公司。

“缓控释肥技术创新平台建设”项目荣获2012年度国家科技进步二等奖。

与山东农业大学举行校企协同创新合作签约仪式。

组织优秀经销商、种植大户及员工参加“相约美丽台湾·共襄金色未来”主题文化活动。

2013年

1月

在广东英德设立广东金正大生态工程有限公司。

3月

万连步董事长当选第十二届全国人大代表并赴京参加全国两会，并提交多项三农发展相关议案，履行参政议政职责。

7月

农业部批准以金正大为依托单位建设“农业部植物营养与新型肥料创制重点实验室”。

8月

举办以“同心跨越 · 相约未来”为主题的系列文化活动，庆祝公司成立十五周年。

12月

“安居工程”安徽基地公寓楼正式启用。

金正大技术中心被国家发改委等五部委认定为“国家认定企业技术中心”。

组织万名种植大户、农业科技带头人、优秀经销商等开展“韩国绿色农业之旅”活动，学习韩国绿色农业发展经验。

2014年

3月

参与起草的《农业用硝酸钙》行业标准由工信部批准正式实施。

6月

与以色列利夫纳特集团在特拉维夫签署战略合作协议。

7月

金正大诺泰尔化学有限公司60万吨硝基复合肥项目投产。

与挪威生命科学大学签署合作协议。

11月

“金正大–利夫纳特农业科技研究中心”在以色列成立。

万连步董事长在特拉维夫会见以色列前总统佩雷斯。

完成非公开发行股票8 142万股，顺利募集资金20.6亿元。

2015年

3月

以色列驻华大使马坦·维尔奈一行访问金正大，会见万连步董事长。

5月

金正大诺泰尔公司一期20万吨水溶肥生产项目建成投产。

6月

年产30万吨水溶性肥料项目在临沭县正式投产。

金正大与以色列利夫纳特集团、以中农业交流合作中心、以色列瑞沃乐斯公司等签署了一系列合作协议。

7月

金正大发起设立的国内最大的农资电商平台——“农商1号”在北京钓鱼台国宾馆正式上线。

10月

金正大集团在美国洛杉矶设立北美办事处。

2016年

1月

金正大泰国办事处正式成立。

董事长万连步成功入选山东省“泰山产业领军人才工程高效生态农业创新类”15人人选名单。

金正大全资子公司金正大（香港）投资有限公司通过在荷兰设立的Ekompany International B.V.以610万欧元价格收购荷兰Ekompany Agro B.V.公司资产。

2月

董事长万连步入选2015年“国家百千万人才工程”，荣获“有突出贡献中青年专家”荣誉称号。

4月

参与制定的《硝基复合肥料》行业标准获批发布。

参与制定的《控释肥料》国际标准正式发布。

发布公告，以不超过1.16亿欧元（约8.5亿元人民币）的价格收购Compo AcquiCo S.à.r.l.（卢森堡康朴公司）旗下康朴公司园艺业务100%股份。

5月

在新疆阜康设立新疆普惠农业科技有限公司。

28日，由金正大集团、中国磷复肥工业协会、全国缓控释肥产业技术创新战略联盟联合有关单位举办“中国缓控释肥10年发展峰会暨产业白皮书发布”活动在北京召开，发布中国首部缓控释肥产业发展白皮书。

7月

当地时间12日，金正大集团在德国法兰克福举行并购德国康朴公司（Compo GmbH）交割签约仪式。

20日，金正大诺泰尔公司承建的“贵州省磷钾养分高效利用工程研究中心”获批建设。

29日，控股子公司德国金正大有限公司之全资子公司KingentaInvestco，S.L.以5 565 000欧元的价格收购西班牙Navasa公司持有的70%的股权，完成交割工作。

9月

参与起草的《肥料和土壤调理剂术语》及《肥料和土壤调理剂分类》两项国家标准获批颁布。

11月

15日到18日，金正大承办“国际标准化组织肥料与土壤调理剂标准化技术委员会（ISOTC134）第12次年会暨工作组会议”。

2017年

1月

6日，高效复合肥料国家农业科技创新联盟成立大会在京举行，董事长万连步当选联盟理事长。

2月

20日，“金正大–巴斯夫合作产品力谋仕聚能长增效复合肥投产仪式”在金正大总部举行。

3月

26日，联合中国化工报社等单位，发起“化肥供给侧结构性改革调研活动”。

5月

“百万吨级作物营养双平衡缓控释肥料创制及应用”项目荣获2016年度山东省科技进步一等奖。

26日，入选新华网“2017年中国品牌100强”榜单。

参与制定的《脲醛缓释肥料》国际标准颁布。

6月

7日，“与SDF集团道依茨法尔农机项目股权合作签约仪式”在临沭举行。

7月

荣登2017年山东省“厚道鲁商”品牌形象榜。

金正大（002470.SZ）入选MSCI新兴市场指数股票名单。

18日，由金正大发起并控股，世界银行集团国际金融公司、华夏银行等参与成立的现代农业服务平台“金丰公社”正式成立。

31日，《财富》杂志发布了最新的中国500强排行榜，金正大荣登《财富》中国上市公司500强，位列中国化工行业第10位。

8月

获“互联网+时代”企业文化传媒融合创新30标杆单位荣

誉称号。

金正大主持的“十三五”国家重点研发计划“新型缓/控释肥料与稳定肥料研制”项目获得国家批复。

11月

13日，董事长万连步出席在德国波恩举办的第二十三届联合国气候变化大会，并作主题发言，介绍“25+10＞50”减肥增效新方案。

12月

5日，联合国粮农组织（FAO）等举办的世界土壤日主题活动在纽约联合国总部大楼召开，董事长万连步应邀出席会议并发表主题演讲，呼吁为保护土壤健康，推动农业可持续发展而共同努力。

11日，以“全面开启亲土种植新时代”为主题的金正大集团2018年度营销战略峰会在泰国曼谷隆重召开。

金正大集团入选央视“国家品牌计划”，为中国农业品牌代言。

2018年

3月

董事长万连步当选第十三届全国人大代表。

21日，与农业部耕地质量保护监测中心签署战略合作协议，共同倡议将每年春分时节的3月21日设立为“亲土种植日”。

26日，金正大等发起的“亲土种植 · 富养天下——守护亿亩良田，践行乡村振兴”大型公益行动在京启动。

4月

28日，与全国农业技术推广服务中心签署战略合作协议，并举行“化肥减量 · 农业提质”专题论坛暨“科学施肥百名专家联百县”行动启动仪式。